PRISONNIER DE DIEU

MICHEL BENOIT

Prisonnier de Dieu

DOCUMENT

FIXOT

Toute ressemblance avec des personnages ou des situations ayant existé est évidente.
L'identité des personnes encore vivantes a donc été modifiée.
Quant aux morts, Dieu ait leur âme, ils sont cités sous leur vrai nom.

À la mémoire de mon oncle Maurice, qui est mort.

À Monique, qui vit.

Et à Isabel Ellsen, ma sœur, sans qui je n'aurais jamais eu le courage de ce livre.

J'ai mis le réveil à 5 heures dans la chambre du malade qu'[illegible] Il [illegible]

— [illegible]

— Oui.

— [illegible]

[illegible] comme [illegible]

[illegible] de [illegible]

[illegible] Je n'ai rien [illegible] de tant de tensions et de combats me laisse comme écrasé. [illegible] prends [illegible]

[illegible] comprend [illegible]

[illegible]

J'ai mis le réveil à 5 heures dans la chambre du sixième que j'occupe. Hier, j'ai déjeuné avec l'oncle. Il m'a interrogé :

– Alors, c'est pour demain ?

Son ton est inquiet, faussement détaché.

– Oui.

– Ta mère le sait ?

– Non. Je te demande de ne pas le lui dire.

Le réveil a sonné. Il fait nuit encore. J'agis comme un automate : il y a tout le temps… Je me suis assis devant la table et j'écris un mot pour ma mère. Le style est dramatique, comme tout ce qui a été dit depuis un an : « Quand tu liras ces lignes, je serai parti… »

J'ai descendu les escaliers sombres, et sur l'évier de la cuisine j'ai posé les clés. La chambre d'en haut est maintenant vide, il y a juste un feuillet sur la table.

Je n'ai rien pu manger. L'aboutissement de tant de tensions et de combats me laisse comme écrasé. Chaque geste prend tout son sens : je laisse les clés en évidence. Elle comprendra. Montera. Je ne veux pas penser au choc devant la pièce vide. Sans fermer la porte, elle ira à la table. S'assiéra de côté, mal, pour lire. Elle n'achèvera pas, car les larmes troubleront son regard. Alors elle repoussera la porte, se laissera tomber sur le lit, et pleurera.

Elle descendra l'escalier et commencera de faire chauffer l'eau du thé, le regard ailleurs. Lentement, en essuyant les larmes qui coulent toutes seules.

J'ai pris le métro : la gare est grise et froide. Le compartiment, vide au début. Puis une personne, je crois. J'ai laissé défiler la banlieue et la morne campagne devant mes yeux, appuyé contre la vitre. Je porte en moi un monde entier de désirs et de luttes.

Soudain en face de moi, l'abbaye totalement immobile. Imposante. Un instant d'hésitation : j'avance et sonne à la porte du monastère. Tout n'est que silence.

C'est le frère Roger qui m'a ouvert. La porte franchie, je pose ma valise et dis simplement : « Voilà. » Il a un grand sourire, qui éclaire son visage pâle au crâne rasé de près. J'attends le père hôtelier, et son chuchotement mystérieux m'introduit dans le monde de l'abbaye. Il me conduit vers un parloir : pièce nue, froide, où la voix résonne étrangement. Nous ne savons que dire : il plaisante, et je réponds machinalement.

Le maître des novices est arrivé : très grand dans sa bure noire, tout semble lui être naturel. Il a pris ma valise, légère. Il me mène dans une chapelle intérieure, s'agenouille et je l'imite, la tête vide. Ensuite c'est un escalier clair, aux marches revêtues de plastique vert sombre.

Premier étage : au bout d'un couloir immense et large, une baie vitrée avec un bandeau en lettres ocres : « Noviciat. » Nous n'avons pas échangé une parole depuis le parloir. Six portes donnent sur ce cul-de-sac, et chacune est percée à hauteur de visage d'une fenêtre en verre dépoli. Il s'est arrêté devant la première porte à droite et l'a ouverte : c'est désormais ma cellule.

J'ai vingt-deux ans, deux diplômes d'études supérieures, un métier. Je parle quatre langues, je suis ce qu'on appelle un garçon brillant, une valeur sur le marché.

Je pénètre dans ma cellule devant le maître des novices. Il pose ma valise près de la porte.

J'ai choisi la mort.

Dans ma valise, deux chemises, tant je suis persuadé de ne pas pouvoir rester plus de huit jours, ils vont me reprendre, pas possible que ça dure…

Cela a duré vingt et un ans.

Première partie

PEUT MIEUX FAIRE

1

Les relents d'une enfance n'ont d'intérêt que s'ils éclairent ce qui suivra : de ces premières années il ne me reste pas grand-chose qui puisse expliquer la singularité de ma vie.

Le chancelier Hitler ayant décidé de faire la guerre, mon grand-père, homme avisé, expédia outre-mer sa fille à peine mariée. Mon père avait une famille à Madagascar, colonie française : ces gamins y seraient en sécurité, plus qu'à Paris. On les mit au bateau à Toulon quelques heures après le mariage. Ma mère versa des larmes. Et c'est sans doute sur le canal de Suez que je fus conçu. Cela commençait bien.

Madagascar m'offrit une petite enfance d'odeurs et de tendresse. Mon grand-père de là-bas, authentique comte de vieille noblesse bordelaise, était directeur de banque à Tamatave, sur la côte. Nous allions souvent le retrouver, pour les vacances – avais-je trois, quatre ans ? Un jour donc, tel qu'il m'en souvient, ma grand-mère de comtesse m'emmenait sur un quai de gare inondé de soleil. C'était une micheline, et il n'y avait que des Blancs dans le wagon. Les Noirs étaient sur le quai, on voyait des petits chapeaux et des cheveux crépus. Ma grand-mère se penchait au carreau, rapportait des litchies tièdes et gonflées qu'elle incisait avec un petit canif. Immanquablement c'était une giclée de jus, et puis dans la bouche une douceur tendre et ferme, comme une langue qui venait sur ma langue et la caressait. Et un goût, un goût profond qui se répandait jusque dans la tête. Plusieurs fois on pouvait recommencer, tandis que le train cahotait de partout, mais moi je n'étais plus nulle part que dans cette sensation qui m'apprenait la première ce que pouvait être le plaisir.

Madagascar, ce fut d'abord le bonheur de vivre. Jeunes, mes parents étaient à charge de leur famille, mais on s'arrangeait bien pour pas grand-chose, et ma mère dirigeait trois ou quatre boys. Chacun avait sa fonction et n'en aurait jamais exercé une autre, sauf à déchoir. Je voyais tous les jours le boy chargé des planchers, qui les frottait avec une demi-noix de coco sanglée à son pied droit : il chantonnait en sautillant sur son pied gauche pour racler le sol à toute allure avec sa noix. Et puis le cuisinier, qui conservait précieusement les mouchoirs que ma mère lui donnait, et continuait de se moucher dans ses doigts à côté des fourneaux.

J'étais le premier petit-enfant de la famille : je fus donc le roi, et m'en accommodais fort bien. On mit à mes côtés une « nénêne », qu'ailleurs on eût appelé ma gouvernante mais qui fut d'abord ma chose, comme je devins plus que son enfant : son petit dieu blond. Elle m'enveloppa d'un amour à sa mesure, abondant, ample, tonitruant, plein de rires et de baisers. Ma mère n'était qu'une petite fille :

plus âgée qu'elle, Razanne fut ma maman africaine, inquiète, protectrice, avec la vie qui jaillissait d'elle à chaque instant. C'est elle qui vérifiait, à l'heure de la promenade, que l'ourlet rouge de mon chapeau de paille était bien fixé au-dedans :

– Tu comp'ens, mon Michel, le 'ouge ça p'otège mieux du soleil, c'est ta g'and-mé' qui l'a dit.

Chacun de mes progrès d'enfant était pour elle un ravissement, une explosion de rires : elle s'éloignait de moi en battant des mains, se relevait et faisait quelques pas de danse sur ses pieds nus avant de me couvrir de baisers.

C'est toi, ma Razanne, qui me menais à la plage de Tamatave. Nous allions à travers les allées bordées de girofliers dont l'odeur puissante se mêlait à celle des embruns. Car la barre était proche, les vagues hautes comme des maisons, le bruit assourdissant. Là tu me mettais nu, et nous nous couchions sur le sable humide où des langues d'eau mousseuse venaient nous caresser. Jamais tu ne quittais ta robe, qui collait à ton corps aux formes lourdes. Être nu, pour le nègre, ce n'est ni bien ni mal, c'est plus commode. Mais les Blancs nous ont appris que c'est honteux, qu'il faut cacher ça comme une maladie. Alors, devant son petit dieu blanc sur la plage déserte, Razanne gardait sa robe bien fermée puis se jetait avec lui dans l'écume de l'océan. Et si je m'échappais, elle courait vers moi en soulevant des murailles d'eau :

– Michel, Michel, Michel !

Je crois qu'elle savourait mon prénom, par lequel seul je lui appartenais totalement.

Un jour, nous quitterons l'île aux parfums et nous reviendrons en France, chez nous. Une photo prise quelque temps avant ce départ montre Razanne étreignant dans ses bras un enfant déjà grand, blond, ravissant. Mais il y a dans son regard à elle une espèce de désespoir farouche, une immense tristesse.

Un an et demi après notre retour en France, une lettre nous apprit que Razanne venait de mourir. Elle avait entre trente et quarante ans, peut-être, et une famille, sans doute. Hors de ma maison, je ne savais rien d'elle.

Pour l'heure, c'était la guerre. Madagascar étant restée fidèle à Vichy, notre ennemi premier était l'Anglais, qui s'était dit que la grande île figurerait avantageusement dans sa collection sur la route des Indes.

Les Anglais débarquèrent donc un jour, alors que je commençais juste à parler. C'est ainsi que mes premières paroles furent prononcées du haut d'un landau poussé par Razanne, au passage de trois soldats de Sa Majesté, qui croisaient dans la rue, stick sous le bras :

– Cochons d'Anglais !

Le sort de la guerre n'en fut pas vraiment modifié, mais Razanne passa la soirée à faire le tour de la ville :

– Et puis, il les 'ega'dés bien en face, mon Michel, et puis il leu' a dit vous savez quoi ? Il leu' a dit : « Cochons d'Anglais », c'est ça !

Et on hurlait de rire en dansant…

Parce qu'il n'avait rien à faire, mon père était soldat, on ne sait trop de qui ni pour quoi. Ce qui était certain, c'est que l'armée le retenait et il était souvent absent. Et déjà la voix de ma mère se creusait d'une angoisse qui jamais ne la quittera. Déjà elle me prenait auprès d'elle pour exorciser cette absence qui se faisait plus longue, pour étouffer ces bruits de jolies métisses, de femmes de colons, qui parvenaient jusqu'à elle.

N'ayant pas été chérie par son propre père, ma mère

avait rejeté sur l'homme de sa vie toutes ses capacités, tous ses besoins d'aimer. Et ils étaient immenses, jamais assouvis. L'amour était sa religion, et elle n'avait qu'un dieu : cet homme très beau, très charmeur, très cultivé, très incapable, qu'elle soutiendra jusqu'au bout et auprès de qui rien ni personne n'existera vraiment.

Lui, je crois, l'aimait – comme il en aimait tant d'autres. Beaucoup d'hommes peuvent aimer en même temps deux ou plusieurs êtres, d'un amour parfois différent, souvent sincère, jamais exclusif d'une possibilité nouvelle. De ce point de vue-là, ma mère était atrophiée : elle ne savait aimer qu'un homme à la fois, elle n'en connaîtrait qu'un seul, n'aimerait jamais que ce qui venait de lui ou se rapportait à lui.

Et moi déjà, sans m'en rendre compte, je commençais à compter les points.

2

– On a gagné la guerre ! On a gagné la guerre !

Je dévalais la rue en pente inondée de soleil, criant et gesticulant. Des Malgaches, interdits, s'arrêtaient en me voyant faire tout ce remue-ménage. La nouvelle ne signifiait pas grand-chose pour eux, comme pour moi d'ailleurs : qu'est-ce que c'était que cette guerre lointaine qui n'avait rien changé à notre vie de colonie dolente ? Mais j'avais perçu dans la maison une grande excitation, et je l'amplifiais sans trop savoir pourquoi.

Il y eut ensuite un temps fébrile de caisses en bois assemblées à grands coups de marteaux, de malles cerclées, puis enfin de valises. Ma grand-mère la comtesse s'affairait beaucoup pour cacher sa peine : le petit roi allait partir, rentrer en France, là-bas. C'était décembre, on me confectionnait des espèces de tuyaux assemblés, rigides et lourds comme les carapaces des tortues qui s'échouaient parfois sur la plage. Ma Razanne me les passait en essuyant ses joues, toujours humides depuis qu'on avait décrété la guerre finie et notre départ proche :

– Ça, mon Michel, c'est un man-teau, c'est pou'mett'e dans la F'ance où il fait si f'oid, tu ve'as mon ché'i...

Et elle détournait la tête en pleurant.

Le départ, ce fut un avion militaire : deux rangées de banquettes avec un trou en guise de dossier, pour le parachute. Cinq jours de voyage sans s'adosser, avec des escales aux noms étranges : Nairobi, Khartoum, Djibouti, Le Caire. On s'arrêtait dans chacune pour dormir, et je ne savais pas ce que c'était l'Empire des colons blancs que je parcourais ainsi pour la dernière fois avant qu'il me s'émiette : de Londres à Madagascar, la terre nous appartenait, les Blancs étaient partout chez eux...

Ce que je voyais c'est qu'il faisait toujours très chaud, et qu'au Caire la foule compacte dans les rues bruyantes était toute blanche. C'est là qu'on m'a fait faire une expérience inoubliable : à l'hôtel, une sorte de militaire plein de galons en or nous a fait rentrer dans une espèce d'armoire le long d'un mur. Et puis le mur s'est mis à défiler devant moi, et quand on est ressortis c'était un autre couloir, un autre étage ! Dans nos maisons coloniales en bois je n'avais jamais vu d'ascenseur, et je trouvai ce jour-là que nos escaliers sonores et luisants, c'était mieux.

Après Le Caire, ce fut Paris. On me fit mettre le manteau, et il y eut une succession d'images heurtantes : un froid mordant, une boue blanc-sale glacée sur laquelle on glissait, des gens maigres, pâles, dont aucun ne riait, qui avaient des gestes brusques, et qui semblaient ne pas me voir, ou si peu...

Mes grands-parents de France attendaient leurs enfants et leur premier petit-fils avec beaucoup de désir. Mais c'étaient des gens sérieux, qui sortaient de la guerre. Mon grand-père, fils d'ouvrier, avait réussi à prendre pied dans la bourgeoisie à force d'intelligence et de travail. Il possédait maintenant l'entreprise qu'il avait créée entre-deux-guerres, et un vaste appartement place de l'Alma, au bord de la Seine. C'est là que nous serions logés d'abord, en attendant de trouver un logement dans Paris.

Ma nouvelle grand-mère n'était pas comme l'autre : il fallait faire attention à tout, se tenir sage dans un coin, respecter un tas de lois inconnues... Et puis surtout, je n'étais plus le petit roi. Razanne, ma Razanne n'était plus là pour m'abriter de son amour chaleureux. Je me retournais alors vers mes parents : eux-mêmes semblaient aussi choqués que moi.

Mon père ne savait rien faire, à part être beau et parler bien. On le mit donc dans l'entreprise familiale, et on lui fit bien sentir quelle chance c'était d'avoir épousé une héritière. Peu à peu il ne devint plus pour moi qu'une façade, une apparence de père : sa vie était ailleurs, auprès des femmes multiples et des rêves qu'il entretenait tout ensemble.

Ma mère commençait à parcourir le long chemin de souffrance qui deviendrait le sien. Elle avait retrouvé à Paris ce père qui ne l'aimait pas, et l'écrasait d'une autorité prestigieuse et souveraine. Elle se réfugiait donc contre le seul être qui existait pour elle, le seul qui l'avait regardée, un peu beaucoup aimée, qui avait été gentil avec elle, et lui avait donné un fils.

Nous venions d'emménager dans un petit appartement près d'Auteuil. Les caisses étaient arrivées de Madagascar, et l'on se chauffait en brûlant les planches de bois dans la cheminée du petit salon, où j'avais mon lit. Chaque matin de ce janvier sombre et froid, j'ouvrais les yeux sur la même scène : mon père et ma mère serrés près du feu dont les éclats giclaient sur le plafond, parlant à mi-voix, chuchotant devant cette vie pour laquelle ils étaient si peu faits, devant laquelle ils se sentaient eux-mêmes si enfants.

Face à eux, blotti dans ce coin d'ombre froide que trouaient par instants les flammes de nos planches, je découvrais sans le savoir celle qui m'accompagnerait si longtemps : la solitude.

3

Mon petit monde se construisait peu à peu, que j'organisais en me faufilant à travers l'absence des adultes. L'hiver passa, puis l'année.

La grande nouveauté fut l'école. Quelques mois avant le départ de Madagascar, on m'avait bien mis chez les bonnes sœurs blanches : je n'en retiens qu'une qu'une odeur de craie, et le bruissement de leurs coiffes amidonnées. Mais ce sont mes tantes qui m'ont appris à lire, et très vite j'ai dévoré tout ce qui me tombait sous la main.

À part cela je ne savais rien. Véritablement, rien. Les enfants de la petite école semblaient habitués aux dictées, aux exercices avec les chiffres, aux leçons… et moi, je savais à peine écrire.

Cette première année, je fus donc consigné tous les jeudis, tous, à l'exception d'un seul. Pourquoi, par quel miracle avais-je échappé à la consigne ce jeudi-là, je ne sais. Mais je vois encore le directeur de l'école, petit homme maigre aux yeux proéminents, qui me martelait chaque mercredi en me tendant mon bulletin de consigne :

– Michel, vous êtes un cancre, un can-cre !

Il se penchait vers moi, me fixait de ses gros yeux, et de tout son être m'enfonçait cette vérité massive :

– Vous êtes un cancre, un can-cre !

Qu'était donc devenu le petit roi ? Vers qui se tourner pour reprendre pied quand tout se dérobait sous moi, quand tout se murait autour de moi ?

Mes parents avaient cessé d'exister. Entièrement pris par leur arrivée dans le milieu parisien, eux-mêmes désorientés, ils étaient pour moi moins que des ombres : des objets transparents.

Déjà je m'habituais aux fonds de classe, à ces cocons chaleureux où se groupaient d'instinct tous ceux que l'éloignement du pupitre laissait à leurs rêves éveillés. J'y avais un voisin, très blond et très pâle, qui passait l'essentiel de son temps à tirer de sa braquette un sexe pâle, lui aussi, et à l'astiquer de ses doigts. Au début, je le regardais seulement, étonné. À Madagascar, je n'avais rien vu de tel. Et à huit ans, je ne me servais de mon sexe que pour uriner.

Lui semblait y prendre goût, et un jour il me dit :

– Prends-le !

Mais la maîtresse venait vers nous : les mains reparurent sur le bureau, les têtes s'inclinèrent sagement.

Ce soir-là peut-être, ou un autre, j'ai renouvelé sur moi-même le geste du petit blond, et j'ai découvert le plaisir, et surtout le réconfort. Cela n'alla pas plus loin, car le petit blond fut surpris se masturbant au milieu de la classe, et chassé de l'école séance tenante – bon ordre oblige.

Mais je savais désormais que le sexe servait aussi à autre chose, et que je pouvais à tout instant me consoler avec lui du reste de ma vie.

Et puis il y eut le catéchisme auquel j'allai dans la foulée, sans que mes parents soient concernés. On nous projetait des diapositives peintes sur des plaques de verre, avec la « lanterne magique » qui laissait fuir de partout des rais de lumière crue dans la salle obscure du presbytère. Pour la première fois j'eus devant les yeux des images du Christ chargé de sa croix, puis crucifié, portant seul sa souffrance au milieu d'indifférents. Il se passa là quelque chose de décisif, et je sortis bouleversé de la séance. Étrange pouvoir de l'image : qui était-il donc, cet innocent livré à une foule ? Lui aussi était tout seul, n'avait personne à qui parler, et d'une façon que je n'expliquais pas, il s'intéressait à moi, il me comprenait et m'aimait...

C'est alors avec intérêt que je me mis à suivre l'initiation du catéchisme. Jusqu'à cette première confession dont je ressortis tout fier, en proclamant à la cantonade :

– Maintenant il peut venir, le diable, je suis fort contre lui !

Les autres riaient, moqueurs. Mais j'avais trouvé un ordre du monde : le mal, identifié, mis à la lumière, et pour s'en protéger, le Christ, qui était puissant et pour qui, certainement, j'existais – même si je ne savais pas comment.

Le sexe et la religion. Le décor était planté, avec ces deux forces explosives qui tour à tour émergeraient, s'opposeraient, se heurteraient avec violence jusqu'au dénouement final : inattendu, indésirable, cruel.

Paris, pendant ce temps-là, se réveillait lentement des années sombres. J'ai goûté les premiers réglisses, des rubans noirs enroulés avec au centre une perle de sucre, et qui étaient la friandise suprême et rare. Il y eut les premiers arrivages de lait condensé, miel blanc très sucré dont je léchais les boîtes jusqu'à la dernière goutte. Et les premiers raisins, et les premiers Viandox tout fumants qui vous réchauffaient à l'automne jusqu'au bout des pieds...

C'était l'année de « Douce France, cher pays de mon enfance », que mon père chantonnait dans notre appartement. Il y avait encore des immeubles camouflés contre les bombardements, avec de grandes taches marron ; mais le métro circulait, et les gens me semblaient moins pâles dans la rue.

Ce jeudi après-midi, je l'avais passé – comme tous les autres – dans une classe déserte, à côté du bureau du directeur. Et le soir, sous la lumière pâle des réverbères à gaz, enveloppé dans l'odeur des feuilles mortes qu'on brûlait en tas au coin de l'avenue, je revenais tout seul dans la nuit, portant mon cartable de cancre.

Portant le poids de mon inexistence, et le désir pourtant de vivre, quelque part, de lumière, de chaleur et d'ordre.

4

Il fallait que quelque chose se passe, que quelque chose arrive, pour que nous sortions de cette langueur transparente où j'évoluais alors. Mon père, toujours aussi incapable, ne possédait pas la *situation*, le panache qui lui permettrait de parler beau : il n'était que l'employé de son beau-père et, même avec beaucoup d'imagination, ça claque mal au vent. Quant à ma mère, elle rongeait sa jalousie : non pas pour elle, pauvre qui n'existait guère, mais pour *lui*, son mari, cet être si exceptionnel qui n'avait pas ce qu'il méritait, qui ne disposait pas des bons atouts pour se mettre en valeur, pour caracoler à la vue de tous, son homme à elle...

Ce quelque chose, ce fut la mort du grand-père. Le véritable fondateur de la famille s'était usé à la préserver pendant la guerre. Se sachant pris de tuberculose, il appela un jour mon père :

– Je vous donne deux ans pour vous préparer à reprendre l'entreprise qui nous apporte à tous confort et sécurité. Dans deux ans, je serai mort.

Mon père, qui ne pensait alors qu'à écrire des scénarios pour le cinéma ou la télévision naissante, dut penser que c'était là un beau mot d'auteur, à retenir. Deux ans plus tard mon grand-père mourut, sans s'y reprendre à deux fois, comme il avait vécu.

Il laissait le splendide appartement de la place de l'Alma, dont il avait fait le signe palpable de sa réussite.

Nous y venions chaque dimanche prendre le déjeuner, sortant de notre deux-pièces un peu obscur, un peu terne, pour aller respirer l'air des sommets. Après l'escalier de marbre, une vaste entrée donnait à droite sur le double salon (grand salon aux meubles sévères, petit salon où l'on prenait le café) et sur les appartements des parents, chambre et boudoir. Un balcon courait, qui dominait la Seine et d'où l'on apercevait les Champs-Élysées.

Côté cour – une grande cour lumineuse – un autre balcon intérieur sur lequel ouvraient la salle à manger, la salle de bains couverte de mosaïques, les chambres d'enfants et la partie des domestiques.

Nous savions que ce style de vie était celui du monarque : simples sujets, nous venions y participer chacun à notre façon. Moi, m'ennuyant un peu, plus à l'aise aux cuisines qu'au salon, et fâché de constater que ma grand-mère distinguait et rangeait à part le pain des maîtres et le pain des domestiques. Mon père, ayant enfin trouvé un décor à la mesure de son talent, mais peu familiarisé avec le texte qu'il donnait en forçant. Ma mère, qui était chez elle après tout, mais souffrait à chaque instant de voir son mari écarté de ce piédestal qui, seul, pouvait lui convenir : cela ne lui était-il pas dû ?

Le repas dominical nous réunissait dans la salle à

manger tapissée de deux immenses miroirs modern'style où mon père, j'imagine, pouvait contrôler ses intonations. Je n'y avais pas le droit à la parole, mais j'étais assez fasciné par la noblesse, le prestige naturel de cet homme encore beau, vieilli, toussant à chaque instant : mon grand-père.

Lui était le seul absolument lucide sur la situation qu'il allait laisser. Son gendre que voilà prendrait la suite, non pas parce qu'il en était capable, mais pour que l'entreprise reste dans la famille. Lorsqu'il s'éteignit, sous sa tente à oxygène, l'un des derniers noms qu'il prononça fut le mien :

– Michel… dites à Michel…

Dites-lui qu'il devra faire vite pour reprendre le flambeau, si d'ici là tout n'a pas disparu !

Mais j'avais alors dix ans : mon père était assuré d'un règne, plus que d'une régence.

Nous nous sommes donc installés dans l'appartement, noble vaisseau de haute mer. J'y ai eu ma chambre au bout d'une enfilade de couloirs, mon père a pris possession du bureau directorial de l'entreprise, et la vie a basculé.

Enfin nous étions dans la place, et enfin notre destin correspondait à l'idée que mes parents se faisaient d'eux-mêmes. L'argent commença à couler à flots, et l'appartement devint le lieu d'une autre comédie, celle du succès qui attire. Ravis, mes parents se découvrirent une quantité d'amis qui aimaient boire notre champagne et s'inviter aux incessantes réceptions que donnait ma mère.

Après-guerre, toute une génération avait profité de la reconstruction du pays pour gagner plus d'argent qu'ils n'en avaient jamais eu, et gommer ainsi en très peu de temps la modestie de leurs origines. Ces nouveaux riches étaient parvenus, sans faillir d'ailleurs à l'honnêteté, aux apparences d'une position sociale brillante. Restaient quelques indices qui rappelaient le point de départ, et surtout leurs noms. Comme il coûtait trop cher d'en changer, ce fut une floraison de noms composés. Nos amis ne s'appelaient pas Durand, mais Durand-Darnis, Lefèvre-Boisset ou Lombardo-Klein. Leurs cirages étaient un peu trop gros, leurs femmes un peu trop maquillées, leurs aumôniers tous jésuites, et ils jouaient au poker plutôt qu'au bridge. Mais qu'à cela ne tienne, ma mère se donnait tant de mal à les recevoir dans ce bel appartement et, d'un salon à l'autre, se bâtissaient des amitiés qu'on jurait solides, vraies, durables, éternelles.

Nous avions trois domestiques à notre service, et ma mère passait le plus clair de son temps dans la salle à manger à leur faire des listes d'achats, ou dans son boudoir à se faire les ongles. Les pièces de réception étaient impeccablement tenues, mais les arrières du front – les dépendances, ma chambre – étaient livrés au bon vouloir de nos gens. Et çà et là, peu à peu, quelques petites voies d'eau apparaissaient dans le vaisseau : moutons qu'on poussait sous un lit, objets entassés en vrac dans une penderie, linge pas toujours très propre.

Les hautes reponsabilités directoriales de mon père ne semblaient pas l'accabler. Le commerce de gros n'était pas une occupation vraiment digne de lui, et ses séjours au bureau étaient une concession faite à la famille, qui s'inquiétait de notre gagne-pain commun. Souvent ma grand-mère revenait dans son ancien appartement, invitée à son tour. Après le repas, mon père sirotait le café en discourant dans le salon, longuement. Trop longuement pour ma grand-mère soucieuse de sa rente, et qui le rappelait à l'ordre :

– Eh bien, mon garçon ! allons ! c'est l'heure d'aller au bureau, voyons, ne restez pas là planté à ne rien faire !

– Oui mère, mais bien sûr, mère...

Sa véritable vocation n'était-elle pas d'écrire des scénarios, auxquels il pensait beaucoup en écoutant avec ma mère de la grande musique, dans le salon ?

Il convenait que mon éducation suive le train : on me retira de l'école communale pour m'inscrire dans un collège chic, non pas parce qu'il était tenu par des prêtres, mais parce que toute la bonne société y envoyait ses fils.

Je fus donc convoqué un jour d'octobre chez le directeur avec ma mère. Jolie et élégante, elle glissa sans heurts sur le parquet ciré du vaste bureau de chêne. En face de nous était assis un homme en soutane, un peu rond, qui parlait avec une voix douce et faisait des gestes exquis.

– Hélas ! madame, l'année scolaire commence dans quelques jours, toutes nos septièmes sont pleines, ab-so-lu-ment pleines. Mais peut-être – il inclinait vers moi la tête avec un sourire patelin – peut-être, vu les circonstances, et pour des gens comme vous...

– C'est que Michel a beaucoup de retard, vous comprenez, le retour des colonies, et votre collège, mon père...

– Bien sûr, bien sûr. Eh bien ! nous ferons un effort, je m'occuperai personnellement – glissement de tête et sourire –, personnellement de son cas.

Il nous raccompagna jusqu'à la porte, sa main dans mon dos, pendant que ma mère se confondait en remerciements.

Pour des gens comme nous il y avait de la place chez les pères...

Les choses étaient ainsi réglées : les bons pères s'occuperaient de mes études, et à la maison les domestiques veilleraient sur ma vie quotidienne. Pendant toutes ces années, donc, je fus surveillé par des prêtres, et élevé par des bonnes. Ce qui laissait à ma mère le loisir de vaquer à ses tâches mystérieuses, et à mon père celui d'oublier totalement qu'il avait eu un fils.

Le premier soin de l'école fut de me faire un bilan scolaire, qui s'avéra désastreux. Personne ne s'étant jamais occupé de moi, il pouvait difficilement en être autrement. Convoquée encore une fois, ma mère se trouva devant le vieux maître à moustache qui dirigeait ma classe. Avec lui, elle était redevenue une petite fille éperdue, et il en eut pitié :

– Mais, ma pauvre petite, il ne sait rien, rien de rien !

Elle ne savait que sangloter... Il fut alors convenu que je prendrais des leçons particulières, pendant que les autres jouaient dans la cour.

– Et puis, surtout, le directeur, qui est si bon et qui t'aime bien, m'a dit qu'il surveillerait tes progrès.

De temps en temps, pas trop souvent au début, je me trouvais donc seul dans le bureau du directeur. Il m'appelait au sortir d'une récréation et j'arrivais chez lui en nage, un pan de chemise hors de ma culotte. Il étalait mes cahiers sur son bureau, me plaçait près de lui et commentait les pages tandis que sa main s'insinuait, puis remontait le long de mon dos jusqu'au cou et revenait doucement à la taille. Cela n'allait pas plus loin, et je n'y voyais que les preuves d'une affection qui me rassurait. Car j'avais retrouvé dans le classement ma place, qui était la dernière : cette protection était un gage de salut.

Sur tous mes bulletins scolaires s'inscrivait cette mention, qui me suivra si longtemps :

« Résultats insuffisants. Peut mieux faire. »

5

Très rapidement se forma le cyclone qui devait engloutir le navire. Grisé de voir enfin ses mérites reconnus, mon père s'absentait de plus en plus. Je le croisais souvent au petit matin, en smocking et laissant derrière lui une traînée de parfums. Ce n'est pas une, mais plusieurs maîtresses qu'il emmenait dans son sillage. Et j'entendais souvent parler de jeu, de casino.

Il semblait que plus il vivait ailleurs, plus ma mère l'aimait et s'accrochait à lui. C'étaient alors de longues scènes, toujours semi-publiques – le texte était meilleur quand il était joué devant parterre – et l'appartement devint le décor d'un perpétuel acte III aux tonalités mélo.

Instinctivement, je me réfugiais dans ma chambre au bout du couloir. J'y passais de longues heures de rêveries, qu'accompagnait parfois le plaisir solitaire, seul réconfort. Cet antre était de plus en plus mal tenu, et c'était maintenant le linge sale qui s'accumulait sous le lit. À l'école les copains m'appelaient « Tupuducu », et c'est vrai que je ne me lavais guère.

Pendant ces années sombres je n'ai pas souvenir d'avoir appris une seule leçon, fait un seul devoir. Mes séances de contrôle dans le bureau du directeur s'avéraient nécessaires. Comme j'avais grandi, il s'appuyait maintenant debout à son bureau et me pressait contre sa soutane en m'embrassant le coin des lèvres. Tandis qu'il me tenait fort contre lui je remarquais que son ventre était dur comme bois. Bien sûr je n'étais pas le seul au collège à être suivi «personnellement» de la sorte, et nous en parlions un peu entre élèves. Mais je passais dans les classes supérieures malgré ma nullité : tout allait donc bien.

Le navire désormais prenait eau de toutes parts. Pour expliquer ses multiples vies, mon père racontait les mensonges les plus invraisemblables, que ma mère avalait l'un après l'autre en pleurant.

La salle à manger était devenue la scène où se déclamait le texte, devant les domestiques gênés et les amis de plus en plus rares. Mais c'est moi qui étais le témoin privilégié de la folie des adultes, le confident de ma mère, puis bientôt son seul appui.

À douze ans, dans ma solitude, j'étais devenu le père de ma mère.

Les soirées, les nuits que je passais avec elle à attendre mon père étaient de plus en plus nombreuses. Il me souvient de cette nuit d'hiver où je fus réveillé en plein sommeil par la sonnerie lancinante de l'entrée. Presque nu dans le grand appartement noir, j'allais ouvrir : c'était une femme, élégante et parfumée, qui demandait si mon père était là. Je l'installai au salon où ma mère blafarde la rejoignit. Arrivait alors mon père, souriant, en habit de soirée. Et tandis que j'essayais de me rendormir parvenaient jusqu'à ma chambre les répliques de l'acte III, les bruits d'évanouissements pathétiques, de quelques gifles sans doute.

Au petit matin, épuisé, j'ai repris mon cartable pour aller somnoler dans les fonds de classe des bons pères.

Vint la première communion, et la semaine de retraite qui la préparait. Huit jours d'internat bienvenus. On voulait faire ressentir une émotion religieuse à ces jeunes gens de bonne société, mais le prêtre qui animait la retraite n'avait pas besoin de beaucoup de talent pour rencontrer mon désarroi. Hors du groupe, je trouvais souvent seul le chemin de la chapelle. Là, dans le silence et la paix, je parlais à Dieu, et Dieu me parlait – du moins il me semblait. J'avais là-haut une famille, ma vraie famille. « Dieu aime les pauvres », répétait le prêtre ; si c'était vrai, il n'y avait pas plus pauvre et plus perdu que moi.

La prière devint un réconfort plus durable que la masturbation, et je pris l'habitude d'aller volontiers à la messe.

Et puis les choses se précipitèrent. En vacances, j'appris par une lettre que mon père avait séduit la plus jeune sœur de ma mère, l'une de mes tantes. Peu après, elle mourut dans un accident, qui me sembla une sorte de cruelle justice de Dieu.

La nausée me venait aux lèvres et je commençais à vomir ce monde d'adultes faux, invertébrés, livrés sans retenue aux passions élémentaires. Tout n'était que mensonge, tout se dérobait.

C'est à cette époque que je tombai par hasard sur une série d'articles publiés dans *Paris Match*, décrivant la vie des moines dans différents ordres contemplatifs. Le texte était sympathique, les photos admirables, les cloîtres somptueux dans leurs montagnes inaccessibles. Les moines avaient de belles têtes apaisées, et semblaient vivre une harmonie intemporelle. Là, tout n'était qu'ordre et beauté... Je refermai l'album, songeur. Ce genre d'hommes n'échappait-il pas au chaos ? Qu'est-ce que c'était que cette fenêtre qui s'ouvrait sur ailleurs ?

Mais il y avait bien d'autres urgences.

L'argent vint enfin à manquer. Une nuit, vers 2 heures du matin, ma mère fit irruption dans ma chambre :

– Michel, mon chéri, vite, va au casino chercher ton père : il est en train de tout perdre, va vite !

Sur l'instant je me voyais courant seul dans la nuit vers un casino dont j'ignorais tout, pour éviter la catastrophe et le naufrage de toute la famille. Et puis mon père rentrait, caressait ma mère en riant fort, et je retombais dans ma chambre, brisé.

La suite obéit à une logique imperturbable. On découvrit que mon père avait accumulé des dettes considérables. Le conseil d'administration de l'entreprise finit par le remercier de son poste de directeur, ce qui devait lui laisser plus de loisirs pour écrire des scénarios. Comme par enchantement, les amis des beaux jours désertèrent l'appartement, et se dirent sans doute que les soirées brillantes, l'hospitalité chaleureuse et les serments éternels n'avaient jamais existé. À peine s'il s'en trouva un pour prêter à ma mère une petite somme d'argent.

Ce fut le moment que choisirent les bons pères pour s'apercevoir que, tout de même, mes résultats scolaires ne progressaient pas au rythme souhaitable. Et puis notre crédit diminuait, et le bruit en courait. Les « contrôles » et la protection du directeur n'y suffirent plus. Dans ces collèges, on ne chasse pas un sujet de la bonne société : on se contente de faire savoir que, pour l'an prochain, « toutes nos troisièmes sont pleines, ab-so-lu-ment pleines » et qu'il n'y aura, hélas ! plus de place pour lui.

Le grand, le bel appartement était devenu une épave désertée. Pas d'entretien depuis des années, pas de ménage depuis des mois. L'acheteur qui vint le visiter fit devant nous la moue :

– Mais, madame, c'est un taudis !

Ce qui lui permit de le payer une bouchée de pain, avec laquelle on régla les principaux créanciers. Quant à mon père, il avait disparu en Afrique : pays propice, on le sait, à la rédaction des scénarios littéraires. Ma mère et mes deux jeunes sœurs furent recueillies chez ma grand-mère. Et il fallut bien se résoudre à faire quelque chose de moi.

6

C'est chez mon oncle que j'ai fini par atterrir. Il n'y avait aucun sang commun entre nous, puisqu'il était le mari de ma dernière tante. Dans la famille, on le considérait avec une pointe d'ironie, car il avait sur nous une longueur de retard : sa mère avait commencé comme « petite main » dans un atelier de couture des faubourgs. Et si elle dirigeait maintenant – d'une poigne de fer – son propre atelier boulevard de Strasbourg, elle n'en restait pas moins une ouvrière, avec son langage direct et coloré.

Elle avait axé toute sa vie vers son fils unique : lui, au moins, s'en sortirait. Ourlet après ourlet, elle lui avait permis de faire des études supérieures. Et c'est dans les couloirs de l'université qu'il avait rencontré ma tante, qui ne faisait qu'y passer.

Pourquoi cette jeune fille de la bonne bourgeoisie avait-elle remarqué, parmi tous les soupirants dont s'entourait sa coquetterie, ce garçon plutôt pâle, timide et dur ? Ils finirent par se marier, sans véritable amour.

C'était la fin de la guerre, et elle avait sans doute reconnu chez lui la race qui était celle de mon grand-père, celle des bâtisseurs, des gagneurs. Avec lui, elle irait plus loin, et elle revivrait peut-être la saga de la réussite à partir de rien, qui avait bercé sa propre enfance :

– J'ai choisi le bon cheval, aimait-elle à dire.

Hélas ! le cheval avait une écurie, et ils durent aller vivre quelque temps chez la couturière, à côté de l'atelier. Quitter la place de l'Alma pour la porte Saint-Denis, le vaisseau de haut bord pour les bruits et les odeurs du faubourg, ce n'était pas rien. Très vite, le couple devint une association d'estime, et ils eurent chacun leurs aventures parallèles, qu'ils ne se cachaient d'ailleurs pas. Pour elle, quelque ami d'enfance, et pour lui ses secrétaires. C'était, comme on disait alors, un couple moderne ; et la bonne société n'y trouvait rien à redire puisque les apparences étaient sauves, et que la réussite suivait.

Avec une volonté acharnée, l'oncle voulait entrer dans le monde de sa femme. Il commença par livrer lui-même les premières caisses de médicaments, mais quinze ans plus tard, il était l'un des plus jeunes capitaines de l'industrie pharmaceutique renaissante. Son bel appartement du 16e arrondissement, sa voiture et sa position sociale, il avait tout conquis par son intelligence, son travail et la force de son caractère.

L'oncle était de petite taille, mais assez beau. Des traits fins, un regard qui ne cillait pas, un menton carré, un abord sec et cassant. Il ne voulait, ne pouvait être que le premier. Aussi les relations avec mon grand-père firent-elles des étincelles : ces deux étalons ne seraient jamais dans la même écurie. Il fut vite évident qu'il ne prendrait pas la relève de l'entreprise familiale, mais irait son propre chemin.

Sa génération avait vu l'armée allemande, superbe et magnifique, déferler sur un pays vaincu et humilié. Elle avait ensuite accompagné les Américains dans leur conquête foudroyante, avec le chewing-gum et le be-bop. Elle voulait vivre, et construire. Toujours, l'oncle se refusera à jouer avec le capital. Il n'avait que son salaire, élevé, et son savoir-faire : créer une industrie, la développer, commander aux hommes. Il me vit arriver chez lui sans l'avoir désiré, et me mit en observation.

Je débarquai donc dans cette maison parfaitement organisée, où tout était propre, net et silencieux. J'eus ma chambre, et l'on m'avertit que le petit déjeuner se prenait ensemble, à 7 h 30.

Évidemment le lendemain, à l'heure dite, j'étais encore au lit. J'enfilai un pantalon et déboulai dans la salle à manger, hirsute. Mon oncle, assis devant sa tasse de thé, beurrait une tartine. Complet, cravate, sa journée de travail commençait. Il leva vers moi un œil et, d'un geste du doigt, sans un mot, me renvoya. Je revins un peu plus tard, habillé, peigné, furieux, pour trouver la table vide. Ce jour-là, je partis au lycée à jeun. Et je compris alors qu'après les années sombres, allaient commencer des années de fer.

C'était quitte ou double. Ou bien je plierais, ou bien j'irais traîner mes bottes ailleurs. L'oncle me le fit très vite comprendre : je ne resterais chez lui que si j'acceptais sa loi.

De loi, je n'en avais jamais eu, ni de règle de vie. Je ne suivais que ma fantaisie paresseuse, et habitais mes rêves. Tout d'un coup se révélait à moi un autre monde, fait de rigueur et d'exactitude. Je me souviens avoir balancé pendant quelques jours, pour décider enfin de jouer le jeu – qui était celui de la dernière chance. Mais je vendrais chèrement ma peau, et la lutte s'engagea.

Rien ne pouvait plaire plus à l'oncle que ce défi : transformer un cheval sauvage en animal d'équitation, marchant au pas, lissé, harnaché pour la vie. Jour après jour, pied à pied, je perdis. On m'avait inscrit au lycée Janson-de-Sailly : j'y fus tous les jours à l'heure, à tous les cours, même à la gymnastique où l'on ne m'avait pas vu depuis longtemps. Rentrant du lycée, je trouvais le goûter posé sur la table, et je n'avais plus qu'à travailler. Le dîner était servi à l'heure précise : on y parlait, jamais un mot plus haut que l'autre.

Le dimanche, l'oncle apportait de gros dossiers et s'installait à son bureau. Je le voyais travailler en silence, une veine se mettant à saillir puis à battre sur sa tempe. Je n'avais plus qu'une chose à faire : aller dans ma chambre, et en faire autant.

Au troisième mois, le miracle se produisit : je fus le premier de la classe à une composition de français. Jamais, de ma vie, je n'avais été premier en quoi que ce soit. Ma place normale était la dernière, question d'habitude. Cet événement me prit au dépourvu. Je m'apprêtais à chanter sur tous les toits l'extraordinaire nouvelle, mais l'oncle ne dit pas un mot, ne fit pas un compliment. Et je compris soudain que la normale, pour lui, c'était d'être premier. La lutte reprit alors, mais quelque chose était changé : je ne luttais plus contre lui, contre cette loi implacable, mais je commençais de lutter contre moi-même. L'oncle était toujours aussi exigeant, mais je devenais peu à peu l'allié de son exigence. Il était dur envers tous, et enfin, je devins dur envers moi-même : il avait gagné. Il n'avait plus à cravacher : je me cravachais moi-même, et l'estime que je voyais poindre parfois dans ses yeux gris devint mon bien le plus précieux.

L'oncle avait hérité de la bibliothèque de mon grand-père, les livres tapissaient maintenant son bureau. Je me mis à lire tout ce qui me tombait sous la main : je découvrais le monde de l'intelligence et de la culture. L'oncle n'avait jamais eu le temps de lire, mais il appréciait les trous que je faisais sur ses étagères : il fallait ensuite lui parler de mes lectures. Son seul plaisir était la peinture, et le samedi nous écumions les galeries de la rive gauche. Il avait de l'argent, achetait des tableaux. L'appartement se couvrit peu à peu des maîtres de l'école de Paris. Le dimanche, à l'heure de la pause entre deux dossiers, nous déplacions des Brayer et des Chapelain-Midy sur les murs. Une espèce de complicité s'établissait alors : je découvrais un autre homme, sensible et passionné. Puis le lundi recommençait le labeur, précis et organisé.

Dans ce cadre de vie austère, j'avais retrouvé un équilibre. Vivre, c'était travailler, et le but, c'était la réussite. Il n'y avait place pour rien d'autre, ni même pour l'affection. S'il commençait à m'aimer, l'oncle ne le montrait jamais.

Je n'apercevais d'ailleurs pas plus de manifestation affective entre lui et sa femme. Mais que le couple qu'ils formaient n'en soit pas un, qu'il aille peut-être à la dérive, cela je ne pouvais, je ne voulais pas le voir. Autour d'eux ma vie se refaisait peu à peu, tout était trop fragile. Et puis lui, qui était si fort, pouvait-il connaître autre chose que le succès ?

Ma mère, de son côté, avait enterré définitivement sa vie. Elle n'avait jamais aimé qu'un homme, elle ne se remarierait pas. Elle se consacrait à mes deux petites sœurs, et si je la voyais régulièrement c'était en transparence : elle, c'était l'échec, et j'avais découvert le goût savoureux de la réussite.

C'était donc le ski l'hiver, la mer l'été.

Ce mois de juillet, le dernier de mon enfance, j'avais quinze ans, elle en avait quatorze et de ravissants petits seins. Nous sommes entrés dans l'eau ensemble par hasard, et nous en sommes sortis en nous tenant par la main. C'était mon premier amour, et ça ne s'oublie pas. Pendant tout le mois nous avons vécu les yeux dans les yeux, tandis que mes mains exploraient son corps. Des baisers, des caresses : à l'époque, on n'allait guère plus loin, même si mon sexe devenait de bois... On s'écrivit quelques mois, et cet amour dura ce que durent les amours de vacances. Violent, mon goût du plaisir trouvait là son aliment pour toute une année.

Vint le premier bac : en deux ans, il avait fallu rattraper six années de scolarité absente, et je le passai de justesse. Mais encore une année de travail acharné et j'eus le second bac avec mention. J'avais choisi une orientation scientifique, malgré mes goûts littéraires.

– Pourquoi ce surcroît de travail et de risque ? avait demandé l'oncle.

– Parce que, plus tard, je veux travailler dans la même branche que toi.

Il ne dit rien, mais j'avais touché juste. De ce jour je commençai à me sentir un peu plus chez moi. À vrai dire, jamais il ne m'avait fait sentir que j'étais un parent pauvre, recueilli chez lui par charité. Dès que j'avais joué le jeu il m'avait traité à l'égal de son fils unique, mon jeune cousin, avec qui je vivais comme un frère. Bien habillé, propre, la vie était plutôt luxueuse. Mais si rien ne m'était refusé, c'est aussi que je demandais très peu. Car je savais bien, moi, que je n'étais encore qu'un hôte : rien ne m'était dû comme à un fils de la famille, tout m'était accordé. J'avais à l'extrême le sentiment de la précarité des choses, et l'impression de ne pas posséder en propre.

Par ailleurs je continuais d'aller à la messe d'un couvent voisin, un peu par habitude, et l'oncle voulait ignorer ce détail insolite : du moment que ça ne m'empêchait pas de travailler, je pouvais bien « bondieuser » – à condition que ce fût tôt le dimanche matin, pour être à l'heure au petit déjeuner. Il était aussi tolérant pour la religion que pour le sexe : bien que l'une lui paraisse totalement inutile, alors que l'autre était une saine hygiène qui – modérément pratiquée – n'avait que des avantages pour l'homme. Bien sûr, comme tous les garçons de mon âge, j'étais vierge : il y aurait un temps pour cela, plus tard.

7

À ma grande surprise, l'oncle m'accompagna pour l'inscription à l'université.

C'était la première fois qu'il prenait personnellement soin de moi : ces jours-là je compris que cet homme qui semblait si fort, si durement solide, portait en lui une blessure terrible. Je l'ai appris par la suite, il ne pouvait plus avoir d'enfants et sa femme, ma tante, en voulait d'autres à tout prix. La cassure entre eux devenait visible même dans la vie quotidienne. Un jour je le surpris qui lui prenait la main, et elle la retira vivement, comme touchée par une décharge électrique.

Jamais il n'y eut de scènes. Un jour de novembre, elle nous dit simplement qu'elle partait en vacances. Pour mon cousin et pour moi, c'était chose anodine. Mais nous n'étions plus que trois dans cet appartement sans femme, vide soudain, et l'oncle était particulièrement sombre.

Un soir, dans son bureau, il me dit :

– Michel, j'ai à te parler.

J'étais surpris et me demandai ce qui pouvait bien

motiver pareil cérémonial. Il s'assit à son bureau: je découvris soudain un homme tassé, ravagé, au regard noyé.

– Michel, ta tante ne reviendra pas. Elle nous a quittés. Nous allons divorcer.

Le plafond s'écroulait, le feu, la foudre tombait, tout basculait à nouveau; à nouveau c'était le chaos, la déchirure au plus intime… Je fis quelques pas dans le salon, secoué de sanglots secs. L'oncle s'était levé, me suivait, bouleversé par ma peine, muet. Je me suis tourné vers lui, face à face:

– Écoute… elle est partie… mais moi je reste… si tu veux…

Puis spontanément, ce que je n'aurais pu imaginer jusque-là, je me suis penché vers lui – je le dépassais d'une tête – et je l'ai embrassé sur le front, dans un élan de tendresse.

Jamais il n'y avait eu entre nous le moindre contact physique, jamais plus je ne l'embrasserais. Alors il se reprit, et d'un ton à la fois neutre et chaleureux:

– Michel, je me suis habitué à toi maintenant, tu es ici chez toi, tu peux rester si tu veux.

Son regard quêtait une réponse. Je n'ai rien dit, seulement:

– Bon. Et si on allait au cinéma, ce soir?

Nous venions de nous choisir, pour toujours. J'avais désormais un père, que j'aimais et que j'estimais. Et je crois que, de ce jour-là, il me considéra comme un fils.

Nous sommes allés voir un fameux western sur les Champs-Élysées, avec restaurant après. Et vraiment, je ne sais pas qui invitait l'autre.

Le lendemain nous apparut la dure réalité. Un enfant

de dix ans, un adolescent de dix-sept, un industriel dévoré par son travail, un grand appartement sans direction, livré aux domestiques. L'oncle dut faire les comptes, s'occuper de l'intendance, des oreilles et des ongles de mon cousin. L'appartement était sinistre. Il me tendait un billet :

– Tiens, va nous acheter des fleurs...

Je ramenais une cargaison de fleurs blanches, on se serait cru à une communion ! Il me tendait d'autres billets :

– Va nous acheter des disques, de la musique...

Et je devenais soudain intime avec le disquaire, qui pouvait écouler ses stocks de musique légère.

– Vous comprenez, c'est pour un grand malade qui est cloué au lit...

J'inventais n'importe quoi pour cacher mon propre désarroi. Ainsi donc, il n'y avait rien de solide, rien qui tienne ? Ces adultes n'avaient rien à me proposer qui vaille la peine de vivre ? Tout n'était que fausseté, que trahison : sur quoi s'appuyer ?

Je retournai à la messe le dimanche suivant, non plus par routine, mais pour trouver une réponse à mon angoisse, quelque chose à quoi me raccrocher, et peut-être aussi quelque chose, ou quelqu'un, qui remplirait un peu mon besoin d'être compris, d'être aimé.

En y allant je me répétais, seul dans la grande avenue :

Solitude mon amie,
solitude ma compagne,
te voici encore à mes côtés,
je ne t'échapperai pas.
Tu es la seule qui dure,
solitude mon amie...

Il y avait peu de monde dans l'église à cette messe matinale. C'est un nouveau prêtre qui officiait. Je ne le vis d'abord que de dos, courbé, qui murmurait les prières au bas de l'autel. Puis il nous fit face, et je découvris sous un vaste front entouré de cheveux blancs un regard perçant, vif en même temps que doux, et une voix harmonieuse. Un bref instant nos regards se croisèrent et je me sentis accroché, comme percé à jour.

En sortant je demandai à la sœur tourière, sourde et un peu obtuse :

– Ma sœur, qui est ce nouvel aumônier du couvent ?

– Oh ! mais c'est Monsieur le Chanoine. C'est un homme cultivé, et moderne : pensez donc, il nous prêche la sainte Bible dans le texte !

En effet, voilà qui était moderne. Je revins, songeur.

L'année universitaire commençait, le baptême du feu. D'abord, ce fut la découverte de l'amitié. Je n'avais eu jusqu'ici que des camarades : très vite des groupes se formèrent par affinités. Je me trouvais enveloppé dans la chaleur d'une bande d'amis à la fois sérieux et bon vivants, rigolards et affectueux. Nous nous aidions, nous remplissions les couloirs de nos rires, et nous découvrions la douceur du groupe, petit cocon dans la masse des étudiants, notre repère, notre ancrage, notre salut.

La seconde découverte attendue était celle de l'autre sexe. Aucun des garçons n'avait connu la mixité au lycée : et soudain nous vivions côte à côte avec une quantité de filles, jour après jour. Les étudiants de province logeaient souvent dans une chambre louée : ils auraient pu y inviter à leur guise, voire même la prêter à un copain moins chanceux.

Mais nos dix-huit ans à cette époque avaient surtout

soif de sentiments, et de romantisme. Si des idylles se nouaient, elles se cantonnaient aux couloirs de la fac ou aux allées du Luxembourg. L'amour semblait chose rare, et son accomplissement physique encore plus.

Restait le verbe : entre garçons surtout, la grivoiserie était de mise, et semblait sans limites. On était d'autant plus paillards en paroles qu'on était, finalement, chastes dans les actes. Nous trouvions dans ce dérivatif un équilibre qui semblait satisfaire pour l'instant notre vie étudiante.

J'appris très vite à avoir la parole plus leste que la main.

L'apprentissage des corps se faisait surtout par la danse. On dansait beaucoup, et un samedi soir j'ai dû peloter un peu vivement une fille, d'ailleurs ravie. Mais le lendemain, il y avait la messe. Pris d'une vague mauvaise conscience – peut-être que c'est mal, je crois qu'ils disent ça – j'allai vers le confessionnal. À ma surprise, j'y trouvai le prêtre aux cheveux blancs qu'on avait appelé le chanoine. Dès qu'il me vit entrer dans le box, il me dit :

– Non, pas ici, allons dans mon bureau.

Un peu surpris, cueilli au vol, je l'ai suivi.

C'était un parloir de couvent dans lequel il me fit asseoir.

– Eh bien, qu'y a-t-il ?

Beaucoup de chaleur dans sa voix, qui m'enveloppait. De l'homme, il se dégageait une impression d'intelligence et de distinction :

– Bon, vous l'avez serrée d'un peu près. Allons ! il n'y a pas matière à péché, la prochaine fois vous ferez plus attention, voilà tout. Vous pouvez communier. Venez me servir la messe des sœurs, tout de suite.

Je me suis trouvé embarqué dans un rituel compliqué

de messe conventuelle, avec un encensoir à la chaîne diabolique que je présentais toujours trop tôt ou trop tard, des trucs et des machins qui semblaient aller de soi pour le prêtre mais me restaient entre les mains, nigaud, devant les sœurs qui détournaient leur voile pour pouffer de rire...

Je m'en sortis suant et soufflant. Mais d'un ton absolument égal, le chanoine me dit :

– La prochaine fois que vous voudrez vous confesser, venez donc chez moi. J'habite à deux pas d'ici, rue de la Faisanderie. J'y suis toujours le samedi après-midi.

Je bredouillai quelque chose et sortis en me cognant dans les portes.

La vie reprit dans notre grand appartement triste de célibataires. L'oncle sortait souvent, nous laissant seuls. Un jour que j'étais avec lui en voiture, au feu rouge une décapotable se rangea à nos côtés et une superbe créature aux cheveux bruns flottants lui fit des signes de la main. Gêné, il grimaça un sourire et démarra. Je réalisai soudain que l'oncle était devenu objet de convoitise pour les femmes en mal de situation : de l'argent, un grand appartement, jeune et beau, esseulé, sans scrupules... Quand je voyais cet essaim tourbillonner autour de la ruche, je lui disais :

– Père, garde-toi de droite, garde-toi de gauche !

Il faisait un sourire triste :

– Jamais, tu m'entends, jamais je n'aurais voulu ce divorce. Nous avions bâti à la maison un équilibre...

Ces confidences nous rapprochaient et m'inquiétaient. Tout n'était donc objet que de convoitise, il fallait naviguer au milieu des requins mâles et femelles, il n'y avait rien de net, de propre, de stable.

Solitude, mon amie…

Un peu après la rentrée universitaire, il fallait passer un examen de santé obligatoire, boulevard Jourdan. J'y fus, comme les autres. Mais au sortir de la radio pulmonaire, un voyant rouge s'alluma :

– Monsieur, vous avez une tache au poumon, il faut absolument faire des examens complémentaires sérieux.

On me bombarda de rayons X, et le diagnostic tomba, sans appel :

– Tuberculose.

Mon grand-père, si beau et si tenace, qui crachait ses poumons que la guerre avait minés… Les spécialistes dirent devant moi que la contagion n'expliquait pas tout, que le déclenchement de la maladie était presque toujours le contre-coup de chocs émotifs répétés, mal vécus, mal supportés.

Je savais d'où venait ce mal. Ma guerre à moi, je l'avais menée seul, pour survivre entre des adultes inconscients, enfants riches à qui ne manquaient que l'équilibre, la paix intérieure, le bonheur tranquille.

Le traitement fut simple : six mois de lit complet, et encore autant d'interdiction de sorties après 21 heures.

À l'âge où les étudiants heureux s'amusent et apprennent à mordre dans la vie, je gagnais ma chambre de reclus, avec les livres pour seule compagnie. Les copains m'apportaient les cours, je dévorais la bibliothèque.

Et un samedi, l'une de mes premières sorties, je pris le chemin de la rue de la Faisanderie.

8

L'immeuble, bourgeois, était sombre. Un instant, j'hésitai avant de sonner. L'oncle ignorait ma démarche : que venais-je donc faire là ?

La porte s'ouvrit devant le chanoine en soutane noire, auréolé de ses cheveux blancs.

– Tiens, vous êtes venu ? Entrez.

Un long couloir encadré de rayonnages montant jusqu'au plafond, et entièrement couverts de livres sans poussière, aux reliures parfois usagées. Puis une pièce banale, et au fond un bureau. Là aussi des livres partout, une table avec des dossiers épars, une machine à écrire, dans un angle un lit très simple.

– Asseyez-vous.

Je me retrouvai face à lui, qui s'était calé dans un fauteuil tournant. Cela sentait un peu le renfermé, mais on s'y habituait.

Les bras posés sur les accoudoirs, les doigts joints sur la bouche et le nez, la tête un peu de côté, il m'observait. Le visage était rond, plutôt poupin, la lèvre gourmande. Il respirait l'intelligence mais aussi quelque chose d'indéfinissable, peut-être un peu matois, peut-être un peu rusé, à la fois très doux et plein d'autorité. Cet homme-là vivait dans un autre monde que celui de mes parents-enfants, il avait des certitudes, il n'hésitait pas : il savait.

Je fus surpris de l'intérêt qu'il me portait. Bribes après bribes, il fallut tout dire. C'était la première fois que quelqu'un se penchait sur mes états d'âme, semblait les trouver importants et posait les questions justes, qui m'éclairaient moi-même.

Ce jour-là, je repartis avec un gros livre, l'*Histoire de la Pensée* de Jacques Chevalier :

– Vous pouvez revenir quand vous voulez : je suis toujours là le samedi après-midi.

Je lisais, et je découvrais un continent, une planète. Depuis des siècles des hommes s'étaient posé les mêmes questions que moi, et y avaient répondu par leurs vies et par leurs écrits. Ces hommes n'étaient pas tous chrétiens, mais tous semblaient converger vers le christianisme qui attirait à lui toute pensée juste, pour l'insérer dans un ensemble plus vaste, plus cohérent, plus homogène.

Je lisais pendant mes longues heures de lit, et chaque samedi je retrouvais, au bout du long couloir tapissé de science, le chanoine au visage doux et fin sous sa couronne de cheveux blancs. Il semblait s'attendre à ma venue, tout naturellement. Je racontais mes lectures, il replaçait chaque chose dans une perspective autre, plus large, plus ample : et à chaque instant c'étaient des aperçus nouveaux que je me jurais d'explorer plus tard, absolument…

Mais surtout, il me faisait parler de moi. Et après tant

de dureté, tant d'efforts solitaires, tant de tâtonnements le long de murs fermés ou fuyants, je découvrais que j'étais intéressant pour moi-même, et que j'avais une soif désespérée d'amour.

Avec beaucoup d'instinct le chanoine avait senti ce manque absolu d'affection, de chaleur humaine : il jouait sur la corde sensible derrière l'appât de l'intelligence, mais je ne m'en rendais pas compte.

Nos samedis devinrent un rite que je gardais totalement secret. Qui aurait pu comprendre ce que je cherchais là ? Ma mère, enfermée dans son malheur ? L'oncle qui vivait si vite, sortait et travaillait tellement ? Non pas de propos délibéré, mais par une sorte de défiance envers le monde de fer qui m'entourait, je préservais ce jardin secret. Et je commençais, sans le savoir, à mener une double vie.

Cette première année de propédeutique ne constituait pas un barrage : les choses sérieuses viendraient l'année suivante. Je passai donc l'examen sans histoires, et partis à la montagne terminer ma convalescence.

À la rentrée, une femme vint de plus en plus souvent à la maison. Très jeune, jolie, gaie, Francine était une femme-enfant, et l'oncle se laissait aller à bêtifier un peu. Surtout, il lui fallait une femme pour tenir cette maison. Il se résolut à l'épouser, sans grande conviction mais par raison. Nous avons retrouvé un semblant de cadre normal, l'oncle s'est remis à sourire et à être un peu plus présent.

Il approchait du sommet tant convoité. P-DG d'une des premières industries pharmaceutiques françaises, il était reçu dans un monde de *self-made-man* en quête de légitimité et de racines. Ce n'étaient plus les petits parvenus de l'après-guerre : c'étaient des hommes de valeur, qui avaient accompli leur ascension sur un monceau de cadavres, écartant l'un après l'autre tous ceux dont ils prenaient la place. Ils se reconnaissaient entre eux : les dents longues, la patte féroce, arrivés là parce qu'ils étaient les meilleurs et parfois les moins scrupuleux. Ils vivaient entre Trocadéro et avenue Foch, se retrouvaient aux golfs, essayaient de se placer dans les réceptions de l'ancien vieux monde qui déclinait, mais dont les lettres de noblesse attiraient. Peu à peu, c'était une chasse à courre chez le duc de R... – un vrai duc, qui valait bien l'achat du costume complet de vénerie –, un cocktail chez le comte B... où j'ai rencontré l'ambassadeur d'URSS Vinogradov, un sacré gaillard, mon vieux, qui boit sec et m'a tapé sur l'épaule...

Personne ne manquait les concerts *must* de la saison, et si l'on s'y ennuyait ferme on pouvait en parler après :

– Rubinstein, c'est surtout dans les... vous savez, là... les très doux, là il est le maître in-con-tes-té !

Et puis on s'achetait une chaîne hi-fi dernier modèle, pour pousser de petits cris après le solo de clavecin du *Cinquième concerto brandebourgeois* :

– Oh ! mais c'est tout Beethoven qui est là, vous ne trouvez pas ?

L'oncle, amusé, suivait sans trop y croire. Sa vie à lui c'étaient ses usines, et accessoirement le jeune poulain qu'il abritait chez lui.

À peu près guéri, je m'étais jeté dans les études. La chimie me passionna, comme tout ce qui touchait à la science de la vie. Les copains retrouvés formaient un monde chaleureux, et une existence de rêve commença, faite d'étude au calme, de discussions sans fin sur le

Boul'Mich', de quelques flirts et de sorties prudemment espacées.

– Pas trop tard, s'il te plaît, n'oublie pas que tu es en convalescence !

De fait j'étais très raisonnable, partie par nécessité, partie à cause du climat laborieux qui régnait à la maison. Tout était permis, du moment que le travail passait en premier.

La vie n'était guère érotique, mais il faudrait bien songer à normaliser les choses. L'oncle m'y engageait, qui avait en la matière une solide expérience :

– Les femmes, c'est comme la chasse : il faut avoir beaucoup manié le fusil avant d'en prendre une.

Oui, mais comment ? Les copines de fac acceptaient le flirt, mais s'arrêtaient prudemment là où je voulais commencer. La pilule n'existait pas : on ne couchait pas si facilement que cela, et je ne pouvais tout de même pas me jeter à l'eau avec une des amies de l'oncle. J'ai donc adopté la solution la plus simple et la plus généralement admise : muni d'un billet de vingt francs, j'ai été faire un tour rue Saint-Denis.

Elle s'appelait, je crois, Barbara, de son nom de guerre. La chose fut vite faite, et ne me laisse pas le souvenir d'un plaisir particulier. Je me retrouvai le même qu'avant, mais assurément dépucelé.

Il fut convenu entre ma conscience et moi que nous n'en parlerions pas au chanoine. Après tout, il ne s'était rien passé, rien du moins de notable. Et ce genre de chose, trop vulgaire, devait lui être étranger.

En tout cas, l'oncle avait été entendu : le sexe resterait pour l'instant du domaine de l'hygiène. D'amour, il n'était pas question : dans la course que nous menions, cela ne pouvait qu'être encombrant. Le sentiment, de toute évidence, ne faisait qu'affaiblir un homme, le gêner dans ses combats.

À dix-huit ans, j'apprenais à me battre, pas à languir.

9

Les choses importantes c'était la fac, et la science. Délivré de toute autre préoccupation, j'étudiais comme on se nourrit, avec un bel appétit. La plupart des copains faisaient ce qu'il fallait faire, mais rien de plus. Moi, je voulais rentrer dans cet univers, qui n'était après tout qu'un langage nouveau. Et j'acquis en quelques mois une petite culture scientifique qui étonnait mes compagnons. Le principe était simple : j'apprenais tout sans distinction, et même un peu plus. L'oncle, qui me voyait travailler beaucoup et sortir raisonnablement, ne disait rien. Il était encore en lune de miel, et Francine nous apportait la sécurité qui nous laissait les mains libres. Je sentais bien que cette jeune femme ne faisait pas le poids, mais elle l'aimait. Lui se laissait aller, encore un peu charmé, pas vraiment convaincu.

Vint l'examen de fin d'année. Là, c'était tout à fait sérieux : sept cents étudiants se présentaient, il y avait deux cent cinquante places dans les labos de l'année suivante. J'approchai l'épreuve avec une technique de bulldozer, un planning rigoureux qui devait me permettre d'avoir tout révisé dans l'ordre au jour J.

Un peu inquiet quand même – c'est la première fois que son poulain courait – l'oncle avait pris quelques précautions. Sans que je le sache, des professeurs avaient été contactés, pour donner le « petit coup de pouce », au cas où. Privilège de la position sociale... L'estomac serré, j'allais voir les résultats qui étaient affichés dans le grand couloir du rez-de-chaussée. Une foule d'étudiants se bousculait devant les tableaux, au milieu d'exclamations et de pleurs. Mon nom ne figurait pas parmi les reçus : je devins livide. Mais un copain m'attrapa par la manche :

– Michel ! regarde là, la liste des jury concours !

Là, en rouge, à part, le nom des dix premiers de l'année, qui devaient subir une épreuve supplémentaire pour le titre de lauréat. Mon nom y figurait, tout cru. Dans un éblouissement, je téléphonai à l'oncle au bureau. Il fit mine de m'engueuler :

– Alors, de quoi j'ai l'air, moi ? Je prends la peine de te recommander pour qu'on puisse te rattraper, et toi, tu termines lauréable !

Jamais ligne téléphonique n'avait transmis plus de joie et de fierté. Je passai l'épreuve et fus donc lauréat de la faculté.

Le succès acquis, j'avais les mains totalement libres. Je pouvais donc retourner régulièrement rue de la Faisanderie.

Là, je me sentais compris, et j'existais dans un domaine qui échappait à tout le reste. Les livres se suivaient, je dévorais tout. Je n'avais jamais lu l'Évangile ni la Bible, mais le chanoine me donnait les *Pensées* de Pascal, les

Lettres de Valensin, les sermons de saint Bernard. J'étais fasciné par la cohérence de la pensée chrétienne, et je découvrais l'émotion religieuse à travers les mystiques.

Au début de cet été, il a dû sentir, j'imagine, que le fruit était mûr. Un jour, sur son bureau, je retrouvai les articles de *Paris Match* sur la vie monastique, reliés en un beau volume.

– Tiens, lis ça. Et cet été, tu devrais aller faire une retraite dans un monastère. C'est facile, il y a des hôtelleries, je t'introduirai.

Au cours de nos longues conversations, il commençait à me parler de lui. Il travaillait pour le Saint-Office à Rome, organisme du Vatican qui s'était autrefois appelé l'Inquisition. L'époque, bien sûr, était révolue, mais on était encore chargé de préserver la pureté de la foi et de la pratique religieuse dans l'Église. Tout cela me semblait bien étrange. En fait, j'étais un jeune païen attiré par « autre chose », sans culture ni référence chrétienne. Et j'appris aussi de lui qu'il avait déjà envoyé derrière les grilles de couvents une dizaine de sujets, surtout des femmes, et quelques hommes.

J'étais tombé sur un recruteur efficace.

Souvent il me parlait de « ses » religieuses, avec lesquelles il restait en relation. Mais il semblait avoir coupé brusquement avec les hommes, à partir du moment où ils avaient franchi le pas du monastère. Comme si, en quelque sorte, ils lui avaient fait une infidélité, avaient cessé de lui appartenir pour voler de leurs propres ailes. Les femmes, c'était différent : du fond de leurs couvents elles restaient dépendantes. Lorsque, rarement, il me parlait du carme ou du trappiste qu'il avait « fabriqué », c'était presque avec rancœur, une espèce de jalousie déçue. Quels liens affectifs y avait-il entre lui et ses « enfants », que se passait-il dans la tête et le cœur de cet homme solitaire, voué aux dossiers et à la chasteté ?

Pour l'instant je ne me posais aucune de ces questions. Le monde était à moi, j'étais à nouveau le petit roi, et j'avais même la satisfaction de n'appartenir à personne, puisqu'à l'insu de tous je menais une double vie parfaitement réussie : pour l'extérieur, jeune étudiant brillant et gâté. À l'intérieur, enveloppé sans le savoir par un ecclésiastique qui me menait insidieusement vers ce qui me manquait le plus : un sentiment d'affection, une raison de vivre et peut-être de rêver à de vastes horizons. Dieu n'était pas le premier en ligne, mais derrière tout cela son mystère commençait à m'intéresser. Je décidai donc d'aller faire la retraite suggérée.

Mais il fallait compter avec l'oncle. Comme un mécanicien, il montait un moteur. Et il avait décidé que chaque année, j'irais faire un stage dans un pays d'Europe, pour y apprendre à la fois la langue et le travail concret.

Cet été-là, ce fut l'Angleterre : un mois et demi dans une usine de produits chimiques. Je parlais déjà fort bien l'anglais, mais il fallait passer des livres au laboratoire, du bureau à l'atelier. Ce qui fut fait, sans problèmes. Les vacances universitaires étant longues, je disposais de la fin de l'été.

– Je te conseille d'aller à l'abbaye de P…, m'avait dit le chanoine. C'est un ordre très observant – il prononçait le mot d'une voix gourmande – et j'écrirai pour toi.

Faire une retraite dans une abbaye ! C'était franchir le pas, avouer publiquement ma recherche : je m'en sentais incapable. Compréhensif, le chanoine me conseilla de maquiller ce séjour sous couleur de culture. Son autorité l'emporta sur mes scrupules : n'était-il pas pour moi une référence morale absolue ?

Un copain complaisant servit d'alibi, et un beau jour de septembre, à l'insu de tous, je débarquai dans le Morvan.

Le monastère était perdu dans la forêt, à huit kilomètres de tout lieu habité. Il fallut franchir cette distance à pied. Superbe était la nature, austère et majestueuse. Peu à peu, au fur et à mesure que la route s'enfonçait dans ce désert végétal, je me sentais pris, envoûté. Puis, j'ai débouché sur un vaste bâtiment de granit rose. Une énorme porte en bois sculpté : j'ai sonné.

Le père hôtelier, prévenu par le chanoine, m'attendait. Le soir tombait.

– Écoutez, nous avons un office tout de suite. Vous allez m'y attendre, je vous conduirai ensuite à votre chambre.

Il parlait d'une voix sourde, presque détimbrée. Un habit noir le couvrait tout entier, avec par-devant un grand pan de tissu – le scapulaire – derrière lequel disparaissaient ses mains, qu'on ne voyait jamais. Ce n'était qu'un visage, et une voix. Il semblait à la fois avenant et retenu, comme s'il vous faisait l'aumône de sortir par instants de lui-même pour s'adresser à vous. Étrange, vraiment. Et puis, après un bref contact – les mots nécessaires, le minimum – il se retirait comme une vague, et l'on n'avait plus en face de soi qu'une image, une gravure souriante. Mais où donc allait-il alors ? Était-il encore là ?

Faisant le tour, il me conduisit vers une église néo-gothique, étroite et sombre. Dans la nef, quelques chaises pour les fidèles, et puis devant, occupant tout le chœur obscur, une espèce de grand ratelier en bois à plusieurs niveaux : les stalles, le chœur des moines.

Silence absolu. Odeur tenace de vieil encens, délicieuse. Sur les chaises, quelques hommes en civil, pétrifiés, comme un « arrêt sur image » de film. Penchés, la tête entre les mains ou prostrés à genoux, ils attendent. Je m'assois dans le coin : j'ai mal aux jambes, et très faim.

Le silence.

Un tintement de cloche aigrelet, et je vois arriver deux à deux une file de moines qui passent devant nous, tournent à angle droit, s'inclinent devant l'autel, et occupent peu à peu le ratelier des stalles. Ils avancent absolument sans bruit, le regard fixe, et ça n'en finit pas. Combien sont-ils ? Soixante, quatre-vingts ? Tiens, en serre-file des petits jeunes, qui sautillent un peu en marchant : ça doit être les novices.

En moins de deux minutes, le chœur s'est rempli d'une foule d'ombres noires au crâne brillant dans la pénombre. Ils nous tournent le dos, font face à l'autel. Les civils à mes côtés se sont levés, comme au garde-à vous, l'air pénétré.

Et puis soudain, dans le silence palpable, *une seule* voix, faite de toutes ces voix d'hommes parfaitement fondues. C'est la première fois que j'entends du chant grégorien. La mélodie s'élève, plane un instant, repose, intemporelle. Comment tous ces hommes – ils sont presque une centaine – font-ils pour donner l'impression physique d'une voix unique, qui déroule les mélismes d'un chant souple, mélancolique, parfaitement contrôlé ?

Subjugué, j'oublie la fatigue et la faim. Par moments ils se tournent, se prosternent et se relèvent d'un seul bloc, mais sans heurt et même avec grâce. On dirait un corps unique fait de tous ces corps, qui ondule et qui vit comme mû de l'intérieur. J'observe ceux qui sont les plus proches de nous : les yeux ouverts, ils ont le regard fixé loin devant ou parfois baissé, sans aucune expression, visage figé. Et de cette masse continue de s'élever un chant grave, prenant, une mélodie simple et dépouillée, avec parfois des accents de tendresse dont on a l'impression qu'ils sortent de pierres vivantes.

Après la marche dans la forêt, à jeun, je reçois ce spectacle comme un coup de poing en pleine figure.

Soudain, tout s'est éteint. Ils sont agenouillés ou prosternés, dans le silence revenu. On me touche le bras : le père hôtelier – il semble arriver de nulle part – me sourit au bout de son habit noir :

– Venez, chuchote-t-il sans ouvrir la bouche.

Un bout de pain et de fromage, et je me retrouve dans une petite pièce totalement nue, au mur crépi de gris, avec un lit, une table, un lavabo.

– Voilà la cellule que vous occuperez pendant votre séjour parmi nous.

Cellule : le mot est bien trouvé. Resté seul, je me pose sur le bord du lit. Et naît alors en moi cette certitude impérieuse, incontrôlable, inexplicable : je veux… enfin je voudrais… oui, je voudrais vivre quelque chose comme ça. Ça, c'est autre chose. Ça m'attire.

Les six jours de retraite se déroulèrent sur un petit nuage rose. Entre de longues promenades en forêt et quelques offices toujours aussi poignants, le père hôtelier m'accordait tout son temps. Il faisait beau, et nos conversations se passaient sur le banc d'un petit jardin qui dominait la vallée. Sans m'en douter alors, j'étais l'objet d'un numéro de séduction très réussi. Il restait lointain et inaccessible, suffisamment pour que j'aie envie d'en savoir plus. Et en même temps il insistait sur les aspects humains – « très humains, vous savez » – de la vie monastique. Une vie d'élite, menée par des sujets d'élite entièrement dégagés des contingences ordinaires pour se consacrer à la vie de l'esprit et à l'expérience de Dieu. Sur ce dernier terme, il restait assez vague – « C'est indescriptible, vous voyez. » – Et comme justement je ne voyais pas grand-chose, je parais cette recherche-là de tous les attraits du mystère.

Et je priais – ou du moins je passais de longs moments seul dans l'église.

Mais il fallait revenir, retrouver mon poste à l'entraînement. Je n'allai pas tout de suite voir le chanoine, qui me laissa sagement digérer ma découverte.

10

Cette deuxième année était la plus chargée en matières, et jalonnée d'examens comme un parcours du combattant. D'un commun accord notre bande sortait moins, travaillait ferme. Il ne m'échappait pas cependant que le climat se gâtait entre l'oncle et sa nouvelle femme. Ce mariage de circonstance n'avait pas débouché pour lui sur de l'amour.

D'ailleurs, l'amour existait-il ?

La différence de niveau humain et de caractère apparaissait de plus en plus. Peu à peu, encore une fois, je devenais le confident de l'un et de l'autre, spectateur impuissant de l'incapacité des adultes à gérer leur vie.

Bien sûr, l'oncle avait accompli une brillante réussite sociale et professionnelle. Mais tout cela finalement n'était habité par rien, du moins à mes yeux. Le mouvement en avant ne se justifiait pas par lui-même. Il fallait une raison pour se battre, autre que le combat.

Une raison de vivre, mais laquelle ? Devenir le premier à l'échelon élevé, pour chercher à gravir l'échelon suivant ? Non merci. Avoir une compagne pour ne pas rester seul ? Non merci. Faire l'amour sans amour, par hygiène ? Non, merci.

Cyrano sans panache, je retournai rue de la Faisanderie.

Au fil des mois, les relations avec le chanoine s'étaient subtilement modifiées. Pour ma part, je restais toujours totalement confiant, sans arrière-pensée, vivant. Lui semblait se prendre de plus en plus d'affection pour moi. Il m'appelait son « bébé », son enfant, et si j'en souriais parfois, c'était avec l'indulgence de la gratitude. Et puis, c'est vrai, depuis ma Razanne, je n'avais jamais plus été l'enfant de personne : je me laissais materner sans protester. Ce qui n'était peut-être pas très clair pour moi l'était beaucoup moins encore pour lui. Je ne me rendais pas compte du glissement progressif vers quelque chose d'un peu équivoque, d'autant plus qu'il me guidait vers des sommets trop purs, trop idéaux. Aucun geste, bien sûr, aucune parole déplacée. Mais lorsqu'au moment de la confession, je livrais mon âme à Dieu, c'est lui qui la recueillait. À genoux aux pieds de son fauteuil, il me prenait alors le bras, le mettait autour de son cou et donnait l'absolution à son bébé d'un mètre quatre-vingt-quinze avec une émotion qui l'étouffait.

Cela ne durait qu'un instant. Ensuite chacun reprenait sa place, et l'on voguait à nouveau sur les eaux cristallines de la mystique chrétienne. Moi, je recevais simplement ma part d'affection, et me laissais guider. Beaucoup trop naïf pour pouvoir imaginer quoi que ce soit d'autre.

Je lui avais dit le choc reçu au monastère de P..., et peu à peu ma vocation de moine devenait entre nous une chose admise, puis acquise. Il avait beau jeu d'opposer le monde cruel dans lequel j'aurais à tracer ma voie et le cadre parfait, intemporel et pur, du monastère. Je ne pouvais ouvrir mon cœur qu'à lui : il le remplissait de la splendeur d'un appel unique vers une vie autre, où la réussite pourrait s'appeler plénitude. Qui donc y aurait résisté ?

Ce jeu subtil, je le comprends maintenant : j'étais incapable, alors, de le percevoir. Il me reste seulement le souvenir d'un vague sentiment de malaise : si j'y avais donné suite à ce moment-là, j'aurais refermé la seule porte qui, peut-être, allait s'ouvrir sur *autre chose.* Pour franchir cette porte, pour entrer dans cet ailleurs-terre-promise, il me fallait – et il me faudrait de plus en plus – devenir aveugle.

Évidemment, à dater de ce jour j'étais perdu pour les filles de la fac et d'ailleurs. Comme j'étais en apparence tout à fait « normal », plutôt joli garçon et parti enviable, elles tournaient autour sans arriver à se poser. Une des filles de notre groupe me regardait avec des yeux larges d'un hectare et fondait régulièrement en larmes devant ma froideur. Je ne pouvais quand même pas leur expliquer que j'étais fiancé avec la pensée chrétienne et amoureux de la mystique cistercienne. Il y a des choses, même dans les milieux ouverts, qui passent mal. Et si j'avais raconté aux garçons – on parlait très librement – que je mettais un caleçon la nuit pour éviter toute « pollution », suivant les conseils d'un prêtre, ils m'auraient accompagné chez le médecin le plus proche. Mais j'étais bon camarade, j'aimais la danse, et on s'en contentait.

Le chanoine m'initiait, semaine après semaine, aux détours de la chasteté. Il m'en parlait dans de longs monologues entrecoupés de silences, les yeux baissés ou soudainement plantés dans les miens : le but final était la purification des pensées, l'éradication jusqu'à leurs secrètes profondeurs de toutes les pulsions sexuelles.

Que comprenais-je alors ? Avec l'impétuosité de mes dix-neuf ans, je faisais un amalgame confus entre le monde qui m'entourait – cette jungle où les rencontres humaines étaient menées par l'instinct plus que par l'amour – et le mal. Le sexe était un élan obscur à satisfaire, et son opposé – la lumière – c'était la pureté.

Incapable de demi-mesure, je me jetai donc dans la pureté comme un athlète dans les disciplines du stade. Limiter toute relation à de la camaraderie n'était pas trop difficile. Restait mon propre corps :

– Il y a certains endroits du corps, n'est-ce pas…

Le chanoine n'en disait pas plus : mais dès lors, mes mains se trouvaient condamnées à l'exil de moi-même.

Le monde des pensées était plus difficile à canaliser : ce n'étaient pas tant mes amies de la fac qui le remplissaient, que mes impressions de danseur passionné. Le trouble que la danse provoquait en moi était l'objet de mes confessions hebdomadaires :

– Il faut te préserver, te préserver intact pour Dieu…

Pourquoi le *fallait-il*, je ne savais. Mais puisque rien ne me satisfaisait dans les modèles de vie que je côtoyais, j'avais du moins le sentiment de faire mieux qu'*eux*, d'échapper à *leur* monde, de trouver – seul contre tous – la voie royale d'une perfection qu'ils ignoraient.

Je m'étonne maintenant de la délectation évidente avec laquelle le chanoine organisait et constatait mes progrès dans cette voie peu habituelle chez un jeune homme plein de vie. Voulait-il me préserver pour Dieu, seulement, ou bien – aussi – me garder à lui corps et âme ? Me faire partager cette condition qui était la sienne, et qu'il n'assumait peut-être pas tout à fait ?

La question étant sans réponse, monsieur le chanoine, je vous laisse le bénéfice du doute. Mais je doute, avec votre permission.

Et puisque la parole échappait à toute censure, ma réputation de grivoiserie s'établissait fermement dans les couloirs de la fac.

La difficile année universitaire se passa bien, et j'engrangeai les examens les uns après les autres. Je fus même encore une fois lauréat, cela devenait banal.

L'été suivant c'était l'Espagne, une usine à Barcelone. Je revins parlant espagnol, et imbattable sur les amino-acides. Mais il restait toujours la fin de l'été… J'avais dit au chanoine que le cadre austère, et le gigantisme de la communauté, m'effrayaient un peu à P… J'aurais voulu voir un autre monastère, à taille plus humaine, plus souriant.

– Eh bien, mais va donc faire une retraite à B… ! C'est une fondation assez récente, la communauté est petite. Évidemment – légère moue – leur grégorien n'est pas aussi beau qu'à P…, mais enfin c'est le même ordre.

Au prix d'une nouvelle dissimulation et d'un nouveau mensonge – la morale du chanoine était singulièrement élastique pour la bonne cause –, je me trouvai donc un jour face à l'abbaye.

11

Tout de suite, je fus charmé. Le monastère, petit, était en fin de construction au flanc d'une immense église ancienne. La communauté était sympathique et familiale. Blotti dans un coude du grand Fleuve, le lieu était attirant, et il en émanait quelque chose de magnétique et d'apaisant à la fois.

Mes contacts avec les responsables furent assez anodins : ma décision était déjà prise. Ils ne se donnèrent pas beaucoup la peine de vérifier l'authenticité de ma vocation monastique. Je demandais à entrer, c'était suffisant. J'étais un sujet d'élite, issu de bonne bourgeoisie, une recrue inespérée, sur laquelle on ne discute pas trop.

J'aurais pu rentrer sur l'heure. Mais, mû par je ne sais quelle appréhension prémonitoire, je fis part de mon désir de terminer mes études et d'obtenir un diplôme. Cela sembla raisonnable, et puisque j'avais tenu déjà deux ans de double vie, on pensa que je tiendrais jusqu'au bout.

Restait à organiser les deux années à venir. Une

consultation triangulaire eut donc lieu entre le chanoine et le supérieur de l'abbaye, hommes d'Église, hommes de Dieu. Il en résulta que je devais aussi longtemps que possible faire durer l'illusion pour les miens, et mener cette vie double qui avait jusque-là si bien réussi. De toute évidence, le milieu familial incarnait le mal : il importait d'éviter une confrontation prématurée, à laquelle je n'aurais peut-être pas résisté. Dissimuler ma vraie vie n'était pas immoral, puisque c'était pour mon salut : et ensuite, de l'intérieur du cloître, j'assurerais celui des miens.

Peu à peu, dans le bureau du supérieur qui dominait la plaine, les arguments s'enfonçaient en moi. Ce n'était pas mon choix personnel qui m'inquiétait, mais les conséquences que je prévoyais pour mon entourage.

– Ma mère n'a que moi sur qui s'appuyer, l'oncle m'a donné la vie en même temps que son soutien…

Tout cela ne comptait pas. « Dieu premier servi » justifiait le sacrifice que je leur imposais.

Et s'ils le percevaient comme une trahison de leur affection ?… Libre à eux. Ils comprendraient, plus tard.

C'étaient des responsables d'Église au plus haut niveau qui me parlaient, m'indiquaient le vrai et la route à suivre au nom de Dieu. À les écouter – et comment ne les aurais-je pas écoutés ? – je menais ma croisade personnelle contre une société perverse et fausse. La vérité était de leur côté, de mon côté.

D'ailleurs, dans deux ans j'atteindrais la majorité, et n'aurais plus de comptes à rendre à personne.

J'écoutais tout cela, le cœur un peu serré. L'oncle, mon véritable père qui avait en moi toute confiance, avait tout misé sur moi… Ma mère, pauvre femme trahie déjà une fois dans son amour, qui voyait pousser loin d'elle son grand fils avec tant de fierté et d'espoir pour l'avenir... Mais Dieu requérait tout, et je choisissais le tout de Dieu.

– Encore une fois, c'est du salut des âmes qu'il s'agit, la vôtre et à travers vous, la leur. Une rédemption leur est offerte par votre entremise. Elle passe par une mort, certes, mais c'est pour une résurrection qu'ils ne peuvent imaginer, celle du Christ au matin de Pâques.

L'enjeu était donc situé à son vrai niveau : la mort et la vie. La mort était passagère, transitoire, nécessaire et méprisable. Elle était la clé de la vie, une vie qui viendrait après et dont la qualité serait proportionnelle à la qualité et à l'absolu du sacrifice consenti.

Je sentais que la mort que je choisissais était celle aussi de mes proches – et surtout la leur, car moi, initié, je goûterais par avance les joies de la vie nouvelle – que cette mort leur serait imposée sans qu'ils l'aient demandée. Que la résurrection était leur dernier souci, eux qui cherchaient seulement à vivre, et attendaient de moi un regain de vie. Que même, vraisemblablement, ils étaient bien incapables de savourer l'issue, mais seraient surtout écrasés par ma défection et la souffrance que je leur imposerais... Rien de tout cela ne semblait effleurer mes maîtres, certains d'être dépositaires de valeurs plus hautes, auxquelles il était inespéré après tout que je puisse accéder.

Soulagé, je voyais s'ouvrir sans réticences la porte que je voulais tant franchir. Sans trop chercher, sans trop penser à tout cela, j'acquiesçais. Dieu le demandait, Dieu le voulait, l'Église le confirmait. Alors...

Je repris le chemin des études.

12

Cette année s'annonçait calme, après la précédente : c'était l'occasion de réussir un beau coup. Je m'inscrivis donc, simultanément, à la Sorbonne pour une licence de biochimie. Pour que ce soit matériellement possible, il fallait un arrangement spécial de la fac. Médusés, mes professeurs acceptèrent et m'organisèrent une scolarité à ma taille. Je ferais les travaux pratiques en cavalier seul, pour pouvoir assurer aussi ceux de biochimie. Des copains prendraient pour moi les cours, pendant que je suivrais ceux de la Sorbonne. On n'avait jamais vu ça, mais on ne refusait pas à l'un des meilleurs de tenter un pari sympathique. Tout se mit en place, et la machine commença à tourner à plein. Je passais de l'une à l'autre faculté sans heurt, et sans même négliger les copains et les sorties.

À la Sorbonne, c'était un enseignement de niveau doctorat. La biochimie était une science neuve, un domaine de pionniers. C'était la science par excellence de la vie, et la vie j'aimais ça. En fin d'année il y avait un cours spécial de Jacques Monod, directeur de l'Institut Pasteur, et j'y allais avec l'eau à la bouche.

Monod était en train de découvrir les mécanismes de transfert de l'ADN, qui lui valurent peu après le prix Nobel. Son cours était simple : il nous racontait, étape par étape, le cheminement de ses travaux et de sa recherche.

À ce niveau, les étudiants étaient peu nombreux – une soixantaine – et avertis. Il régnait dans ce petit amphithéâtre du boulevard Raspail comme une atmosphère de chapelle. Monod arrivait, beau, toujours bronzé, étincelant d'intelligence. Il parlait sans micro, avec peu de notes. Derrière lui sur le tableau était dessinée une grande hélice double d'ADN : il nous tenait sous la magie de la découverte.

Une fois, chose rare à cette époque, il s'adressa directement à nous :

– Bien. Voyez où nous en sommes. Maintenant, à ce stade du travail, qu'est-ce que vous auriez fait ? Dans quelle direction faudrait-il aller ?

L'auditoire resta muet, pétrifié. J'ai levé la main.

– Oui ?

En quelques mots hésitants, j'ai dit alors ce que j'avais cru comprendre.

– Oui, ce n'est pas bête, mais vous voyez...

Et il expliquait – ce qui n'étonnait personne – que je n'avais pas tout vu, qu'il y avait ça, et encore ça...

À la sortie du cours je l'ai croisé dans un couloir. Il m'arrêta :

– Où en êtes-vous ? Que faites-vous ?

Monod exerçait sur nous une véritable fascination, je ne sais plus ce que j'ai répondu.

– Bien. Il va se créer, à Villejuif, une unité de recherche sous la direction du professeur Jean Bernard. Je suis avec lui. On doit monter un laboratoire de biologie moléculaire : j'aimerais que vous preniez contact avec nous à la fin de l'année, après les examens. Je compte sur vous.

Je n'ai rien répondu, et n'en ait parlé à personne. Monod avait noté mon nom et mes coordonnées.

À la fin de son cours, il prit de la hauteur. Devant nous, sur le tableau, s'écrivait ce que l'homme savait de plus précis sur l'origine de la vie. Là – Monod pointait le doigt – naissait l'existence. Le reste, ce qui séparait la molécule d'ADN de l'homme accompli, le reste était le fait d'un hasard, et obéissait à une sorte de nécessité. Le hasard et la nécessité… ainsi donc la merveille que constituait l'homme n'était que cela, et l'existence obéissait à une sorte de destin aveugle ?

Je me braquais contre les conclusions de Monod. Tout en l'écoutant, chantaient en moi les premières phrases de l'Évangile selon saint Jean, que je venais de lire :

> « Au commencement était la Parole,
> Et la Parole était avec Dieu,
> Et la Parole était Dieu. »

Décidément, me disais-je, les grands savants ne savent pas tout. Là où lui s'arrête, là tout commence, et je connais la clé d'une science qu'il refuse : celle de Dieu, qui permet d'aller plus loin.

En tout cas, pour moi, l'une ne contredisait pas l'autre.

Comme il en avait pris l'habitude, l'oncle me vit réussir sur les deux tableaux, bien que de justesse – quand même, – à la Sorbonne. Enchanté, il organisa l'été : ce serait l'Italie.

L'usine était située en pleine campagne, à vingt kilomètres de Naples. On y fabriquait des vitamines, et je fus affecté au laboratoire. Justement, il y avait un problème de synthèse qui coûtait très cher à l'entreprise, car la réaction se déroulait mal. On me confia ce chantier : je disposais de quatre semaines, et j'avais carte blanche.

Au jour dit, la veille du retour, je remis mon rapport indiquant ce qui se passait, et ce qu'il convenait de faire pour améliorer le rendement de la réaction. Par précaution, sans me le dire, le directeur avait envoyé en Angleterre un échantillon pour doubler ma recherche : mes résultats concordaient avec les leurs, et l'oncle reçut une lettre flatteuse.

L'été se termina sans retraite monastique, puisque tout était en place. Restait une année, la dernière ligne droite. Je compris qu'on ne pouvait plus remettre l'épreuve, et qu'il faudrait, qu'il fallait bientôt déclencher l'affrontement : je venais d'atteindre la majorité tant attendue. Comme Naples, déjà, me semblait loin avec sa lumière, ses odeurs, et la joie explosive de son petit peuple…

Cette dernière année universitaire était assez chargée mais cela n'inquiétait personne ; on savait que je devais la réussir comme le reste. À vrai dire, l'oncle était uniquement préoccupé par ses démêlés sentimentaux. Rien n'allait plus avec Francine, qui maigrissait de chagrin. Et puis surtout il avait découvert sa belle-sœur, jolie brune intelligente et cultivée. Une troisième femme s'annonçait donc à l'horizon, et j'étais de plus en plus le confident de chacun. En somme la vie continuait son cours, sans rien de neuf.

Il fallait, il fallait accoucher de mon secret, de ma vie à moi. Il fallait faire irruption dans ce théâtre où tous les rôles étaient connus, où le texte donnait l'impression de déjà entendu, de déjà joué. Mais je n'y parvenais pas, et retardais l'instant de semaine en semaine.

13

Ce premier dimanche de novembre, j'allai, très tôt comme de coutume, servir la messe du chanoine. L'évangile du jour, lu en latin, parlait de la tempête apaisée et rapportait le cri des apôtres :

– *Domine salva nos, perimus* ! Seigneur sauve-nous, nous périssons !

Cela me fut comme un signe : ce serait donc aujourd'hui, ce matin. Je revins à la maison en me répétant, comme pour exorciser le choc :

– *Salva nos, perimus, salva nos…*

Après le petit déjeuner, j'ai abordé l'oncle :

– Tu veux venir dans ma chambre ? J'ai quelque chose à te dire.

Sans méfiance il m'a suivi et s'est assis sur le lit, souriant. Souvent ces derniers temps, il était venu là me parler de lui, chercher l'appui de mon écoute complice. Il me regardait avec affection.

– Voilà, je…

Je me suis raidi, et j'ai affronté son regard.

– Voilà. J'ai décidé… je veux entrer dans un monastère. Je veux devenir moine catholique.

Rien. Il ne bouge pas, ne cille pas, reste immobile et muet. Le sourire l'a quitté, c'est tout. J'ai cru qu'il n'avait pas bien entendu :

– Je veux être moine plus tard, moine au monastère de B… J'ai l'intention d'y rentrer définitivement dès que j'en aurai fini avec la fac.

Et je le regarde. Il semble faire bloc avec le lit. Ses yeux se sont agrandis, comme d'un immense étonnement. Il me connaît, il sait que, là, je ne plaisante pas. Il ne dit rien.

Bouge, mon oncle, fais quelque chose, ne reste pas comme ça à me regarder, je ne supporte pas ce regard-là, réagis, explose, ne sois pas immobile avec tes yeux vides et si larges…

Cela a-t-il duré longtemps, ou un bref instant, je ne sais pas. Il s'est seulement levé et il a quitté ma chambre, où je reste seul.

Une heure, peut-être… Je suis sorti à mon tour, les ai rejoints au salon. Il est assis face à Francine, et tous deux se retournent vers moi quand j'entre.

C'est Francine qui a parlé :

– Est-ce que tu te rends bien compte ?

Alors j'ai redit ma décision, qu'elle avait longtemps mûri dans le secret, et que ce n'était pas un caprice, et que tout était préparé…

– Donc – l'oncle parle lentement, comme s'il hésite à comprendre, puis à dire ces choses – donc, depuis si longtemps tu mens ? Tu as vécu à côté de nous en mûrissant ce… ça, et tout ce que nous avons fait ensemble, c'est pour aller finir « là-bas » ?

Il ne pouvait prononcer le nom du monastère, qui lui révulsait la bouche.

Pendant deux heures j'ai tout confirmé, j'ai rejeté tous les arguments, refusé de céder un pouce. Mes maîtres pouvaient être fiers de moi : je tenais tête.

À la fin, l'oncle s'est levé vivement et m'a frappé de la main sur la poitrine :

– Michel, tu n'as rien, là. Tu n'as rien à la place de cœur.

Et il s'est comme enfui de la pièce.

Nous ne nous sommes pas revus avant le petit déjeuner du lendemain. Quand je suis entré, il était immobile devant sa tasse de thé pleine, qui refroidissait. Ramassé, sombre, il n'avait sûrement pas beaucoup dormi.

Avec une violence inouïe, il m'a abjuré, ordonné, commandé de renoncer à ce projet, de ne pas faire ça... Il se heurtait à un morceau de bois. Alors, livide, il a saisi sa tasse qui est allée s'écraser sur le mur face à lui :

– Fous le camp. Je ne veux plus te voir ici. Va-t'en !

Je me suis levé, je suis allé dans ma chambre. Comme dans un rêve. J'ai pris, en haut du placard, la valise de mes vacances. Je l'ai posée sur le lit. Il est alors entré, a vu la valise ouverte. Il s'est laissé tomber sur un coin de chaise, voûté, des larmes dans les yeux.

– Michel... pourquoi, pourquoi tu fais ça ? Michel, Michel... reste. Mais pourquoi, pourquoi ?

Mon oncle, mon père, toi qui m'as fait, tu ne vas pas pleurer, n'est-ce pas ?

Il s'est levé :

– Michel... tu es la plus grande déception de ma vie.

Nous n'avions pas besoin de nous en dire beaucoup plus. Mais je savais qu'il ne se rendrait pas comme ça. Et j'attendais la guerre.

Pendant quelques jours nous nous sommes évités : il rentrait tard, je partais tôt. Et puis, d'un seul coup, j'ai eu toute la famille à dos. Il les avait prévenus, ce dont je lui fus presque reconnaissant. Il fallait faire face à ma mère, meurtrir à froid, sans anesthésie, cette femme qui n'avait déjà plus rien. La voir souffrir, la voir supplier, puis s'abandonner au chagrin comme une enfant, vieillir en quelques jours, aller à la dérive comme une barque qu'on pousse du pied dans le courant...

Averti de tous ces drames, le chanoine avait à son tour prévenu l'abbaye. Je recevais ma première lettre à en-tête de l'ordre, sous une simple croix noire :

« Mon cher enfant,

Vous vivez le combat du Christ à l'agonie, dans le jardin de Gethsémani. Comme lui, levez votre regard vers le Père, de qui vous tirez votre force. Et n'oubliez pas que les vôtres seront, plus tard, les premiers bénéficiaires de votre choix. Tenez bon. »

Vraiment, je ne sais pas d'où je tirais ma force, car il en fallait pour piétiner ainsi les autres. Mais surtout, je ne sais si c'était bien moi qui agissais. Un seul regard, non plus levé en l'air mais simplement posé sur les miens, aurait dû suffire. Mais je ne regardais pas. J'allais devant, au-delà, ailleurs...

Et le chanoine bénissait ma fermeté :

– Tu es majeur depuis quelques mois : ils ne peuvent plus rien contre toi.

Il se trompait : l'oncle lutterait par tous les moyens.

Depuis le départ de mon père, ma mère et mes sœurs vivaient des revenus que versait chaque année l'entreprise familiale. Le conseil d'administration – la famille – se réunit et décida que, cette année-là, il n'y aurait pas de dividendes. Ils renonçaient tous à l'argent pour que je touche du doigt cette autre réalité : n'ayant plus rien pour vivre, que deviendrait sans moi ma mère ? L'oncle jouait là sa dernière carte.

Il y eut une seconde lettre de l'abbaye :

« Mais c'est très bien ainsi. Trouvez rapidement un travail, qui vous permettra de subvenir aux besoins de votre mère tout en terminant vos études. Ainsi, comme les apôtres, vous travaillerez de vos mains pour le Seigneur. »

Tout cela, depuis le cloître, semblait évident. On voit bien que les apôtres, eux, n'avaient pas d'examens en juin, et la guerre à la maison. Je trouvai donc un travail de nuit, en usine, pour une maigre paye. Rentré au petit matin, j'avais quelques heures pour dormir, avant d'aller à la fac.

L'oncle, silencieux, assistait à ma lutte. Au fond, il ne lui déplaisait pas que je fasse front : bon sang ne saurait mentir. Après tout, c'est une épreuve qu'il imposait, pour vérifier ma résolution. Le temps passant, il se rendait compte aussi qu'on ne peut pas aller contre un choix de vie : on verrait.

On vit. Je tenais le cap. A la fin du mois le salaire allait chez ma mère, et j'étudiais tant bien que mal. Absorbé jour et nuit, je ne rencontrais personne. J'avais appris par cœur l'office monastique du soir que je récitais dans ma voiture en rentrant, après minuit, sur les boulevards extérieurs déserts.

Ce que l'oncle n'avait pas prévu, c'est que la guerre me renforcerait dans mon attitude d'illuminé : il ne faut surtout pas fournir de croisade à un chevalier du Christ, préparé à en découdre pour Dieu.

« Dieu premier servi » : la famille devait se rendre à l'évidence. On ne lutte pas à armes égales avec une idéologie. Ni le sentiment, ni les pressions ne peuvent venir à bout d'un comportement sectaire. L'Eglise catholique, avec le poids formidable de ses certitudes, de sa tradition, avait seule le pouvoir de décider des valeurs : ce qui était bon, ce qui ne l'était pas, ce qui était le vrai. Puisque j'avais choisi Dieu, j'étais dans le vrai : aucun obstacle, aucun empêchement ne m'arrêterait. Quant à la souffrance humaine – la mienne, celle de mes proches – elle n'était pas grand-chose face à Dieu. Et d'ailleurs, j'en étais convaincu, si souffrance il y avait, elle ne faisait que s'ajouter à celle du Christ, qui avait ouvert la voie. On ne discute pas ces choses-là.

Je ne pouvais plus parler à l'oncle, mais parfois nous nous croisions à la maison. Un jour il m'arrêta :

– Tu vois, j'ai l'impression d'avoir monté une voiture de course, et qu'on va aller faire le marché avec.

C'était reconnaître son échec : je n'étais plus récupérable. Et comme mon comportement au combat était plutôt honorable, les derniers mois se passèrent dans une espèce de trêve, triste et muette.

J'ai réussi les examens de fin d'études, pour la première fois avec la seule mention « passable ». Quelques jours après, j'ai reçu une lettre de Villejuif : il y avait un poste, alléchant, proposé par Monod au jeune diplômé. Puis une autre lettre, de Naples : on m'engagerait volontiers, le laboratoire aurait bientôt besoin d'un directeur efficace...

« Offrez à Dieu un sacrifice d'action de grâce » : j'ai mis les lettres au panier. Ils venaient trop tard, j'étais engagé ailleurs...

Le départ a été furtif, presque caché. J'ai mis mes affaires dans une chambre de bonne au-dessus de chez ma mère, où je vivrais encore quelques jours. Il y eut une dernière visite rue de la Faisanderie :

– Tu as tout donné, tout sacrifié pour Dieu. Dieu te le rendra, dès maintenant. Sois confiant : tu n'abandonnes pas les tiens, tu vas les servir ailleurs, et ils te retrouveront autrement. Nous nous verrons bientôt, à l'abbaye.

Puis il me donna sa bénédiction théâtrale, debout dans le bureau. Je sortis dans la rue déjà sombre, et j'éclatai en sanglots au milieu des voitures.

Le soir j'allai dire au revoir à l'oncle. Il lisait son journal, et prit un air détaché :

– Michel, nous ne nous reverrons plus jamais.

– Tu sais bien qu'il y a deux mots qu'un homme ne peut pas dire, c'est « toujours » et « jamais ».

Ce fut tout. Il y avait trop de choses entre nous, et trop d'amour, pour qu'aucune parole vaille la peine.

Cette nuit-là, je me suis relevé, et j'ai rallumé l'appartement silencieux. Aux murs ils étaient tous là, mes amis de couleur et de beauté : Brayer, Oudot, Pasquin, Jansem, Chapelain-Midy, mes tableaux aimés... Et les disques, et les livres, et les meubles anciens... Allons Michel, puisque tu donnes tout à Dieu, il convient que ton sacrifice ait du prix.

J'éteignis, et allai me recoucher.

Deuxième partie

L'ABBAYE

1

Deuxième partie

La cellule où je me retrouve seul, après le départ du [illegible] (« [illegible] »), [illegible] mètres sur [illegible]. [illegible] une fenêtre donne sur la [illegible] quelques maisons du village. Dans [illegible] porte [illegible] fais. [illegible] est posée sur [illegible] deux [illegible] [illegible]

Sur la gauche une espèce de grand [illegible] en bois [illegible] rideau [illegible]. Dans l'autre [illegible] un tabouret, [illegible] grosse [illegible]

C'est tout. Les [illegible] blancs [illegible] Rien qui [illegible] cellule, [illegible] croix de bois rouge au-dessus du lit. [illegible] elle [illegible].

1

La cellule où je me retrouve seul, après le départ du maître des novices («on m'appelle le père maître»), mesure trois mètres sur trois. Face à moi, une fenêtre donne sur la plaine et quelques maisons du village. Dans mon dos le large carreau en verre dépoli de la porte permettra à chacun de savoir si j'y suis et ce que je fais. A ma droite une paillasse rebondie, en vraie paille, est posée sur une planche. Deux draps rugueux, une couverture kaki, un polochon. A l'angle un lavabo sans glace, avec un seul robinet d'eau froide.

Sur la gauche une espèce de grand cadre en bois, haut monté, que ferme un rideau blanc. Dans l'autre angle une table en bois brut, une lampe, un tabouret, une caisse avec des planches: en évidence, une grosse Bible.

C'est tout. Les murs sont blancs, le parquet en bois verni. Rien qui puisse accrocher l'œil, sauf une grande croix de bois rouge au-dessus du lit. «Si la croix est nue, m'a dit le père maître, c'est qu'elle vous est destinée.

Votre place est sur cette croix, ici vous apprendrez à y rester. »

Je m'assieds sur le lit, qui ne s'enfonce pas sous mon poids. Autour de moi, le silence : un silence tel que je n'en ai jamais entendu, total et dense. Pourtant il y a dans cet enclos – je le sais – cinq autres novices, cinq jeunes hommes comme moi, qui sont en ce moment dans leur cellule, à quelques mètres. Sont-ils donc tous vitrifiés ? Je ne perçois pas un seul bruit humain. Le village, visible par la fenêtre, semble lui-même enveloppé de coton. Bouger, faire quelque chose…

Ma valise : seul lien qui me relie à l'extérieur (ai-je donc déjà accompli une telle distance en si peu de temps, qu'il y a maintenant l'extérieur – le monde des hommes – et ici ?).

Ma valise est là où le père maître l'a posée. La prendre, l'ouvrir : mais où donc vais-je pouvoir ranger mes affaires ? Il doit bien y avoir un endroit… Le grand cadre, c'est ça ! D'un coup je tire le rideau blanc, et j'ai un geste de recul : à hauteur de tête une planche de bois brut, nue. Quelques crochets sur la face inférieure et à l'un d'eux, au beau milieu, pend une corde mince, avec une olive de tissu rouge vif en son milieu. De ce gland s'échappent six cordelettes tressées, avec au bout de chacune trois petits nœuds secs.

C'est la « discipline », le fouet de corde avec lequel il faudra me frapper le dos, torse nu, chaque vendredi pendant le temps nécessaire à réciter le psaume 50. J'apprendrai ensuite que, si l'on en trouve de plus courts, celui-là n'est pas le plus long des cent cinquante psaumes de la Bible. Mais certains vendredis, cette longueur me semblera bien suffisante.

Rouge, le gland qui enserre les cordelettes se détache

sur le mur. C'est la seule note de gaieté de la cellule. Je referme lentement le rideau : me voici bien au monastère.

La matinée a dû s'écouler, je ne sais comment. Vers midi de ce premier jour, la cloche sonne dans le silence : l'heure de l'office, c'est-à-dire une prière à l'église. Je vais donc enfin voir du monde, et sors dans le couloir.

Un frou-frou, un chuintement comme en font les portes à glissières des aéroports : quinze à vingt ondulations de bure noire descendent l'escalier, apparemment sans le toucher.

Je sais que chaque office est précédé d'une « station », temps d'attente immobile dans un couloir sombre qui débouche sur l'église. Au fond, violemment éclairé, un grand crucifix baroque marqué de sang. Les moines se rangent le long de chaque mur, tournés vers la tache de lumière, par ordre d'ancienneté : le supérieur en avant, les novices tout au fond, chacun à sa place exacte qui ne changera jamais.

J'arrive là-dedans, les bras ballants. Une ombre sort du mur et me conduit avec précision à ma place. Je me trouve collé contre un vitrail abstrait : juste devant moi, un crâne rasé dépasse légèrement de l'ample capuchon noir rabattu sur la tête. Gardons l'humour : dans dix ans sans doute, à la même heure, j'aurai le même point de vue sur ce même crâne...

Jusqu'au crucifix, une double file noire : debout, immobile. De temps à autre, une ombre sort d'une porte latérale, et va se placer dans l'alignement en glissant sur un coussin d'air. Ils me frôlent et me dépassent sans me voir : je dois être moi aussi rentré dans le mur, ces choses-là arrivent sans qu'on s'en rende compte.

Puis, plus rien ne bouge, tout le monde est là. Sont-ils vraiment dans leurs habits ? Sans doute.

« Mes frères » me dis-je, assommé.

2

De ces premiers jours, il ne me reste aucun souvenir précis. Bien que logeant au monastère, j'étais encore considéré comme un hôte et je gardais mes habits civils. Un après-midi le supérieur – le père abbé – me reçut dans son bureau. Sur son visage énergique, son crâne rasé était recouvert d'une calotte noire, et au bout d'une chaîne une croix de métal pendait sur sa poitrine. Tout en parlant, il faisait tourner machinalement l'anneau d'argent qui encerclait son annulaire gauche : insignes de son pouvoir.

Le père abbé était un homme intelligent et fin. Issu d'une grande école, il était rentré tard dans les ordres et menait son affaire avec l'efficacité d'un ingénieur. Il avait en quelque sorte reconnu en moi un pair, différent des garçons à peine sortis du lycée qui faisaient le gros du noviciat. Il choisit de me parler un langage d'homme :

– Mon cher frère, dites-vous que vous entrez un peu dans le Moyen Age. Bien des choses vont changer : un concile vient de se réunir, qui porte en lui tous les espoirs de renouveau de l'Église. Pendant un temps que je ne puis apprécier, il vous faudra vivre en mérovingien. Vous l'accepterez, par amour pour le Seigneur.

Je ne deviendrais véritablement mérovingien qu'au terme des huit premiers jours : alors aurait lieu ma prise d'habit, alors je perdrais mon nom et mes cheveux, alors commencerait vraiment le noviciat. Pour l'heure j'étais en grande retraite, avec deux compagnons arrivés en même temps que moi, et que je côtoyais sans leur adresser la parole.

Car la règle du silence était absolue : la parole humaine était chose mauvaise, ou en tout cas proscrite. On ne se parlait donc jamais, sauf dans des cas très précis, en des lieux discrets et bien fixés, avec un cérémonial intangible : celui qui voulait parler faisait signe à l'autre en posant son index sur les lèvres. On se rendait alors dans l'un des lieux prévus pour la parole – renfoncement, réduit aux balais, hall des W-C – et le plus ancien disait « *benedicite* », à quoi le plus jeune répondait « *dominus* ». Ces effusions terminées, on se disait ce qu'on avait à se dire, et les charmes du lieu abrégeaient d'eux-mêmes les discours.

Hors cela, nous utilisions le langage des signes, comme les sourds-muets. Mais je n'en étais pas encore là et me contentais de me taire. Ils avaient pourtant l'air sympathiques, les deux garçons qui avaient choisi la voie royale en même temps que moi...

Grande retraite, donc pas de courrier. D'un seul coup, le nœud des tensions, des problèmes et des affrontements qui m'enserraient de partout s'était défait. La coupure totale d'avec tout ce qui avait fait jusque-là mon quotidien me donnait une espèce de quiétude que je savourais, tout en appréhendant de connaître bientôt ce qui se passait de l'autre côté. Dès le lendemain de ma prise d'habit je serais autorisé à lire mes lettres. Le cocon artificiel et solide qui m'entourait se briserait alors : je le goûtais presque, comme un répit.

A vrai dire, j'étais anesthésié. Le temps des déchirements était fini : je voulais la paix, je voulais la sérénité. J'avais fait mon choix : il fallait réussir.

J'entrai donc dans ce qui m'était proposé, avec un zèle sans retenue. Et si les détails de la vie quotidienne me semblaient curieux, incompréhensibles, je les notais, simplement.

Mais le regard incisif de l'étudiant blagueur ne s'était pas éteint. Michel voyait, et s'efforçait de ne pas juger. L'adulte que je suis devenu peut prendre une distance qui eût été mortelle alors.

Il y eut donc certainement des conférences, des heures de méditation dans la chapelle glaciale, de longs offices chantés en latin où j'essayais de me repérer au passage à quelque élément connu, comme à une bouée.

Puis vint le jour : je me suis retrouvé dans la salle capitulaire, assis tout seul sur un tabouret au centre du rectangle des pères en grand habit noir.

Discours du père abbé, juste avant le cérémonial : je me déchausse ensuite le pied droit, et chacun des moines vient se prosterner devant moi pour l'embrasser. Signe d'humilité, geste d'accueil dont je goûte la noblesse tandis que quelques craquements d'articulations accompagnent la prosternation des plus anciens.

Le grand moment arrive : toujours au centre, je me mets à genoux. Curieusement, je ne ressens rien. Le père abbé s'approche, m'aide à retirer mon veston, dénoue ma cravate et m'enfile par la tête et les bras une robe de bure noire. C'est propre et ça sent la naphtaline. Une ceinture en cuir, et par-dessus tout un large scapulaire avec son capuchon. Rien de tout cela n'est bien ajusté, et sous leurs crânes rasés les pères laissent aller quelques sourires attendris. On croirait, ma parole, assister à la présentation d'un nouveau-né.

C'est bien de cela qu'il s'agit. Désormais je ne suis plus moi, je suis un autre. Et même mon nom – ces syllabes auxquelles je m'identifie depuis ma naissance, le nom que criait ma Razanne sur la plage de Tamatave quand je lui échappais – ce nom va m'être retiré.

Le père abbé me regarde gravement, et dans un silence total laisse tomber la phrase latine du rituel :

– Michel, *amodo vocaberis frater Ireneus*. Désormais, tu t'appelleras frère Irénée.

Il ne m'a pas demandé mon avis, mais une lueur malicieuse de son regard semble dire : « Ça vous plaît ? Bonne surprise ? »

Frère Irénée se relève et va rejoindre les ombres le long du mur. Désormais identique à elles.

Pas tout à fait cependant : au sortir de la salle, le père maître me crochette par la manche. Une petite pièce du premier étage, une ampoule qui se balance, un tabouret, un drap douteux autour du cou, le bruit d'une tondeuse électrique, et mes cheveux qui tombent à droite et à gauche, comme ça, à la sauvette parce que la cloche sonne, on va arriver en retard au réfectoire, vite la boule à zéro, on a faim.

Je ne me souviens plus du goût de ma première soupe de frère Irénée. Sauf que mon crâne avait rejoint l'alignement des autres à table, et que j'avais froid à la tête.

On vit donc ce soir-là, dans le cloître de l'abbaye, une ombre de plus s'engouffrer dans l'escalier en relevant d'une main sa robe par-devant, puis s'incliner pour recevoir dans la pénombre la bénédiction du père maître. On le vit dans sa cellule retirer cet habit neuf et rêche, en butant sur boutons et agrafes. Après une hésitation, il garda sa chemise et passa par-dessus un petit scapulaire qui descendait jusqu'aux fesses, avec en haut un étroit capuchon où son crâne rasé entrait avec peine : le « scapulaire de nuit », dont le but était de lui rappeler l'heureux temps où les moines dormaient tout habillés dans la sueur du jour, mais gardés des ruses nocturnes du démon par la vertu du saint habit.

On le vit enfin oublier de se laver les dents, ce qui était la preuve ce soir-là d'un trouble certain, puis éteindre et chercher de la main l'ouverture du lit. Se glisser dans des draps humides, lisses comme du ciment frais, et chercher une position entre les tiges de blé qui pointaient de sa paillasse toute fraîche. Trouver qu'il avait décidément froid au crâne, et rabattre ce sacré capuchon sur les yeux. Puis, allongé comme un gisant – avec un épi qui lui rentrait dans la hanche – heureux de si bien jouer son personnage de moine-desperado, s'endormir enfin du sommeil facile de la jeunesse.

3

Le lendemain, j'eus accès à la « salle du noviciat », qui ressemblait à une classe d'école villageoise. Des tables en bois brut, alignées avec leurs bancs face au pupitre du père maître. Un tableau noir, et aux murs des rayons couverts de livres pieux soigneusement sélectionnés pour les novices.

Chaque matin, après l'office qui marque la fin du grand silence de nuit (on ne parle qu'en cas d'accident grave), une cloche aigrelette nous y rassemble. Les novices se disposent par ordre d'entrée au monastère : les plus anciens derrière, les derniers arrivés devant.

Debout à nos places, le regard fixe, nous attendons le *benedicite* rituel du père maître :

– *Dominus*...

Un murmure lui répond. Tous s'assoient après un signe de croix, glissent leurs mains sous le scapulaire, et le père maître parle.

Chaque jour de cette année, c'est là que j'ai reçu

l'enseignement réservé au noviciat, sans aucun échange avec les voisins dont les coudes touchaient les miens.

Les temps ont changé, les mentalités se sont ouvertes. Mais ceux qui ont été formés à cette époque mérovingienne et lointaine – c'était au début des années soixante – en gardent une marque indélébile.

Le premier Dieu que j'apprendrai à vénérer ici serait l'horaire, et son annonciateur la cloche. Le frère sonneur était un personnage important. Un bon moine n'ayant pas de montre-bracelet, il abritait en son sein un énorme oignon qu'il tenait dans sa paume gauche ouverte, les yeux fixes et la main droite accrochée à la corde, pour sonner à la seconde exacte. Pendant de longues années je l'ai vu faire ainsi, sept ou huit fois par jour. A deux reprises je crois il a manqué un réveil, et on en parle encore. Puis il apprit un jour que sa mère était morte, âgée. Cet homme fruste, d'une extrême laideur, ne prononçait pas plus d'une phrase à la fois. Sa mère est la seule, je crois, qui l'ait jamais aimé pour lui-même : elle disparue, il est rapidement devenu fou. On l'a enterré avec un peu de soulagement : ses crises devenaient de plus en plus difficiles à intégrer dans le décor. Je l'aimais bien.

Cloche donc au réveil – 6 heures – puis vingt minutes après, le temps d'une toilette rapide au lavabo, cloche pour la chapelle. Cloche pour la réunion capitulaire du matin, pour les repas ou le travail... Jusqu'au soir, cloche, et même dans la nuit.

Car nous pratiquions la prière de nuit. Réveil à 2h 25, chapelle cinq minutes après. On débitait du psaume sur un ton monocorde pendant une heure, un peu plus les jours de fête. Je regagnais ensuite ma paillasse dans les couloirs sombres, transi de froid, et cherchais un sommeil précaire jusqu'au second réveil du matin.

Les supérieurs étaient soucieux de ménager nos santés. Je n'y allais qu'un jour sur deux, et m'apercevais alors que plus de la moitié de la communauté manquait : non certes par négligence – faute grave – mais avec la permission du père abbé, parce que les corps et les nerfs s'épuisaient vite à ce régime. On comptait sur nous, les jeunes, pour le faire perdurer.

Le père maître enseignait que de toutes les tendances monastiques existant alors nous étions la plus proche de l'idéal parfait, c'est-à-dire la plus *observante*. Et je découvrais ainsi l'une des clés de voûte de l'édifice monastique.

– L'observance – il parlait très doucement – est une certaine façon de se comporter, une manière particulière d'accomplir chacun des gestes les plus quotidiens, les plus banals. Pour que rien – justement – ne soit plus jamais banal. Donnez à chacun de vos gestes son poids d'éternité.

Désormais, je ferais tout *autrement*, afin d'anéantir le rappel d'une vie antérieure : cela me serait enseigné dans les moindres détails, et j'eus droit trois fois par semaine à des cours d'observance. Par exemple, un matin, le père maître arrive avec un couvert complet – serviette, bol en grès, couteau, fourchette, assiette – qu'il déploie gravement sur son bureau de la salle de classe. Au signal donné par le père abbé, le couvert se dépliait comme ci – la main gauche déroulant la serviette tenue dans la droite –, on buvait en tenant le bol *à deux mains* – surtout pas d'une seule main, usage du « monde » – comme ça, et à la fin du repas, on rinçait les couverts dans un peu d'eau au fond du bol – comme ça –, eau sale qu'on avalait d'une gorgée rapide pour que rien ne se perde. Puis il fallait ramasser les miettes en les rassemblant de la main droite dans la paume gauche, et hop ! on gobait tout ça d'un geste vif, en rejetant la nuque en arrière. Les mains alors se croisaient pour s'appuyer contre le rebord de la table, et l'on attendait la fin du repas en fixant le regard à deux mètres devant soi environ, sur le sol. Car les tables alignées se faisaient face dans le grand réfectoire, et il était exclu de dévisager son vis-à-vis pendant le repas. Chacun en faisant autant, c'était un repas de solitaires en commun.

Je croyais savoir marcher : ma Razanne avait accompagné mes premiers pas dans de grands éclats de rire, si fière de mes progrès... Eh bien, non ! : il y a une façon monastique de marcher, les mains sous le scapulaire, les yeux fixés au sol, le pied glissant en avant. Comme il y a une façon observante d'ouvrir et de fermer les portes sans bruit, de descendre un escalier rapidement sans hâte, en relevant la robe de bure de la main droite pour ne pas qu'elle s'use sur les marches... Notre cours précisait même une façon d'enfiler sa chemise le matin, dans le secret de la cellule : mais je ne suis pas sûr d'avoir toujours été observant sur ce point.

J'appris la pauvreté observante au quotidien : ne pouvoir s'attacher absolument à aucun objet. De temps à autre chacun au noviciat déposait montre et stylo à la porte de son voisin de droite, et trouvait devant la sienne la montre et le stylo de son voisin de gauche, qu'il utilisait alors comme étant siens. D'ailleurs je ne devais plus jamais dire « mon » livre, « mon » mouchoir, mais « notre » livre, « notre » chemise, « notre » montre. Seuls, s'il m'en souvient, les W-C échappaient à l'observance, où je pouvais aller faire « mes » besoins – sans qu'il me soit dit comment.

Nous ne manquions de rien. Mais l'argent n'existant pas, il fallait aller demander chaque chose, chaque objet nécessaire au responsable qualifié – qui le donnait avec le sourire.

Car une joie réelle habitait ce cadre irréel. Nous avions tout donné, nous étions les derniers aventuriers de ce monde pourri : et de nous savoir ainsi hors du commun, les uns grâce aux autres, nous procurait une sorte d'allégresse enfantine. Tout était simple, puisque rien n'était plus – hormis cet abandon de chacun au despotisme librement consenti de l'observance.

La matinée se passait en lectures pieuses, petits travaux ménagers et « cours du noviciat ». Le père maître était le principal enseignant : son cours de doctrine monastique était d'une absolue nullité, mais c'était sans importance puisque la doctrine – l'homme nouveau qu'il nous fallait devenir – entrait en nous à chaque instant du jour et de la nuit par les multiples détails de l'observance.

Le cours de signes par contre était une franche distraction. Puisque la parole était en principe condamnée, on s'exprimait le plus souvent par signes convenus, comme les sourds-muets. Un petit dictionnaire ronéotypé expliquait les signes du vocabulaire de base, et nous apprenions une lettre de l'alphabet par jour :

« Pape » : l'index, tendu tourne trois fois autour de la tête – pour rappeler les trois niveaux de diamants de la tiare papale.

« Poireau » : l'index et le majeur tendus se posent sur la pommette droite.

« Pomme de terre » : l'index, sur la joue droite, vrille comme pour pénétrer dans la joue.

Chaque signe expliqué, un novice passait sur l'estrade, devant le tableau noir. Il y avait alors exercice de thème et version :

– Eh bien, mon frère, dites-nous : « le pape a mangé des poireaux »...

Les mimiques déclenchaient de grands éclats de rire chez ces garçons, dont trois venaient tout droit de l'université.

Le plus curieux était le sérieux absolu avec lequel l'observance était enseignée et reçue, sans distinction aucune entre l'important, l'accessoire et l'inutile. Mais il est vrai que rien n'est inutile et superflu quand il faut mettre toutes les chances de son côté pour atteindre le but...

Deux parmi mes compagnons de noviciat étaient parisiens : l'un avait fait une école de commerce aux USA, l'autre était organiste et musicien confirmé. Il y avait entre nous, dans le silence, une connivence joyeuse : « Tout cela est bien mérovingien, mais puisque Dieu est si étrange, pas étonnant qu'on doive se plier à ces étranges coutumes. D'ailleurs elles peuvent être rigolotes, et on s'y fait vite. »

Nous devînmes rapidement très forts dans le langage des signes, et nous étions même capables de faire – discrètement – des jeux de mots (des jeux de signes) d'une irrésistible drôlerie. On raconte d'ailleurs qu'à la fin de la dernière guerre mondiale nos révérends pères décrivaient l'avance des armées alliées par signes.

Et l'on parvenait à ce paradoxe : matériellement, le cadre de vie du monastère était imprégné d'un silence absolu, presque total. Pas un mot, pas une parole, pas un bruit. Ce silence, j'en avais rêvé au milieu de mes turbulences passées : il devait pénétrer mon âme, pour que les passions et l'imagination se taisent, et que la subtile voix de Dieu se fasse entendre.

Or les moines, eux-mêmes, avaient inventé un système de parole qui éliminait le bruit : on ne parlait pas, mais on communiquait à loisir. La parole en fait n'avait jamais cessé d'exister, avec tout ce qu'elle véhiculait : l'observance était sauve.

Dans ma tête continuait donc de tourner un vol d'oiseaux – souvenirs, inquiétudes, aspirations – bruyants et anarchiques. Quand donc connaîtrais-je le silence – celui que j'étais venu chercher ?

Entre nous, pas de parole. Mais chacun pouvait, dans la matinée, aller voir le père maître. Là aussi, tout se faisait *autrement*. Je frappais discrètement à la porte : derrière le carreau vitré, une ombre noire était assise à sa table. Il ne répondait pas « entrez », mais tapait d'un coup sec sur la table du plat de sa main. J'entrais alors, fermais la porte et me mettais à genoux. C'est à genoux qu'il fallait franchir les deux mètres qui me séparaient du bureau. Assis, le père maître me dominait, mais me recevait avec un bon sourire :

– *Benedicite.*

– *Dominus.*

– Eh bien, mon frère, qu'y a-t-il ?

Alors j'étais libre de parler, tandis que le parquet me rentrait dans les ménisques.

J'essayais de faire comprendre à cet homme qui j'étais, d'où je venais. Il écoutait avec une attention sympathique. Mais j'avais le sentiment que rien de ce que je pouvais dire de moi ne l'atteignait véritablement. L'angoisse qui me taraudait était celle de ma famille abandonnée : pour lui, la chose était entendue une fois pour toutes. Invariablement, il me demandait :

– Alors, est-ce que tout va bien ?

Mais oui mon père, tout va bien. Du moment que j'étais là et que je suivais le rythme, tout allait bien. Au bout de quelques minutes il tendait la main vers une mitre pontificale, dont il continuait devant moi la broderie minutieuse jusqu'à la fin de l'entretien : je m'adressais à un gentil absent.

Totalement identifié au système dans lequel j'essayais, moi, de pénétrer, il était simplement incapable d'imaginer des problèmes autres que résolus par avance. J'étouffais donc mes interrogations à leurs racines : n'était-ce pas mieux ainsi ?

Je ressortais dans le long couloir silencieux et obscur, un peu déçu de n'avoir rien dit, un peu étonné de n'avoir rien entendu, obscurément soulagé peut-être de n'avoir rien abordé.

Et puis il y avait, chaque samedi après-midi, la promenade.

En groupe constitué, nous quittions les murs de l'abbaye pour aller marcher dans la plaine, et au signal donné on pouvait parler librement. De façon curieuse, ce n'était pas un flot, un débordement de mots. Ayant vécu toute la semaine sans échange aucun – mais non sans communication – il nous fallait revenir au langage parlé, et c'était plutôt lent et mesuré. Puis, comme nous approchions du Fleuve, les langues se déliaient, et l'on découvrait un peu qui se cachait derrière les signes, les capuchons et les rôles. Chez les moins jeunes il y avait souvent peu à découvrir : l'emprise de l'observance était telle qu'elle semblait avoir stérilisé à la racine le jaillissement qui fait un homme vivant. Conversations, rires, tout était convenu. D'ailleurs, si l'échange était libre, en étaient exclues la politique, la nourriture et les critiques. Ces sujets brûlants éliminés, restaient les théologiens qui apportaient chaque semaine un cheveu pour le couper en quatre, ou les manuels qui commentaient longuement la venue des légumes et des salades du jardin.

Seuls les jeunes savaient rire de riens, s'émerveiller de tout, et rafraîchir la promenade. Et quelques anciens, plus apaisés, qui racontaient leurs souvenirs.

Au retour, après un bol d'air et une paire de rigolades, on franchissait la porte : mains sous le scapulaire, regard baissé, c'en était fini pour huit jours.

4

La prise d'habit m'intégrait officiellement aux mérovingiens. J'avais désormais un statut – moine novice –, une identité. J'étais donc autorisé à communiquer avec l'extérieur, selon les règles très précises qui protégeaient notre isolement du « monde ».

Le téléphone n'existait qu'à un ou deux exemplaires, réservés aux autorités. Mais il y avait le courrier : pour écrire une lettre, il fallait aller demander le nécessaire au père maître, qui vous remettait sans commentaire une demi-feuille de papier à en-tête. Quoi que j'aie à écrire, tout devait tenir sur ce bout de feuille. La lettre se glissait dans l'enveloppe, qui restait ouverte, et je la jetais dans une boîte à la salle commune.

Car le courrier était lu, au départ comme à l'arrivée, par le père abbé : mes lettres m'étaient remises ouvertes. Lisait-il tout ? Sans doute pas, faute de temps. Mais il faisait des sondages, qui permettaient au père de mieux connaître ses enfants, et donc de mieux les suivre.

Ma mère ignorait ce détail. Je reçus coup sur coup deux lettres dramatiques :

« Ce n'est pas possible, tu nous abandonnes, la famille est en état de choc, déjà ton père, maintenant toi, et tes petites sœurs... »

La trêve avait été courte. Je n'eus pas à en prévenir le père abbé, qui lisait ces lettres avant moi : il fut convenu que maman viendrait me voir, exceptionnellement, la semaine suivante.

Maman, ici... À genoux chez le père maître, j'ai reçu l'armure des mots qui me protégeront contre les miens :

– Souvenez-vous que celui qui aime son père ou sa mère plus que le Christ n'est pas digne de lui. Vous les avez quittés, mais non pas abandonnés : en vous enfonçant dans la solitude du cloître, vous êtes en fait plus profondément, plus réellement présent aux vôtres, dans le mystère de Dieu. Ils s'en apercevront un jour, c'est à eux de faire ce chemin vers vous, qui les enrichit.

Maman... Le cœur battant, j'avance dans le couloir des parloirs. Que c'est froid, que c'est nu, pour elle qui a déjà tout perdu !

– Frère Irénée, on vous attend au numéro deux.

J'ouvre la porte du deux : je ne la vois pas, recroquevillée sur une chaise, mais je reçois le choc de son regard. Ces yeux qui partent à la dérive, ce sursaut de nausée, la tête qui se déjette sur le côté comme après une gifle, c'est moi qu'elle vient de voir, grande chose noire au crâne rasé, avec ce sourire d'ailleurs... C'est toi mon enfant, mon grand petit, mon garçon sur qui je comptais tellement, ma vie arrachée ?

Je n'ai rien dit. Aucun des mots appris, des mots

préparés, rien ne vient. Rien ne tient de mes paravents artificiels en face de cette femme blessée. Comment, à cet instant, n'ai-je pas compris que c'est elle qui est humaine, elle qui est habitée par l'amour que je suis venu chercher ici ?

Nous sortons dans le jardin. Marcher, bouger, maman je vis, je suis là !

– Le père maître va venir te voir. Tu sais, c'est lui qui s'occupe des novices, il est responsable de notre formation. Il est très bon.

Elle n'a entendu qu'une chose : c'est lui qui s'occupe de son fils, lui qui en est responsable, qui veillera sur moi…

Mon oreille exercée déjà a perçu le frou-frou derrière la haie voisine. Le père maître s'approche de nous en glissant, son habit lui battant les pieds.

Ma mère le voit, sourit, et dans un élan de tout son corps elle va vers lui, et lui tend la main.

– Bonjour mon père, je suis la maman de Michel.

Mais du grand scapulaire noir, aucune main ne sort pour saisir cette main tendue. Le père maître s'incline légèrement avec un sourire triste, et ne bouge pas. La règle est formelle : on ne touche pas une femme. La femme est impure.

– Bonjour madame. Asseyons-nous, si vous voulez bien, laisse-t-il tomber sur ma mère qui ne sait plus que faire de sa main.

Et reste plantée là, stupide.

5

Le lendemain j'ai eu mon affectation au travail : le matin, les W.-C. du premier étage, et l'après-midi le travail manuel du jardin.

On disait bien : « travail manuel ». La récréation et la détente n'existant pas, toute la vie était travail en quelque sorte. Mais le travail *manuel* jouait un rôle particulier dans la construction de l'*homo monasticus*. En début d'après-midi, à la cloche, nous retirions le grand habit noir pour passer une robe plus légère en tissu gris, et nous enfilions une paire de galoches choisie dans le tas, au pied de l'escalier. Puis on allait vers le tableau d'affichage de la salle commune où la liste des équipes était punaisée, avec leur tâche du jour. Jamais les mêmes équipes, et d'un jour sur l'autre un travail toujours différent : ne pas s'ancrer, ne pas voir le résultat du travail de la veille…

En grand silence, chacun va prendre un outil dans le hangar du jardin. Et puis, capuchon rabaissé sur les yeux, on se dirige en file indienne vers le bout du champ, l'outil serré sous le bras gauche (le moindre geste étant prévu, l'âme est plus libre de rester en présence de dieu, avait expliqué le père maître).

Ce jour-là donc, le regard vague et les pieds endoloris par leurs godillots raides, je suis allé avec mes deux comparses parisiens vers l'extrémité du potager. Le jardin est à l'intérieur des murs du monastère, nous restons protégés. Un bout de champ fraîchement labouré, et sur le côté des clayettes remplies d'échalotes luisantes. Le père chargé des travaux nous attend (« On m'appelle le père cellérier, c'est un terme ancien de la Règle des moines »):

– *Benedicite.*

– *Dominus.*

– Mes frères, il faut semer les échalotes sur toute la longueur. Chacun un sillon.

Et ces citadins qui n'ont jamais vu d'échalotes que dans leur assiette se retrouvent accroupis, taches grises au milieu du champ. De la main gauche on creuse un trou, de la droite on enfonce l'échalote, ce n'est pas difficile. Il fait beau, le silence est agréable, les têtes se relèvent pour des sourires complices, on fait la course à qui avancera le plus vite vers le bout du champ, on échange des signes innocents...

Au bout d'une demi-heure le cellérier vient voir où en sont les novices. Un coup d'œil sur les sillons, et il se penche vers nous avec une lueur dans les yeux:

– *Benedicite.*

– *Dominus.*

– Dites, mes frères, les échalotes, si vous voulez qu'on en mange cet hiver, il vaut mieux les planter avec la *racine* en bas, pas la tête...

Ahuris, nous regardons nos sillons: depuis le début

du champ, les échalotes sont régulièrement espacées, les racines pointant fièrement vers le ciel.

Le jour suivant, je me suis retrouvé avec une serpillière et une éponge devant l'entrée de « mes » toilettes. Quatre urinoirs, quatre cabinets fermés par une porte. La propreté du lieu m'est confiée pour toute l'année. Chez l'oncle évidemment, les W-C étaient toujours impeccables, mais jamais je n'avais imaginé comment on pouvait parvenir à ce résultat. Bon, un coup de serpillière sur le sol, c'est facile, il faut seulement faire attention à ne pas se prendre les pieds dans la robe. Mais le siège, et dedans, là, les taches brunes, comment fait-on ?

Fort heureusement, un père passe par ici et voit mon embarras. Avec un sérieux absolu, il se plante en face de moi et fait le geste de retrousser ses manches, puis de plonger ses mains dedans et d'agiter.

Compris ? Vu. Bien sûr, c'est évident. L'âme toujours en présence de Dieu, j'enfonce bravement l'éponge au fond de la première lunette des W.-C.

Cette communauté était en fait constituée de trois groupes bien séparés. D'abord les « pères », d'origine bourgeoise et qui avaient fait des études avant leur entrée. Eux étaient prêtres, et constituaient les cadres de la communauté.

Puis les « frères convers », d'origine sociale inférieure – paysans, artisans : ils ne seraient jamais prêtres. C'est eux qui assuraient la plupart des services nécessaires à la vie commune.

Enfin nous, les novices, à qui personne ne pouvait s'adresser sans passer par le père maître. Temporairement protégés, comme de jeunes pousses sous une serre.

Il ne venait à personne l'idée qu'on retrouvait là le découpage des classes sociales en vigueur dans le monde que nous avions fui.

Lors de notre premier entretien le père abbé m'avait seulement dit, comme une évidence :

– Et… bien sûr, vous serez père, n'est-ce pas ?

Bien sûr.

6

– Frère Irénée, on vous attend au parloir !

Encore les couloirs nus, encore la petite pièce sonore. Cette fois-ci, c'est le chanoine. Comme il l'a promis, après quelques semaines il vient passer la journée ici. Il déjeunera avec nous, à la table des hôtes.

Je pousse la porte et le trouve assis, avec sa soutane noire impeccable, la tête légèrement penchée. Embrassade, bavardage. Mais très vite, je perçois en lui une différence : l'homme que j'ai en face de moi n'est plus l'ami, le confident, le père spirituel. Il se retranche derrière une sorte de réserve distante, presque affectée. À peine s'il semble heureux de me revoir.

Et alors que la journée s'avance, je comprends pourquoi : je ne suis plus son enfant, son « bébé », je ne lui appartiens plus. Il ne me tient plus entre ses mains, je lui ai échappé en quelque sorte. Tout simplement, c'est une réaction d'amoureux délaissé. Dès lors que je ne suis plus sa chose, je cesse de l'intéresser vraiment.

Après la messe conventuelle, déjeuner. Comme

souvent le dimanche, la lecture publique est tirée d'un journal. Ce jour-là, un article des *Informations catholiques internationales* sur l'Afrique. Après le repas, au café je le trouve muré comme un bloc.

– Vous lisez souvent des extraits de ce journal ?

– Non, enfin… je ne sais pas, pourquoi ?

– C'est un journal de gauche, le porte-drapeau des catholiques progressistes de France. Vraiment, je ne m'attendais pas à ça, *ici*. Et puis, à côté de moi, il y avait une espèce de prêtre-ouvrier malpropre, avec une soutane verdissante. Non, vraiment, non…

En effet, les curés campagnards des environs venaient parfois passer quelques heures à l'abbaye le dimanche. Celui-là était un brave homme, pauvre comme sa campagne, et à l'image de sa garde-robe.

Devant la porte de l'hôtellerie, vous m'avez quitté de façon glaciale, presque indifférente. Je n'étais plus de votre bord, puisque j'étais formé par des gens suspects, et que ma vie pouvait désormais se dérouler sans vous.

Je ne l'ai plus jamais revu.

7

– Neuf, dix, onze, douze, treize, quatorze.

En tombant dans l'assiette creuse, les noix font un bruit de crécelle. Il me reste toute la rangée de gauche à remplir : aujourd'hui, je suis de réfectoire.

– Une, deux, trois, quatre...

Dans la vaste salle au haut plafond, deux rangées de tables se font face. Chacune comporte en dessous un tiroir ouvert, au fond duquel le moine glisse ses trois couverts roulés dans leur serviette et son bol de grès à anses. Les tables sont de deux ou de trois. En arrivant, on trouve à sa place une assiette plate, côté tabouret, et une autre creuse sur le bord d'en face, dans laquelle le dessert est préparé.

– Trois, quatre, cinq, six...

Aller prendre les assiettes à l'office, où elles sèchent après la plonge. Disposer d'abord les deux rangées, les plates sur un bord, les creuses sur l'autre, vérifier d'un coup d'œil le parfait alignement. Puis mettre à chacun sa ration de dessert.

– Frère Irénée, vous n'oublierez pas le gruyère du père Maur et les biscottes du frère Antoine. Aujourd'hui ce sont des noix. Quatorze par personne.

Dans un coin de l'office, le père cuisinier chuchote les consignes du jour. C'est un homme grand, sanguin, toujours en mouvement. Il porte un nom de vieille noblesse, et n'a jamais été capable de parler vraiment bas. Son chuchotement doit s'entendre de l'autre bout du réfectoire, j'ai l'impression de recevoir les ordres avant une bataille dans les Flandres où ses ancêtres se sont distingués.

Quatorze par personne. Pourquoi pas quinze, ni treize ? C'est comme ça. D'autant plus que certaines noix sont plus petites : j'essaye de ne pas les mettre dans les assiettes des jeunes, les vieux s'en contenteront.

Le repas du soir sera vite expédié. Une soupière qui circule de table en table, chacun se sert et passe à son voisin sans le regarder. La soupe est toujours faite avec le reste des légumes de la veille : on les verse dans une marmite, un coup d'eau et un coup de mixer. C'est ce qu'on appelle une « soupe-commémoraison », terme liturgique donc noble.

Pendant que les soupières circulent, un chariot passe et chacun se voit poser devant lui une gamelle de métal avec ses deux anses plates, remplie aux trois quarts de légumes.

– Il est vivement conseillé de finir votre gamelle, avait prévenu le père maître. Savoir vous contenter de ce qui est donné, mais aussi tout finir, c'est un signe de vocation.

Mon appétit robuste me rassurait sur l'évidence de ma vocation monastique. Parfois même, je louchais sur la gamelle de mon voisin, le musicien, qui n'en venait pas toujours à bout, mais pas question d'avoir un supplément.

– Si vous avez encore faim, le pain est à volonté sur les tables.

Une soupe, la gamelle de légumes, un fruit dans l'assiette creuse. Ce soir, après ma quatorzième noix, je piocherai dans le pain, voilà tout.

Bon, c'est presque fini : reste juste à remplir les cruches d'eau, une par table. Et puis à préparer la tisane.

Ça, c'était une innovation du père abbé. Comme il y a trois grands tilleuls dans le jardin, nous remplissions en juillet trois grands sacs de fleurs odorantes. Et à chaque repas le frère serveur passe devant les tables et fait couler dans les bols qu'on lui tend un liquide foncé, sucré, et surtout chaud, bien chaud. On sirote ça avec des mines gourmandes, et la chaleur vous descend jusqu'aux talons.

Dernière chose : le couvert du lecteur. À une extrémité du réfectoire il y a la table du père abbé, visible de tous sous la grande croix de bois nu. Et en face, tout au bout, la chaire du lecteur. Dix minutes avant la cloche, il viendra avaler son repas, puis montera là-haut. Quand tous les frères sont en place devant les tables, et qu'on a chanté le benedicite, il s'incline devant le micro :

– *Jube, domine, benedicere* – mon père, veuillez me bénir.

Le père abbé chante la formule latine de bénédiction, et tout le monde s'assoit. Bruit de tabourets. On croise les mains sur le bord de la table. Plus rien ne bouge. Le père abbé avance la main vers son maillet en bois, et donne un « toc » sonore. C'est parti.

– Au martyrologue, ce jeudi 24 novembre...

La lecture se fait « recto tono », c'est-à-dire que le texte est psalmodié sur une seule note, d'une voix neutre. Sinon le lecteur pourrait interpréter le texte, le mettre en valeur, et peut-être bien se mettre lui-même en avant.

La liste des saints du jour coule donc sur nos têtes comme une eau plate, pendant que nous parviennent les effluves de la « soupe-commémoration ». Au bout d'un instant le père abbé glisse la main dans son tiroir, et déplie son couvert. Pas une tête n'a bougé, mais du coin de l'œil tout le monde a vu : c'est le signal, quarante mains droites tâtonnent sous la table, sortent la serviette, la déplient de la main gauche, la soupe circule, la vie aussi.

Après la lecture de la Règle ou du martyrologue le lecteur, là-haut, s'asseoit et reprend le livre en cours, selon le rituel :

– S'ensuit en *l'Histoire de l'Église*, par Daniel-Rops-de-l'Académie-française, au chapitre quinzième...

Le choix du livre écouté par tous pendant les repas était chose si grave qu'elle était confiée au père prieur, bras droit du père abbé et numéro deux de la hiérarchie. Pour l'instant Daniel-Rops, avec ses quatorze tomes, avait réglé le problème. Cet auteur chrétien à l'abondante production littéraire était la providence des réfectoires monastiques.

– Toute notre vie est axée sur l'écoute de Dieu, avait commenté le père maître. Rien ne doit nous distraire de l'attention à sa présence. Manger est une chose nécessaire, mais nous venons au réfectoire pour nourrir aussi l'âme. Nous mangeons d'abord par l'oreille, ce qui nous est servi ne doit pas nous importer. Soyons heureux d'avoir toujours quelque chose dans l'assiette.

C'est ainsi que, pendant tout cet hiver, j'ai essayé d'oublier le cycle régulier patates-nouilles-patates, tandis que mon âme se nourrissait de la prose académicienne.

Le repas de midi suivait le même rituel, mais était plus

consistant. L'été, les salades du jardin remplaçaient la soupe. La gamelle de légumes était accompagnée d'un plat principal, poisson ou œufs, qui circulait sur les tables. Jamais de viande, évidemment.

– C'est prescrit par la Règle, enseignait le père maître, et elle fait de cette abstinence perpétuelle un des pivots de la vie des moines. La tradition ajoute que la viande échauffe le sang.

La Règle et la tradition avaient parlé : aucune autre explication n'était plus nécessaire. La notion d'équilibre alimentaire ne figurant pas au programme, je ravalais ma science.

Il n'y avait pas de congélateur au monastère. On nous a donc un jour servi un plat de raie qui dégageait une odeur d'ammoniac familière à mon nez de chimiste. Affolé, je lève les yeux – chose qu'on ne fait pas – et cherche le regard du père cuisinier, qui est justement assis de l'autre côté. Alerté par mes mimiques, il a compris le message muet : retirez ce plat de la circulation, c'est toxique !

Il me jette un œil léonin et d'un geste ample, sans quitter mon regard, il enfourne une vaste lampée de raie qu'il déglutit sans ciller.

Le soir, à l'église, tout le monde était encore là et moi aussi. Homme de peu de foi...

Ça y est, le réfectoire est mis. Il reste un peu de temps avant la cloche. Je sors dans le cloître désert, et vais me changer dans ma cellule. Le ciel est bas, novembre est gris. Ce soir, soupe bettes-patates. Et les péripéties de l'Église carolingienne, vues par Daniel-Rops-de-l'Académie-française.

8

Mais l'endroit qui semblait polariser toutes les énergies de la communauté, le lieu par excellence était l'église. Là, peut-être je trouverais la clé de l'aventure que j'avais choisie, là je devais m'approcher de Dieu, là je rencontrerais l'Ineffable.

Comme pour le reste, j'y fus catapulté sans explications. À la fin de la station immobile dans le long couloir sombre, la cloche sonnait un coup par coup lancinant. Au premier coup le père abbé avançait le pied droit, et les deux files parallèles s'ébranlaient vers la porte de l'église.

En entrant, sur la gauche, un bénitier rempli. Du même geste chacun rabat sur les épaules le capuchon qui couvre sa tête, le moine de gauche plonge la main dans l'eau bénite et tend trois doigts humides à son voisin immédiat.

On se signe, largement. Un virage, et c'est l'entrée du chœur. Sur notre gauche la nef immense est vide. Quelques civils se sont levés, raides, et nous regardent passer. La consigne est de ne pas les voir, de ne jamais tourner la tête vers la nef, vers le monde. Ils n'existent pas, l'office n'est pas pour eux : ils sont seulement tolérés, et ils le savent. Heureux de venir, comme au bord d'une plage, respirer l'air du large et de la liturgie des pères.

Encore un virage et je fais face à l'autel. Là, je me casse en deux à hauteur de la taille, et pivote sur les talons : je me retrouve planté dans une stalle au bout de la rangée, derrière le musicien, le dos tourné aux fidèles.

Juste avant la station, le père maître m'a remis deux gros livres noirs, de la taille d'un dictionnaire :

– Vos livres de chœur. L'un pour l'office, l'autre pour la messe conventuelle. Vous vous habituerez à leur maniement, je vous ai placé les repères aux bons endroits. Marquez chaque livre au crayon sur la page de garde : « *ad usum f. Irenaei* », à l'usage du f. Irénée. Rien ne vous appartient plus, mais ces livres sont à votre usage personnel.

J'ouvre un livre : des portées de quatre lignes avec leurs notes carrées qui montent et qui descendent au-dessus du texte latin : le grégorien ! Dans un éclair, je revois le chanoine et ses lèvres gourmandes :

– Et puis, tu seras gor-gé de chant grégorien...

Seulement, de l'intérieur du chœur, l'effet n'est pas du tout le même que depuis la nef. D'abord, il faut repérer la bonne page (un coup d'œil par-dessus l'épaule d'en face, heureusement je suis grand), et puis mon voisin de gauche chante faux, une vraie casserole. Ça, je m'y attendais. Mais un horrible détail s'impose : mon voisin de droite, qui chante de tout son cœur, a une haleine fétide. Et justement, un sournois courant d'air pousse vers mon visage les remugles nauséabonds de sa digestion. Vais-je, pendant des années, chercher à rencontrer l'Ineffable dans ces relents d'égouts ? Allons ! courage, après tout, le courant d'air doit bien changer de sens de temps en temps.

C'est moi maintenant qui ai le regard fixe, qui me lève, m'incline et me prosterne avec les autres – en essayant de ne pas glisser sur le plancher, nom d'un chien que c'est bien ciré. Soudain, un moment de panique : pipi ! Je n'ai pas pensé, comme tout le monde, à passer aux toilettes avant l'office. Vais-je pouvoir tenir jusqu'au bout ? Et que se passe-t-il si cela devient impérieux ?

L'office déroule sa majesté impersonnelle, tandis que je me débats avec les pages à chercher, mon nez un peu trop sensible, et ma vessie à contenir jusqu'au *Deo gratias* final.

Aucune initiation, aucune formation particulière à la liturgie. Je me disais que les choses s'éclaireraient d'elles-mêmes, peu à peu, à force de pratique. Nous avions seulement, tous les deux jours, un cours de « rubriques » : comment tenir ses mains, comment se plier, se déplier, que faire avec un chandelier, un encensoir, comment donner le « baiser de paix »...

– C'est le baiser rituel que les croyants échangent pendant la messe. Celui qui le donne se tourne vers vous, joint les mains. Vous vous inclinez, il pose les mains sur vos épaules, et vous sous ses coudes. Vous vous penchez de façon que les deux têtes soient à la même hauteur. Sans se toucher surtout ! Il dit : « *pax tecum* » ; vous répondez : « *et cum spiritu tuo* », à nouveau une salutation mains jointes, et vous passez à votre voisin de droite.

Si j'ai bien compris, l'essentiel c'est de s'embrasser sans se toucher. Bien sûr, nous sommes à l'église, et puis les frères sont mal rasés, mais enfin on évite le contact d'une joue, et la liturgie se déroule en bon ordre.

Je restais quand même sur ma faim. Et Dieu, et l'expérience de Dieu dont nous avions tant parlé dans le jardin lumineux qui dominait la forêt du Morvan ?

Patience. Pour l'instant, il fallait apprendre à s'orienter dans cette autre forêt, il fallait acquérir le comportement extérieur d'un moine confirmé. La formation ne visait à rien d'autre. Comment cela menait-il à Dieu, est-ce que cela d'ailleurs pouvait y mener ?... Pas de questions intempestives, mon garçon ! avance.

J'avançais. Quatre à cinq heures d'offices par jour, plus les différentes messes.

Chaque matin, messe conventuelle chantée que célèbre pour la communauté un de ses prêtres. Les autres y assistent, comme de simples fidèles. Mais il faut bien qu'ils disent aussi leur messe à eux chaque jour, celle-là ne compte pas. À l'aube donc, après le lever, c'était un envol d'ombres blanches tenant leur calice d'une main, vers les innombrables petits autels éparpillés dans l'église.

La messe est faite pour le peuple, c'est la loi de l'Église. Un prêtre ne pouvait donc jamais célébrer tout seul, il lui fallait un servant qui jouait le rôle des fidèles et permettait au monologue de ressembler à un dialogue. Chaque ombre blanche était donc suivie d'une ombre noire – un frère, un novice –, et c'était dans tous les recoins un chuchotis de formules latines expédiées malgré tout sans traîner, car il fallait laisser la place.

Comme il y avait moins de frères que de prêtres, il m'arrivait de servir deux messes d'affilée, entre l'office du matin et la grande messe conventuelle. Pendant ce temps-là, l'esprit était occupé.

Mais Dieu ? Mais l'expérience tant recherchée ?

Je répondais : « *et cum spiritu tuo* », je changeais le livre de place, j'allais, je venais, je m'inclinais, je tendais l'eau bénite… Le temps, doucement, passait.

9

Peu à peu, sans vraiment m'en rendre compte, j'entrais dans un système extraordinairement efficace qui visait à former l'*homme nouveau.* Au terme de cette formation je serais un « vrai moine », digne de la confiance de mes supérieurs et respectable.

Pour moi, ce parcours durera quelques années : c'est dans ce laps de temps que Michel est devenu frère Irénée.

Comment a-t-il vécu jour après jour cette lente transformation ? J'interroge ma mémoire, et je rencontre une espèce de blanc. Il faut bien m'y résoudre : l'homme mûr que je suis maintenant n'est plus capable de rejoindre par l'intérieur le novice d'alors. Réaction de défense, qui relègue aux profondeurs de l'inconscient une expérience douloureuse ?

Je ne sais. Mais il est pour moi désormais hors d'atteinte, cet homme jeune et qui joue sa vie. C'est de l'extérieur seulement, un peu comme un voyeur, que je puis le retrouver.

Premier temps de la méthode à laquelle je me soumettais : il fallait *destructurer*, c'est-à-dire couper une à une les racines de l'homme ancien.

Chaque matin, pendant le cours, j'entendais un vocabulaire technique, qui recouvrait des réalités mystérieuses. Le père maître nous parlait de la « fuite du monde » : le monde, c'était tout ce dont nous venions, toutes ces valeurs inculquées depuis l'enfance par la société qui nous avait faits.

En face, il y avait l'attitude monastique, les réflexes monastiques. Ceci était monastique, cela ne l'était pas : et un vrai moine, d'instinct, ne s'y trompait pas.

– La fuite du monde, c'est le christianisme vécu dans son absolue pureté…

Pour lui, cette affirmation semblait aller de soi. Mais pour moi, c'était un bouillonnement de questions : d'où venait tout cela ? Comment, pourquoi ?

Je me mis à explorer le rayon « Pères du monachisme » de la bibliothèque, et je dévorais les textes anciens. Moines d'Égypte et de Palestine au IVe siècle, ermites irlandais du Xe siècle, cisterciens du Moyen Age… La plupart de ces écrits étaient heureusement traduits en français.

Je découvrais que l'idéal absolu de ces pères fondateurs était le « désert ». Le désert devenait à mes yeux ce que l'Ouest américain avait dû être pour les immigrants de la vieille Europe : un but difficilement accessible, vers lequel je lançais toutes mes énergies, qui justifiait tous les sacrifices.

J'aurais bien voulu parler de mes découvertes : mais à l'évidence le père maître n'était pas familier de ces sources. Il se contentait de répéter fidèlement le cours qu'il avait lui-même reçu lors de son noviciat. Puisque je vivais jour et nuit avec des moines « formés », j'acquérerais un jour le regard et les réflexes *justes* – c'est-à-dire monastiques.

Je m'efforçais donc de répondre, seul, à mes questions. Et j'appris à fuir le monde pour m'établir au désert.

Cela commençait par l'absence totale d'information extérieure. Ni radio ni télévision, bien sûr. Mais aussi l'accès interdit, pendant plusieurs années, à la salle des journaux.

Au bout du couloir principal, celui des pères, une pièce devant laquelle je faisais un crochet comme devant l'enfer. Parfois, la porte en restait ouverte. J'apercevais alors une table en bois sur laquelle arrivait chaque jour la presse autorisée. La *Documentation catholique*, recueil des discours du pape et de ses moindres déclarations. Le journal diocésain, et quelques hebdomadaires du Secours catholique ou d'autres organismes caritatifs. Et puis, bien sûr, des publications monastiques venant de partout, petites plaquettes qui montraient ce qu'était la fraternité mondiale des Hommes Nouveaux.

À cette époque, le journal quotidien français *La Croix* était banni. D'abord n'était-il pas un peu de gauche, noyauté par les prêtres-ouvriers ?

Les pères avaient libre accès à cette salle. Mais il était de bon ton de ne pas y être vu trop souvent, et les meilleurs se faisaient un point d'honneur de n'y pas glisser le pied. Et le disaient, bien sûr, à l'occasion d'une promenade, aux jeunes émerveillés par tant d'observance et de vertu.

C'est ainsi que j'appris, seulement six mois après, la mort de la grande Édith Piaf. J'adorais la môme Piaf, qui avait eu des funérailles presque nationales. Il aura fallu six mois pour que la rumeur pénètre les murs de l'abbaye, par une coupable indiscrétion. Ce détail me frappa, et m'indiqua en même temps que j'étais bien sur le chemin du désert.

Restaient les parloirs, unique lieu de contact avec le monde.

Pendant l'année de noviciat, aucune visite n'était permise. Celle que ma mère m'avait faite était un acte de miséricorde, sévèrement jugé par le chanoine qui y vit une preuve de notre dangereux laxisme : efficace, la clôture créait un vide qui ne demandait qu'à être rempli par autre chose.

Je m'aperçus peu à peu que les conflits semblaient exclus de la vie communautaire. Chaque geste était prévu par l'observance : sous mes yeux, les individus évoluaient sans heurt et sans tension.

C'est au cours des promenades, seul lieu de contact avec les pères, que je compris d'où venait ce calme apparent :

– J'en ai parlé au père abbé... J'ai été voir le père abbé... Ça, c'est l'affaire du père abbé...

Omniprésente, l'autorité abbatiale filtrait tout événement, atténuait tous les chocs. La passion avait été le moteur de ma vie : désormais, elle paraissait devoir être éliminée à la source.

Par la suite, j'apprendrais quelle forme détournée elle prenait pour s'exprimer. Pour l'instant, j'entrais dans un monde sans conflits, sans violence, sans rien de ce qui jusqu'ici m'avait obligé à faire face : à être homme.

Si le désert n'est le lieu d'aucun désir, c'est pour que le désir de Dieu, et lui seul, prenne toute la place. Mais ça, c'était une autre affaire. Et chaque chose venant en son temps, j'assimilais bravement mes leçons de destructuration.

C'est-à-dire la mise à mort de tout ce qui, jusque-là, m'avait fait vivre.

10

La lecture était le premier moyen de *restructuration* de l'homme nouveau. Je croyais savoir lire : j'appris que, pour un moine, lire n'est pas un passe-temps ou une chose anodine, mais un labeur, auquel tous consacraient plusieurs heures par jour. La Règle prescrivait même que, pendant le mois du carême, chacun devait choisir *un* livre, qui lui était publiquement remis dans la salle capitulaire le mercredi des Cendres. L'énoncé des titres donnait le pouls de la santé monastique de l'abbaye. Les pères de l'Église se taillaient une large place, suivis de très loin par quelques ouvrages de spiritualité moderne. Dans notre tête, le Moyen Age et l'Antiquité chrétienne prenaient une réalité tangible et occupaient le vide du désert.

Au petit matin, pendant le grand silence, je dévorais donc à belles dents les récits et les confessions de moines qui étaient morts depuis plus de 1000 ans. Peu à peu ils me devenaient aussi familiers que des proches.

Le père maître insistait :

– Vous ne lisez pas par curiosité mais pour vous identifier à ces exemples, pour penser comme eux, vivre comme eux. Votre lecture devient nourriture. Méfiez-vous de la « gourmandise intellectuelle », qui est un péché. Vous ne faites pas une étude historique, sociologique ou culturelle : peut-être, plus tard, si l'obéissance vous le demande… Vous recevez l'expérience du passé, non pas pour l'analyser, mais pour l'assimiler.

Mais j'aimais trop ces longs moments de lecture. La bibliothèque devenait un lieu de rencontres : d'un geste, je pouvais faire venir à moi un nouvel ami, et dialoguer avec lui. Je savais bien que je me laissais aller à la « gourmandise intellectuelle » : je prenais un peu trop de notes… et un peu trop de livres. Péché mineur, dont je ne me suis jamais accusé.

La lecture publique du réfectoire venait en complément de cette lecture personnelle : les titres étaient soigneusement choisis, et souvent en fonction du moment de l'année, et du déroulement de la liturgie.

La liturgie : le grand moment de notre vie, dont j'attendais beaucoup. Plusieurs heures par jour, nous nous retrouvions à l'église pour entendre ensemble, réciter ensemble, des textes soigneusement choisis et programmés afin de créer une conscience collective. Pour faire de ces individus un bloc qui, au même moment, ressentirait les mêmes choses, irait vers le même but, et progresserait ensemble dans le temps.

Car la liturgie suivait les saisons, et les transfigurait. Dans le désert où je vivais, le cycle des jours et de la nature reprenait une place prépondérante. C'était en quelque sorte le seul élément de nouveauté permanent. Pour le citadin que j'étais, le déroulement des saisons n'avait jamais eu grande importance, à part le moment très attendu des vacances. Mais ici j'avais le loisir de regarder les feuilles tomber, les bourgeons pousser.

Notre église était superbe, les ornements simples et beaux. Vêtements, couleurs, odeurs, donnaient à chaque fête un caractère unique.

Je ne crois pas que c'est d'abord Dieu que je rencontrais pendant ces longues cérémonies. Mais certainement une émotion, esthétique et sensuelle. Je confondais l'un et l'autre, et la satisfaction que je ressentais me tenait lieu d'expérience religieuse.

Ils n'étaient pourtant pas très doués pour le spectacle, mes frères qui animaient le cadre somptueux de nos rites. Les gestes étaient un peu étriqués, les voix mal assurées, les visages crispés par l'attention aux multiples détails. Telle quelle, la liturgie des fêtes me remplissait de joie. J'étais trop novice encore pour y jouer un rôle actif, plus souvent spectateur qu'acteur – mais spectateur comblé.

La première de ces fêtes fut Noël, Noël loin des miens. Un froid très vif régnait dans notre campagne, et la température à l'intérieur de l'église flirtait avec le zéro. Pour ne pas que l'eau gèle dans le bénitier de l'entrée, le père sacristain y ajoutait en souriant quelques pincées de sel. La messe de minuit voyait toujours quelques cars de touristes qui venaient durement mériter avec nous le plantureux réveillon préparé pour eux par un tour opérator dans la ville voisine. Rien n'était fait pour les accueillir ou les réchauffer – la messe durait presque deux heures.

Dès le matin, grand branle-bas dans la sacristie. Le père abbé officiant, c'était ce qu'on appelait une messe pontificale pour laquelle toutes les penderies, tous les tiroirs étaient ouverts. Mitres, crosse, dalmatiques, encensoirs, vêtements brodés et chatoyants s'étalaient sur les tables.

Depuis huit jours, malgré le jeûne préparatoire, le noviciat travaillait le répertoire. Il y avait comme dans tout monastère un maître de chœur responsable du chant. Chaque matin il nous prenait dans une pièce – non chauffée – pour faire sortir de nos voix et de nos corps tout ce qu'ils pouvaient donner.

– Allez-y, chantez-moi ça ! Vous pouvez faire passer là-dedans toutes vos énergies, c'est le moment d'être agressif, il n'y en a pas d'autres !

Il n'avait fait aucune étude musicale, le charisme devant remplacer la technique. Mais il était musicien dans l'âme, et m'effrayait un peu. Il manifestait de la passion, et nous engageait à en faire autant : cela détonnait avec la surface calme et huilée du lac ambiant.

À partir de 18 heures, l'abbaye rentra dans un grand silence. Depuis un mois c'était le régime du jeûne d'avent : le soir, une soupe et un légume. Le matin, dix grammes de pain et un café d'orge grillée et de chicorée, sans lait, tout juste sucré. Nous rassemblions nos forces pour la nuit qui allait venir.

L'office des matines avait lieu avant la messe de minuit : deux heures de chants et de lectures dans une crypte confinée. Une demi-heure de battement, pendant laquelle on pouvait aller prendre une tisane chaude. À minuit pile, la procession s'ébranlait pour entrer dans l'église. Une centaine de personnes nous attendaient, prises dans la nef comme dans un bloc de glace. Les premiers chants s'élevaient avec la buée que formait notre haleine. Puis, tandis que le père Maur chantait l'épître de sa petite voix inaudible, un groupe de novices quittait le chœur pour aller à l'extérieur sonner le carillon de Noël.

L'église n'était pas chaude : mais dehors, un vent glacial s'engouffrait sous un ciel de cristal noir. Nous allions vers le porche décrocher les cordes des quatre cloches : elles étaient gelées, raides comme des branches d'arbres. Sur un signe de tête, on les agrippait très haut et il fallait tirer dur, pendant que nos mains nues semblaient faire bloc avec la corde. Alors s'élevait le joyeux carillon qui allait porter la nouvelle jusqu'au-delà du Fleuve à moitié pris de glace : Noël, Noël !

Noël mon oncle, Noël maman, Noël vous tous qui m'avez donné tant de noëls chaleureux, enveloppés de votre amour !

Noël dans la nuit, Noël sous le vent, Noël seul devant les étoiles...

Allez ! encore quelques secondes et on va rentrer dans l'église qui, du coup, semble être un havre de bien-être. Il fait trop froid pour s'attendrir sur soi.

Vers 2 heures du matin la messe s'achevait. Le père abbé avait changé solennellement plusieurs fois de mitre, de chasuble, de chape...

Mais rien n'était terminé : chaque prêtre devait maintenant dire, seul, ses trois messes de Noël.

Seul ? Pas vraiment. Il fallait à chacun un servant. Et les frères étaient en nombre insuffisant. J'ai donc servi deux séries de trois messes, coup sur coup, dans des chapelles latérales glaciales. En tout cela devait bien faire cinq ou six heures d'offices en pleine nuit, le ventre vide. Et si j'étais un peu ivre en regagnant ma cellule au petit matin, ce n'était certainement pas de champagne.

Dans cette solitude vécue en commun, la parole publique prenait un relief particulier. Elle parvenait d'une seule et unique source : le père abbé. La communauté se présentait donc comme un organisme curieux, muni d'une bouche et de quatre-vingts oreilles. Encore cette parole officielle n'était-elle donnée qu'avcc parcimonie et dans un cadre solennel, celui du chapitre.

Au bout de la salle rectangulaire dans laquelle j'avais pris l'habit, un petit trône en bois, seul éclairé alors que les bancs restent dans la pénombre le long des murs.

Chaque matin, au son de la cloche, les moines se rangent par ordre d'ancienneté. Dernier arrivé je suis tout au fond, près de la porte. Le père abbé fait son entrée, se place dans la tache de lumière, et s'assied après un signe de croix. Ouvre la Règle, lit un court passage, puis le commente dans le silence, quelques minutes.

La Règle des moines n'est pas très longue : on en reprenait le commentaire trois fois dans l'année, indéfiniment. Je m'aperçus rapidement que le texte n'était qu'un prétexte : le père abbé avait-il quelque chose à dire, un point de doctrine ou d'observance à souligner ? Goutte à goutte, jour après jour, il pouvait l'enfoncer comme un clou. Et s'il n'avait pas grand-chose à dire... il parlait quand même.

J'écoutais, de toutes mes oreilles, cet exercice de style particulier. Un homme peu à peu s'y livrait, pour modeler un groupe de sa parole et le ramener sans cesse dans la droite ligne de l'observance. Rien ne transparaissait des relations personnelles qui pouvaient l'unir, par ailleurs, à chacun de ses moines.

Parfois, il s'élevait jusqu'à cette sorte de méditation à voix haute, qui est le privilège des solitaires. Alors j'avais l'impression d'être admis à l'intérieur d'une solitude choisie, construite, et qui construirait la mienne.

Le soir, c'était un chapitre plus familial. On donnait les nouvelles du jour – s'il y en avait – et parfois quelques nouvelles de l'extérieur. Mais là encore, seul le père abbé avait la parole. Il était donc maître absolu de l'information communautaire. S'il lui arrivait d'interroger un moine, celui-ci se levait, disait quelques mots, et se rasseyait dans l'ombre.

L'essentiel du dispositif était en place. Vider d'un côté, totalement. Remplir de l'autre, efficacement. Nous souhaitions cette formation, nous étions volontaires, et chaque moine y voyait son bien.

Au terme de l'année, j'étais à peu près rentré dans le personnage. J'avais acquis les réflexes convenables : si d'aventure je rencontrais un civil dans l'église et devais répondre à sa question, il avait bien l'impression de s'adresser à un moine. Parole brève, sourde, regard vide baissé, termes convenus. Je savais que je n'avais pas à être là, qu'il fallait abréger ce contact avec l'extérieur. À mon tour je me retirais comme une vague, à mon tour j'étais présent sans l'être, à mon tour j'habitais mes vêtements de façon incertaine.

L'étudiant pouvait être satisfait : cet examen-là avait été passé avec succès, comme les autres.

11

Je ne peux repenser maintenant à ce jeune novice qui fut moi-même, au bord du Fleuve, sans m'interroger : qu'est-ce donc, qui rendait tout cela possible ? Quelle organisation, matérielle et sociale, permettait l'épanouissement d'un système aussi perfectionné ?

Nous habitions un vaste bâtiment, avec toutes les charges que cela comporte. Possédions quelques terres, du matériel, deux voitures et une camionnette. La pauvreté individuelle était vécue avec sérieux, mais la communauté ne manquait de rien, ni même d'une aisance qui permettait certains investissements coûteux. Les malades étaient soignés, et bien. D'où provenait donc l'argent qui nous permettait de connaître une sécurité aussi totale ?

Je savais ce que c'était que travailler : dans les laboratoires ou en usine, j'avais durement peiné. Par comparaison, les activités de l'abbaye me donnèrent d'abord l'impression d'un aimable dilettantisme.

Il était entendu que les novices étaient à charge de la

communauté. Les pères, alors ? Oui, nous avions – comme tous les monastères – des ateliers d'artisanat dont nous étions fiers. L'après-midi je voyais mes anciens s'y rendre, d'un pas tranquille, pour quelques heures. Ils accomplissaient des gestes mesurés, et tant de paisible harmonie semblait atteindre par contagion jusqu'aux machines elles-mêmes.

De toute évidence, notre vie quotidienne ne dépendait pas de ce travail : mais c'est bien le travail qui était en dépendance d'une vie plus haute. Je finissais par m'en convaincre : ce qui n'était pas fait aujourd'hui serait toujours fait demain.

Tout cela n'étant pas très rentable, il y avait quelques activités moins visibles, qui venaient compléter ce travail « officiel ». Au hasard des promenades, j'avais découvert l'une d'entre elles.

Le père Du Bellay de Saint-Pons était issu de bonne noblesse française. C'est un des premiers que j'avais croisé dans le cloître ce jour de mon arrivée, et j'avais été frappé par son nez aquilin, ses sourcils broussailleux coiffant un regard souverain. Il ressemblait un peu à Chaban-Delmas, dont il avait la démarche impérieuse. Et quand, transfiguré par l'habit de lumière, il encensait le chœur des moines aux vêpres, c'est tout l'ancien régime qui semblait faire monter vers le ciel des volutes de parfums.

Ce père avait aussi des relations, parmi lesquelles un professeur à l'École des sciences politiques de Paris. Les élèves de Sciences-po avaient des « travaux dirigés », prévus dans leur scolarité, au terme desquels ils rédigeaient régulièrement des analyses de la vie économique en France et dans le monde. Rien là que de normal.

Mais au lieu de ranger ces devoirs dans un classeur, le professeur remettait les meilleurs à son ami le moine. Ce dernier les faisait polycopier avec une couverture attrayante, et cela donnait une revue, la *Lettre de l'économie.*

La seconde étape était simple. Sa tonsure bien en évidence, et revêtu du grand habit – « jamais en civil, ça marche moins bien » – le père se présentait au service commercial d'une grande société. Proposait que la société s'abonne à cette revue (des frais généraux...). Recevait le plus souvent un abonnement, reconduit l'année suivante avec les autres.

Il n'y avait rien à redire : certains articles étaient intéressants, et les élèves de Sciences-po appréciaient que leurs devoirs soient publiés. L'argent rentrait donc en toute bonne foi, et les entreprises refusaient rarement de subventionner l'abbaye à peu de frais.

À la fin d'une promenade, le père Du Bellay raconta qu'un jour un directeur commercial, moins impressionné sans doute par l'habit, lui avait dit :

– Mais, mon père, nous avons déjà tellement de revues, nous n'avons pas le temps de les lire...

– Cher monsieur, avait répondu le père avec suavité, je ne vous demande pas de la lire, mais de vous y abonner !

Le chèque suivit séance tenante.

D'autres activités de ce genre faisaient innocemment fructifier le « label monastique ». S'y ajoutaient quelques généreux donateurs, quelques héritages transformés en portefeuille boursier : décidément je serais pauvre, mais ne manquerais jamais de rien.

L'aide économique ne suffit pas : les moines ne

peuvent exister que s'ils bénéficient d'un certain soutien social.

Nous avions donc l'appui d'un petit groupe de techniciens et conseillers civils : leur sympathie, qui nous était acquise, se manifestait discrètement. Consultation gratuite d'un expert financier, coup de pouce d'une relation bien placée...

Mais, plus visible pour moi, il y avait l'armée des femmes.

La femme était à nos yeux l'être dangereux par excellence, celle par qui vient le mal. Tous nos auteurs décrivaient en elle l'obstacle principal à surmonter sur le chemin du désert.

Moyennant quoi, avec nous elles ne couraient aucun risque, et le savaient.

Je voyais graviter autour de nos parloirs un essaim de femmes esseulées, qui venaient avant tout recevoir une écoute attentive. Attirées par cette masse d'hommes disponibles, un peu orphelins, elles étaient à la fois maternelles et d'avance consolées. Le temps d'un parloir, elles avaient enfin un homme à leur disposition, sans lutte et sans danger. Les cœurs pouvaient s'ouvrir, sans crainte de rebuffade.

En contrepartie, elles étaient d'un dévouement à toute épreuve et faisaient volontiers jouer en notre faveur la solidarité féminine.

Curieusement donc, ce groupe d'hommes voués à la chasteté totale était soutenu par une quantité de femmes bien supérieure, par tête, à la moyenne nationale.

12

Mais les femmes étaient pour l'heure le moindre de mes soucis. Toutes énergies mobilisées par l'apprentissage de l'observance, il n'y avait pas de place pour des pulsions sexuelles qui d'elles-mêmes, en quelque sorte, faisaient silence.

Je savais que je possédais l'aptitude au plaisir : très tôt manifestée, puis vite réprimée, elle n'avait pas disparue. Je me doutais qu'il faudrait, un jour ou l'autre, composer à nouveau avec une force explosive – mais cette fois-ci dans le cadre restreint du cloître.

Si j'acceptais d'être restructuré sur un mode nouveau, j'attendais de cette formation qu'elle atteigne en moi jusqu'à ces zones profondes, obscures. Il m'avait été promis un idéal de perfection, et pour moi la perfection c'était l'unité de l'être. Tout entier. Rien ne devait échapper à Dieu, puisque tout lui appartenait.

Or, les semaines, puis les mois passant, j'étais frappé par un vide immense. Jamais, dans les chapitres matinaux du père abbé, dans les cours quotidiens du père maître, jamais il n'était question de « ça ».

Et pas plus dans les entretiens privés. Sans doute en étais-je seul responsable : la question sexuelle n'étant pas au premier plan de mes préoccupations du moment, je ne l'abordais pas. Mais c'est aussi parce que ces hommes me semblaient tellement asexués eux-mêmes que je n'attendais aucune réponse pertinente à mes questions, si elles avaient fait surface.

En vérité la vie était tellement plus simple, débarrassée de cet aiguillon de l'humanité ! Je résolvais enfin, par la négation, l'une des tensions qui agitait la vie des hommes que j'avais quittés. On ne réveille pas la bête assoupie.

Alors, j'attendais beaucoup de la « grande retraite » qui aurait lieu au printemps. Chaque année, un ténor de l'Église catholique – théologien en renom, évêque – venait parmi nous pendant huit jours. Toutes les activités étaient suspendues. Nous avions deux, parfois trois conférences par jour, et un vaste temps libre pour la digestion de cette nourriture abondante.

L'habitude voulait que ce fût une sorte de révision générale : notre vie, ses valeurs et ses points de repère, tout était passé en revue. Les personnalités très diverses de nos prédicateurs assuraient la variété d'un enseignement qui devait être exhaustif.

Cette année-là (comme les suivantes), le sujet ne fut pas abordé : le prédicateur parla bien de tout – sauf de notre sexualité. Mes confrères avaient-ils donc déposé à la lingerie, avec leur valise de nouvel arrivant, autre chose d'essentiel à leur intégrité physique ?

Certes non ! Mais le sexe, apparemment, n'existait plus à partir de ce moment-là.

Cela m'étonna un peu, sans trop me gêner. Il me

faudrait beaucoup plus de temps pour découvrir que l'humanité ne se découpe pas en tranches, dont on pourrait reléguer certaines aux oubliettes.

Mais cette découverte, je la ferais à mes dépens, de façon horriblement douloureuse.

J'étais capable de vivre – temporairement – sans sexualité. Mais certainement pas sans amitié. Brutalement, j'avais rompu avec le noyau chaleureux de mes amis : respectueux de ma décision, ils gardaient le silence.

Y aurait-il un jour, parmi ces hommes au milieu desquels j'évoluais désormais, autre chose que des liens convenus, des relations « monastiques » ?

– Frère Irénée, vous irez porter son plateau au père Nicolas après la messe.

J'avais déjà remarqué ce père, qui n'était pas prêtre encore et terminait donc ses années d'études. Il m'avait frappé par son extraordinaire corpulence. Au moins cent dix kilos, qui se mouvaient avec agilité et presque avec grâce. Une large face ronde où perçait un regard vif, toujours en alerte, très présent. On racontait sur lui des choses curieuses.

Il venait du canton de Vaux, et avait gardé les intonations chantantes de la Suisse romande. Un jour, alors que le mouvement hippie n'existait pas encore, il avait frappé à la porte de l'abbaye avec des cheveux longs jusqu'aux épaules et une pipe toujours allumée.

On avait un peu hésité à l'accepter, mais la course aux recrues était telle qu'il en fallait plus pour ne pas ouvrir cette porte. L'obsession du nombre habitait les responsables, et cette masse imposante ferait certainement nombre. Il avait donc été jeter solennellement ses pipes dans le fleuve, avant de se faire raser la tête. Puis, il était rentré dans le moule, et certains accès d'originalité faisaient sourire avec indulgence.

Le père Nicolas était fort intelligent, et avait su rester en quelque sorte lui-même tout en s'adaptant. C'est même le seul qui, lorsqu'il intervenait au chapitre du soir, arrivait à faire franchement rire la communauté : on pardonnait donc beaucoup au père Nicolas.

La cellule où j'arrivai avec mon plateau – soupe, légume, fruit – était à la fois d'un dénuement total, et d'un désordre absolu. C'était l'antre d'un clochard, qui n'aurait rien gardé ou presque. Un matelas très mince sur une planche, des objets hétéroclites dispersés aux quatre coins : une chaussette, un condensateur radio, un fusil à air, une demi-pendule, un chapeau, une roue de tricycle, l'autre chaussette... Et puis, sur la table, un livre.

– C'est Maritain. Vous connaissez Maritain ? Un philosophe français. En fait il écrit bien, mais il est passé à côté de tout. Vous le lirez, plus tard.

Tout habillé, père Nicolas émergeait d'un drap douteux qui soulignait sa masse imposante. Il était rouge de fièvre, mais la fenêtre était grande ouverte, et dehors il gelait.

– Votre plateau...

– Merci, posez ça là. Alors, vous êtes frère Irénée ? Comment va, Irénée ?

Je restai muet, la bouche ouverte. La consigne était formelle : jamais on n'appelait un moine par son seul nom. C'était *frère* Irénée, point. Mais il y avait tant de bonté malicieuse dans les yeux du père Nicolas...

Alors quand, au détour d'un couloir, je croisais ce bison source de courant d'air, et qu'au lieu d'incliner seulement la tête en baissant les yeux il me regardait bien en face et chuchotait : « Bonjour, Irénée ! Comment allez-vous ? », épouvanté, je me sentais tout regaillardi.

13

Restait Dieu. Dieu était le but de tout cela, Dieu avait justifié les souffrances imposées aux miens, Dieu valait que je me marche dessus. En fait, je ne savais pas grand-chose de lui, qui demeurait un grand point d'interrogation. Je voulais le rencontrer, en faire l'expérience – ce mot revenait souvent dans l'enseignement. L'*expérience de Dieu* tant recherchée pouvait seule rendre acceptable pareille vie, et pareils sacrifices.

Le père maître en parlait beaucoup, mais comme d'un sous-entendu évident. La fuite du monde était censée mener automatiquement, ou presque, à ce résultat. Éprouvée pendant des siècles, l'imposante tradition monastique ne pouvait que conduire à Dieu. « Fais tout cela, disait la Règle, et tu y parviendras. »

« Tu parviendras » était le dernier mot de la Règle.

En fait je parvenais surtout à « faire cela », c'est-à-dire à adopter un comportement conforme. Mais Dieu, où était-il donc ?

Je lisais assidûment la Bible, sans rien y comprendre.

Apparemment, pour mes maîtres il suffisait de lire pour percevoir, de percevoir pour expérimenter. Mais la Bible était surtout pour moi un fatras d'histoires guerrières, agitant le Proche-Orient.

La prière liturgique ? Nous passions des heures chaque jour à réciter des psaumes dans l'église, en latin. La Règle elle-même avait fixé l'objectif, qui était la quantité : au terme, quelque chose se produirait. Mais rien ne se produisait en moi qu'une impression de moulin qui tourne, de rouleau compresseur qui passe. La préoccupation essentielle des pères semblait que la quantité prescrite soit bien exécutée. Et alors tout était bien, on était des hommes de prière. Je devenais donc un professionnel de l'exécution chorale.

Mais Dieu ? Une vague faim me restait au fond du cœur, une fois l'office terminé.

Alors il y avait ce qu'on appelait « l'oraison », qui est la méditation silencieuse. Chaque fin d'après-midi, la communauté tout entière y consacrait une grande demi-heure, en groupe constitué, au chœur. Chacun restait planté là, en silence, et pouvait observer chacun. La bonne attitude était à genoux, les yeux fermés, les mains cachées sous l'habit, la tête penchée. Trente longues minutes d'immobilité totale sous le regard des anciens : les paupières, n'est-ce pas, ne restent pas toujours hermétiquement closes...

Gare aux crampes : il était toléré, comme une espèce de faiblesse, de s'asseoir. Mais les vrais, les purs, assis ? Jamais !

L'ennemi le plus évident était le sommeil : au besoin, on pouvait tirer de ses poches un livre pieux, et y puiser un peu d'aide. Mais la somnolence était sournoise, et vous gagnait sans prévenir. Le livre, après quelques soubresauts dans les mains lasses, tombait avec fracas sur le plancher. Ce qui avait pour effet de faire sursauter tout le monde et de réveiller les dormeurs, ravis que cela ne leur soit pas arrivé, à eux.

Le père Nicolas ayant mal au dos s'asseyait rapidement, et s'assoupissait aussi vite. Le drame inévitable chez lui c'était un ronflement sonore, que tous guettaient avec anxiété. Car enfin, c'était proclamer bien haut qu'on ne priait pas. Son voisin avait reçu consigne de lui envoyer un discret coup de coude dans les côtes. Nicolas, réveillé en sursaut, grommelait :

– Mais enfin, quoi, je ne dors pas !

On souriait dans les capuchons, et les méditations reprenaient leurs cours jusqu'à la cloche.

Mais Dieu ? Quand et comment ferais-je cette rencontre tant attendue ?

Je refusais de voir tout ce que notre vie pouvait avoir d'imposture. Une pauvreté confortable, une chasteté exsangue, une vie de prière au bulldozer... L'admettre, ou seulement m'en rendre compte, c'eût été tout remettre en question. « Tu parviendras » : je fondais ma vie sur cette promesse de la Règle.

En attendant je m'appliquais à tout faire avec perfection, à jouer sans faille mon rôle de moine accompli.

L'une de nos femmes dans la nef avait remarqué cette application, ce regard pieusement baissé, ces attitudes intransigeantes, et ma pâleur. Et elle avait chuchoté à une voisine, qui me le rapporta par la suite :

– Frère Irénée... Oh ! mais c'est l'ange de l'abbaye !

Mais Dieu ?

14

Au terme de cette année – j'avais vingt-quatre ans – je fus admis à conclure le noviciat. Il y avait pour cela un examen, où l'on devait comparaître devant le Conseil des doyens de l'abbaye qui m'interrogerait sur la Règle en présence du père maître. J'étais censé redire alors les considérations pieuses écoutées, chaque matin, dans la salle de classe.

Coupable décidément de « gourmandise intellectuelle », j'étais tombé, en furetant dans la bibliothèque, sur l'édition ancienne d'un texte latin alors inconnu, la *Règle du maître*. J'avais vu quelque part que c'était la source à laquelle saint Benoît avait puisé au VIe siècle pour rédiger notre Règle, et je l'avais d'abord lue avec intérêt. Puis il m'était venu à l'idée, sans en parler à personne, de confronter ces deux textes. Cela permettait de savoir quelle était l'originalité de saint Benoît par rapport à sa tradition, ce qu'il avait modifié, donc ce qu'il avait vraiment l'intention de dire. Travail scientifique sur les textes que les loisirs du noviciat rendaient possible, et qui me paraissait chose évidente.

Quand j'entrai dans le bureau du père abbé au jour dit, je me trouvai en face d'une brochette de vénérables anciens au visage émacié et au regard plat, réunis là pour juger des fruits spirituels de ce jeune arbre. À la question qui me fut posée, je répondis en citant de mémoire les textes latins, et en les comparant brièvement. Stupéfaction. Seul le père abbé avait entendu parler de la *Règle du maître*, et m'interrompit au milieu de ma brillante démonstration. Ce n'était pas ça, mais pas ça du tout qu'on attendait d'un novice. On voulait des preuves de ma piété : comme j'en avais donné par ailleurs, et vu les urgences du recrutement, je fus quand même admis à poursuivre.

Et à entamer l'automne suivant mes études : deux années de philosophie.

Pour un scientifique, la philosophie est a priori une chose artificielle, un ensemble de théories gratuites fondées sur du néant. Formé à l'école de la matière, je ne concevais pas de science qui ne s'appuie sur elle, pour être vérifiée par elle. Mais enfin, il fallait en passer par là : deux années de philosophie étaient un préambule obligatoire à la science de Dieu, la théologie.

Les études devant avoir lieu à l'intérieur du monastère, mon professeur serait l'un des nôtres. Je fus donc un jour convoqué dans la cellule du père Joseph.

La cellule type du moine parfait. Des livres rangés sur les planches signalent à tous sa fonction d'intellectuel. Netteté absolue. Un visage rond sur une tête carrée, un peu rentrée dans les épaules, le front buté. Il parle en chuintant, sur un rythme saccadé.

– Acheyez-vous mon frère. Je vous ai préparé un programme pour votre initiation philojophique. Vous commencerez par lire les ouvrages de Maritain et de Gilson, et vous en ferez un compte rendu.

Va donc pour Maritain. C'est vrai, c'est très bien écrit, et facile à comprendre. Il dit n'être qu'un disciple de saint Thomas d'Aquin, ne rien transmettre d'autre que la pensée du philosophe médiéval.

Alors, pourquoi se limiter au disciple ? J'allai chercher une édition de la *Somme théologique*, et me plongeai dans ce latin du XIVe siècle.

Surpris, le père Joseph laissa faire. Il n'avait pas prévu que je court-circuiterais les étapes, et que je ne suivrais pas son plan à lui. J'abordais donc, de but en blanc, saint Thomas d'Aquin.

Mais ça, c'était un autre morceau. D'abord un latin technique dont les mots les plus simples prenaient un sens qui m'échappait. J'allais voir mon maître, dont le front se plissait, et qui ouvrait le dictionnaire – ce que j'avais déjà fait sans lui l'instant d'avant.

Peu à peu, je sentis qu'il y avait là quelque chose d'extraordinaire, une approche de la réalité dont j'ignorais tout jusqu'ici, mais à laquelle toute ma formation me menait. C'était la métaphysique, la reine des sciences. Et un scientifique ne pouvait pas s'y tromper.

Je poussais donc le père Joseph dans ses retranchements, je bousculais ses raideurs, et découvris vite la pauvre réalité.

Il était entré à l'abbaye à l'âge de quatorze ans, et n'en était jamais plus sorti. Une photo jaunie de l'époque – c'était juste après la guerre – le montre en culottes courtes, au milieu d'un groupe de moines momifiés, le regard déjà illuminé.

Il était le seul de cette génération à avoir fait ses études à la Catho de Paris. On l'avait donc baptisé philosophe, et maître en cette science royale. En fait, c'était tout juste un logicien. Ayant compris une fois pour toutes que deux et deux font quatre, il avait bâti autour de cette évidence indiscutable son système de pensée, ses certitudes philosophiques et le cheminement de sa dialectique.

Un jour que je l'interrogeais sur la métaphysique, il pencha la tête, avec son regard de biais :

– Euh... voyez-vous, c'est une chose, euh... très subtile.

Je ne pus jamais rien en tirer d'autre.

Pour autant que je comprenne, saint Thomas avait instauré le doute en méthode d'exploration de toutes les zones de l'être. Mais le doute n'avait jamais, de son aile, effleuré la tête carrée du père Joseph. Certain d'avoir choisi le camp de la vérité, il ne doutait de rien, et surtout pas de lui-même.

En fait, il était possédé d'un appétit de pouvoir et d'une soif d'honneurs dont il était le seul à ne pas se rendre compte.

La communauté étant limitée en hommes, les jeunes loups finissent toujours par accéder aux marches du pouvoir. Un beau jour, il fut donc nommé prieur par le père abbé, qui préparait déjà sa retraite. Si près du but, père Joseph ne signa plus ses moindres lettres que de son titre, *prieur de l'abbaye*, ce qui était fort inusité. Au chapitre, les sentences tombèrent de sa bouche : il interdit ce que nul ne songeait à faire, autorisa d'entreprendre ce qui était déjà fait ; cela me semblait un peu puéril, rien de plus. Bref, il en fit tant que le père abbé le démit de ses fonctions. Peut-être cet homme avisé avait-il seulement voulu que la communauté se rende compte, avant de lui choisir un successeur ?

Plus tard, père Joseph fut nommé maître des novices, charge qu'il occupa longtemps. Comme il ne s'agissait que d'une responsabilité spirituelle, les dégâts seraient moins visibles. Et il convenait peut-être que les jeunes s'adossent à quelqu'un qui ignorait où était la marche arrière. Il s'abîma donc dans le silence, qui était de toute évidence son meilleur rôle.

Mais rien de tout cela ne pointait à l'horizon, et il y avait dans l'immédiat un problème urgent à régler : l'incapacité où se trouvait le père Joseph d'honorer son contrat avec moi.

Le père abbé trancha : je continuerai mes études à l'abbaye, mais dirigé par un professeur de Paris, que j'irai voir de temps à autre.

15

Le train était le même qu'à l'aller, mais le trajet me parut plus court. Paris n'avait pas changé, et pourtant tout me semblait maintenant agité, cahotique. Les gens dans la rue regardaient avec étonnement cette grande ombre noire au crâne rasé, la tête baissée.

Il était convenu que je reverrais à l'occasion ma famille sans restriction. Comment l'oncle allait-il réagir? Le premier repas eut lieu chez lui, à la maison. Je retrouve mon cadre familier, les beaux meubles, les tableaux:

– Alors Michel, ça va?

L'oncle sourit, je sens une affection toujours présente. Mais une espèce de distance imperceptible, comme si je n'étais plus vraiment des leurs. N'était-ce pas simplement la réalité? La vie, leur vie, continuait sans moi. Puisque je l'avais voulu, ils vivraient en mon absence, et nos deux mondes étaient désormais trop étrangers l'un à l'autre.

L'oncle trouva le moyen de me donner son avis, qui était d'une cohérence parfaite:

– J'aurais compris à la rigueur que tu te fasses prêtre, parce qu'on peut devenir un jour évêque. Mais moine, vraiment, moine…

Chacun restait donc sur ses positions.

Avec ma mère, ce fut une espèce de tristesse résignée. Son fils était là, semblait heureux : pour elle, c'était l'essentiel. Je croyais donc avoir gagné la partie, et ne voulais rien voir d'autre. Terrible aveuglement que celui de l'égoïsme, qui aurait dû me sauter aux yeux ! Mais mes yeux se posaient-ils seulement sur elle, sur ce qu'elle vivait courageusement dans le silence ?

Mon professeur de philosophie fut à la hauteur. Je voulais attaquer saint Thomas d'Aquin ? C'était bien. Il me conseilla de me limiter à quelques-uns des premiers chapitres de la *Somme*, m'indiqua les commentaires utiles. Bref, il me laissa la bride sur le cou, ce qui me convenait. J'aurais à lui rendre compte tous les deux mois, au cours d'un voyage à Paris. Et cela aussi, quoi que j'en aie, me convenait : je verrais ma mère souvent, pour son bonheur. Tout était bien, et ma conscience tranquillisée.

Métaphysique, à nous deux ! Je pris dans le collimateur dix chapitres, parmi les quelques centaines que comportait la *Somme*, et les épluchai ligne par ligne, mot par mot.

Je découvris que saint Thomas était un pédagogue étonnant. À partir de ce point central, il me renvoyait de lui-même à d'autres parties de son œuvre, et à sa première source : Aristote. Peu à peu, donc, j'élargissais le champ d'exploration, et peu à peu s'esquissait sous mes yeux une cathédrale de la pensée, rigoureuse et cohérente.

L'être et ses catégories, la matière et sa structure intime, le langage et sa capacité à décrire l'univers, tout me paraissait un aboutissement logique, inéluctable, aux cours de Jacques Monod. Mais là où le prix Nobel m'avait semblé buter comme au terme de sa science, là, saint Thomas s'appuyait pour aller beaucoup plus loin, jusqu'au principe même des choses. Et pourtant, sa connaissance de la matière était quasi insignifiante comparée à la mienne. Mais à partir de quelques exemples anodins, avec une candeur presque enfantine, il dépassait la matière pour aller jusqu'en son cœur.

J'étais enchanté, et ne voyais pas le temps passer. À l'abbaye, on sentait bien que je m'étais fait une petite bulle en verre. Au cours des promenades j'essayais de faire partager mes découvertes, mais c'était en vain. L'étude était admise, à condition qu'elle fasse un bon moine – observant et pieux. Mais y trouver du plaisir, c'était suspect : la Règle n'affirmait-elle pas avec force que « la mort commence là où le plaisir commence » ? Sans que je m'en rende compte une certaine suspicion commençait à naître à mon égard : un intellectuel ne pouvait pas être un moine observant.

Sans hésiter, je continuais mon chemin. Ce que saint Thomas m'offrait, c'était la possibilité tant espérée d'unifier ma vision du monde autour de quelques axes stables, simples, évidents. Sans doute je voguais dans l'abstrait, mais peut-on le reprocher à un étudiant ?

Les deux années de philo passèrent ainsi, lisses et droites. Pour finir, mon professeur me mit entre les mains *L'Être et le Néant* de Sartre. Bien peu de gens sans doute ont lu en entier ce pavé indigeste : je me contentai de quelques chapitres, et puis j'allai faire une excursion chez Hegel et Heidegger, les maîtres allemands de la métaphysique moderne.

16

Je m'apercevais que j'étais devenu mérovingien au fait que le temps passait sur moi, désormais, sans laisser d'empreinte. Une année recommençait, et je retrouvais comme de vieux habitués la solitude du soir, l'ennui pesant des dimanches après-midi sans visite ni travail, l'excitation qui avoisinait à l'approche des grandes fêtes liturgiques.

La vie semblait être devenue immuable, comme le Fleuve qui nous abritait dans l'une de ses courbes et où nos pas nous ramenaient immanquablement à chaque promenade. L'eau, à la fois paresseuse et courante, était l'exact reflet de ce ciel du cœur de France aux variations infinies. Jamais je crois, d'une semaine sur l'autre, d'une promenade à l'autre, je ne lui ai vu la même exacte tonalité. Elle semblait se mouvoir, du gris au bleu, dans une étendue de palettes infinie. Et lorsque, vers le début de mars, la promenade s'achevait au coucher du soleil, elle savait aussi bien refléter le pourpre que l'indigo. Pendant un bref instant, c'était alors une coulée de lave en fusion qui glissait à nos pieds.

Et le silence, ces jours-là, nous était plus facile à retrouver dès la clôture franchie. Comme si le Fleuve allait continuer à nous bercer, tutélaire, jusque dans le cloître.

Était-ce du bonheur ? Je ne sais. L'absence de souffrance suffit-elle à créer le bonheur ? Je n'étais plus anesthésié pourtant, mais plutôt pétrifié, comme solidifié dans mon personnage de moine breveté.

Il aurait fallu, peut-être, que rien ne bouge de cet univers immobile pour que je puisse dire s'il s'agissait ou non de bonheur, ou non de réussite. Quelques années encore auraient suffi pour que, cessant de ressentir, je devienne semblable au Fleuve amical, dominant le temps dans un écoulement souverain. J'aurais eu alors le loisir de contempler mon nombril, et nul doute que l'étude assidue de ce centre de moi-même ne m'aurait donné une assurance vaguement épanouie, source de paix peut-être, de notoriété en tout cas. On serait venu consulter l'homme aux conflits résolus, ce roc aux allures d'oracle : mais je n'en eus pas le loisir.

Le père abbé observait tout cela avec intérêt. Lui suivait de très près les travaux du concile du Vatican, commencé en 1962, dont nous avions à l'abbaye fort peu d'échos. Il sentait qu'un grand bouleversement allait se produire dans l'Église, et qu'il faudrait au monastère des hommes formés pour y faire face. Un jour, donc, il me convoqua d'un billet – dans ce monde du silence nous communiquions souvent par ces petits billets laconiques, glissés devant la porte de la cellule ou dans le casier de la salle commune.

– Mon frère, votre professeur est satisfait de vos études philosophiques. Il semble que vous ayez la possibilité de pousser un peu plus avant : j'ai donc décidé de vous envoyer l'an prochain faire une licence de théologie dans notre université de l'ordre, à Rome.

Stupéfaction. Comme tous les grands ordres, le nôtre avait en effet son université dans la ville éternelle. Mais on en parlait ici comme d'un bouillon de culture, un lieu où l'observance était inexistante et où un moine – un vrai – ne pouvait que perdre son âme à coup sûr. C'était bon pour les Américains ou les Allemands, moines de seconde zone et qui avaient dans leurs abbayes d'immenses collèges. Les Français seuls étaient dépositaires de la pure orthodoxie monastique : là-bas, c'étaient des moines de salon, tous en effet formés à Rome. N'allais-je pas m'y dissoudre ?

Le père abbé écouta gravement mes objections :

– Vous saurez rester observant dans votre cœur. Mais il me faut préparer l'avenir. Vous ne partirez d'ailleurs pas seul : j'ai décidé aussi d'accorder au père Gérard une année sabbatique, qu'il ira passer à l'Institut catholique de Paris. Un peu d'études lui fera le plus grand bien.

Le père Gérard était le cellérier, l'homme aux plantations d'échalotes de mes débuts. Parce qu'il parlait très peu, même en promenade, on le jugeait profond. Et c'est vrai qu'il semblait surtout écouter, puis épouser complètement l'opinion de ses interlocuteurs. Un visage rond, presque poupin, et des yeux légèrement bridés qui se plissaient au moindre sourire. Peu bavard, il souriait beaucoup, et chacun près de lui se sentait compris, voire deviné.

Son drame – alors qu'il se savait intelligent – était de

n'avoir jamais fait d'études. Il avait fini par transformer son inculture en espèce de point d'honneur, se cantonnant strictement à la Bible qu'il mâchonnait chaque jour sans l'aide d'aucun commentaire ni éclairage explicatif.

À la fin de la guerre, il avait eu juste l'âge de monter dans un char, sans doute américain, pour libérer quelques kilomètres de territoire français. Les années passant, cette promenade avait pris des allures d'épopée et, si l'on chuchotait avec des « oh ! » qu'il avait fait partie de la 2e DB, il ne contredisait personne. Que, de là, certains concluent qu'il aurait bien pu planter le drapeau français sur la cathédrale de Strasbourg, c'était leur affaire.

Ces silences innocents, joints à son allure d'homme des bois de la culture, en avaient fait un personnage attirant et un peu énigmatique. Dans une vie sans parole, les vrais silencieux font travailler l'imagination des autres. On ne savait pas très bien ce que cachaient les yeux plissés du père Gérard, mais on pensait – on était même sûr – qu'il y avait bien des choses à découvrir derrière ce sourire par lequel il échappait à tous. Et qu'un grand avenir, un jour, lui était promis dans la communauté.

Restait cependant, avant que je ne parte, une formalité. Assurément, ce n'était rien d'autre puisque j'avais franchi tous les obstacles, et acquis, en quelque sorte, un certificat de conformité par ma persistance dans l'abbaye : c'était que je prononce mes vœux solennels. C'est-à-dire l'engagement public, définitif, que seule la mort viendrait interrompre, entre moi et la communauté.

Car si je me liais pour toujours, la communauté se liait elle aussi envers moi. Ma vie, je la lui confiais, et à travers elle à Dieu seul. Mais cette vie elle la recevait, elle en devenait gestionnaire et responsable devant le même Dieu. La Règle précisait qu'il serait demandé compte à l'abbé de chacun de ses moines. Engagement réciproque, qui supposait de ma part une demande, et de la part de la communauté un vote.

Ma demande allait de soi. Comment aurait-il pu en être autrement ? Certes, je n'avais pas le sentiment d'avoir atteint une plénitude de vie, mais je savais que le temps seul permettrait d'aboutir à ce terme, et je m'engageais à prendre le temps : « Tu parviendras… ». Une existence riche de promesses n'avait pas été défaite, et avec elle un peu de l'existence des miens, pour interrompre ce processus sans raison valable.

Or, de raison, je n'en avais pas, et le vague malaise que je percevais n'en était pas une. Je n'étais pas parvenu, voilà tout, et cela ne justifiait pas une remise en cause de l'idéal choisi, et imposé aux miens.

La communauté vota. Réunie au chapitre, elle écouta le discours par lequel le père abbé me déclarait apte. Il n'en fallait pas plus, l'avis du père entraînait l'adhésion de ses fils.

Un matin donc, seul au milieu du chœur, j'étendis les bras en croix face au crucifix, comme pour m'identifier à lui. Et je chantai la phrase qui faisait de moi un moine pour la vie et pour l'éternité :

– *Suscipe me Domine*… Reçois-moi, Seigneur, et ne me déçois pas…

C'en était fait. Jamais plus je ne pourrais revenir en arrière. J'en avais à peine conscience, de même que la communauté ne semblait pas mesurer qu'elle me prenait tel que j'étais pour m'acheminer, quoi qu'il arrive, jusqu'au terme, et au-delà. C'était une conséquence logique, voilà tout. On s'étonna un peu que pas un membre de ma famille ne soit présent, mais c'était moi qui avais voulu leur épargner ce choc inutile.

À vrai dire, j'étais surtout projeté dans l'avenir : Rome… Et mes vœux passèrent au second plan, comme chose évidente et entendue.

J'allai donc un beau jour de septembre prendre une valise à la lingerie. Pour notre dernière promenade au bord du Fleuve, l'abbaye m'apparut de loin formidable, et en même temps fragile. Je ne savais pas que cet univers, mon univers de paix immobile, allait bientôt exploser.

Le lendemain, je montais dans le train en direction du sud.

mémoire de ma famille ne soit présent, mais c'était moi qui avais voulu leur épargner ce effort inutile.

À vrai dire, j'étais surtout projeté dans l'avenir. Rome ! Tous mes vœux passeraient au second plan, comme chose évidente et entendue.

J'allai donc un beau jour de septembre prendre une valise à la consigne, car notre dernière promenade au bord du Havre, l'abbaye m'a apparu de loin formidable et en même temps fragile. Je ne savais pas que cet univers de paix immobile allait bientôt s'effondrer.

Cependant, je montais dans le train en direction du Sud.

Troisième partie

LA RÉVOLUTION

En ce temps-là [illegible] le Paris-Rome [illegible] [illegible] [illegible] du train était occupée [illegible] de tout [illegible], qui allaient prendre [illegible] au bord du Tibre.

Mais la plupart étaient habillés en clergyman ou en civil; je rencontrai [illegible] fois le [illegible] dans l'un de ses effets [illegible] À [illegible] dire, l'habit [illegible] mal coupés, les [illegible] à vingt-[illegible] soulignaient [illegible] tel protecteur [illegible] que [illegible] plus pratique et sans doute plus élégante.

Mais [illegible] tout le monde souhaitait de me voir coincés dans une portière par un gar[illegible] [illegible] de [illegible] décente [illegible] de la [illegible] [illegible] ne sont plus du monde, alors...

1

En ce début d'automne, le *Palatino* Paris-Rome devenait une cellule de l'Église catholique. Une bonne partie du train était occupée par des ecclésiastiques de tout poil, qui allaient prendre ou reprendre leurs occupations au bord du Tibre.

Mais la plupart étaient habillés en clergyman ou en civil : je rencontrais pour la première fois le concile dans l'un de ses effets les plus visibles. À vrai dire, l'habit civil ne trompait personne : gris ou anthracite, mal coupés, les vêtements signalaient l'ecclésiastique à vingt pas. Et soulignaient telle bedaine, tel postérieur éloquent, que la soutane naguère aurait recouvert de façon pudique et sans doute plus élégante.

J'étais le seul en grand habit noir, et tout le monde souriait de me voir coincé dans une portière par un pan de robe, tentant en vain de rassembler de façon décente toutes ces voiles que la SNCF n'avait pas prévues. Sourires indulgents : les moines, n'est-ce pas, ne sont plus du monde, alors…

Le seul ? Pas tout à fait. Dans le compartiment voisin du mien, scapulaire impeccable tombant juste, tonsure fraîche, lunettes discrètement cerclées d'or, un autre moine tenait dans ses mains fines aux ongles polis un livre relié de cuir.

– Bonjour mon frère. Vous allez à Rome ? Je suis le père Jean Claire, de Solesmes.

Une nuance de condescendance, ce titre devrait suffire à mettre les choses en place. Je me rappelle soudain que c'est le maître de chœur de la célèbre abbaye, le successeur de Dom Gagcard, et donc le dépositaire de l'héritage grégorien authentique. Je me sens soudain un peu paysan.

Solesmes vivait, très confortablement, du chant grégorien. L'abbaye percevait une taxe à chaque disque, chaque audition publique, chaque impression d'un bréviaire. Son éditeur, Desclée de Brouwer, avait fait sur ce pactole une fortune discrète. Et la devise qu'on lui prêtait en riant, « le fric par le froc », n'était pas injustifiée.

Le père Jean Claire laisse tomber sur moi un regard d'entomologiste, et tourne une page.

– C'est bientôt l'heure du dîner. Je vais au wagon-restaurant, si vous voulez je vous invite : Solesmes peut bien vous offrir ça.

– Non merci, vraiment c'est trop gentil, mais j'ai des sandwichs.

Un moine au wagon-restaurant, pas possible, mais où suis-je ?

Et tandis que le maître de chœur de Solesmes va vers son dîner sans s'accrocher une seule fois dans les couloirs cahotants, j'attaque mon pain-fromage (pas de viande) en regardant par la fenêtre, une main sur le bréviaire. Il faut bien que quelqu'un, ici, témoigne de l'orthodoxie monastique.

Le train n'ayant que quelques heures de retard, nous arrivons à la nuit tombante. Pour la première fois, je regarde défiler la campagne romaine ocre, jaune et bleue sur fond d'aqueduc. Du linge aux fenêtres, des *mammas* dans les rues : j'y suis bien.

Il faisait nuit quand je suis sorti de la station *Piramide*. Circulation intense au milieu de laquelle je traîne ma lourde valise. En face de moi une haute colline, au sommet de laquelle on aperçoit un bâtiment majestueux, énorme, en brique rose.

L'université de l'ordre était assise au sommet d'une des sept collines sacrées de Rome, l'Aventin. Je monte durement la rue tranquille et sinueuse qui y mène. À droite et à gauche, des villas luxueuses faiblement éclairées. C'est manifestement un endroit très chic, une oasis de calme doré dans le tumulte de la ville. Les moines n'ont pas choisi le pire.

Soudain, on débouche sur une petite place baroque dessinée par le Piranèse : une gravure du XVIIIe. À gauche, après le vaste portail, une allée bordée d'ifs qui mène au fronton d'une église : c'est là.

Petit atrium, porterie. Je pose ma valise sur le dallage de marbre. Quelques ombres noires vont et viennent dans ce hall de pénombre. Et puis, du grand escalier protégé par une rambarde ouvragée, je vois descendre un crâne prolongé d'un visage chafouin, et d'un habit noir qui accompagne une démarche sautillante.

– Ponchour mon frère. Ach, fous fenez de France ? C'est bien, c'est très bien, soyez bienfenu. Je connais bien votre beau pays, ch'étais officier dans l'armée prussienne pendant la guerre. Je suis le cérémoniaire ici, nous nous verrons souvent. Père Adalhard.

Charmante sollicitude. En effet, la casquette à haute visière devait faire bel effet sur son crâne rasé. Il ne prend pas ma valise, mais me précède dans les couloirs obscurs. Père Adalhard marche de côté, exactement comme un crabe, la tête à 45°. Souvenir, peut-être, de la *Blitzkrieg* qui permit à son pays de mettre le mien à genoux en 1940 ?

Allons ! frère Irénée, la guerre est finie pour toi. Il s'efface devant l'entrée de ma chambre.

– Fous serez bien, fous donnez sur le cloître. L'office du matin est à 6 heures.

J'ai posé la valise. Une table-bureau, des étagères, une armoire, un lavabo, un lit à ressorts. Sans allumer, je vais à la fenêtre. Le ciel étoilé est net. D'en bas monte une odeur subtile d'orangers, de lauriers-roses et de spaghettis. Pour la première fois, je respire l'odeur de Rome.

2

Le lendemain matin, fatigué du voyage, je me dispense de l'office. Et j'arrive, l'œil frais, dans le réfectoire.

Vaste pièce tout en longueur, marbre au sol et boiseries aux murs. Des tables rectangulaires, luisantes. À un bout, sur une petite estrade, la table du père abbé primat, le chef de l'ordre, qui réside ici.

Chacun entre, se sert et va s'asseoir à une table à son gré. On parle, de façon mesurée et presque discrète. J'ai faim et me dirige vers la table centrale : café, thé, lait, charcuteries, pâtés de boudin, œufs, pains et confitures variées. Il y a ici cent vingt étudiants de l'ordre, vingt-huit nationalités différentes : tous les goûts sont représentés, ce qui convient à mon appétit.

On me tend une pochette à serviette et un petit carton : chacun inscrit son nom et son pays, et glisse le carton sur la pochette. Je m'indentifie : « Frère Irénée, France. »

Un coup d'œil sur mon voisin de droite : « Espagne. » Un petit bonhomme noir, qui jette un œil sur ma pochette :

– *Linguam gallicam ignosco. Tu quoque latine loqueris* ? Je ne connais pas le français. Et toi, tu parles latin ?

Euh… non. Et une conversation en latin au petit déjeuner, c'est très mauvais pour la digestion. Je le lui explique en espagnol, tout fier de moi, et il plonge le nez dans son bol.

À ma gauche, un grand gaillard roux parle avec animation. Je regarde sa pochette : « Br. Anselm, New England, USA. »

Bon, l'anglais ça va. Je fais un effort pour bien prononcer chaque mot et leur montrer, à ces sauvages, ce qu'un Français sait faire :

– *Excuse me, please*, euh… *would you be kind enough to* euh… *give me some sugar* ?

Un peu hésitant, mais très correct.

– Mais bien sûr, me répond-il dans un français parfait, sans l'ombre d'un accent. Oh ! Mais vous venez d'arriver ? Ravi de vous connaître, je m'appelle Anselm. Tenez, servez-vous.

Frère Irénée, attention. Je l'écoute parler à ses voisins. Il passe de l'italien à l'allemand, puis au portugais, sans effort apparent.

– Dites-moi, frère Anselm, combien de langues parlez-vous ?

– Oh ! seulement huit ou neuf. Mais voyez le père Aelred, là-bas ? Américain, professeur de Nouveau Testament ici. Lui parle dix-sept langues et fait passer les oraux aux maronites en arabe. Vous savez, le plus difficile, ce sont les quatre premières. Ensuite, ça va plus vite.

Mais bien sûr, c'est évident, ça va plus vite. Enfin, je n'en sais rien, parce que moi je ne parle *que* quatre langues.

Je ressors dans le cloître inondé de soleil. Un vaste rectangle ombragé d'une galerie qui fait le tour. Au centre, des vasques à poissons rouges et jet d'eau, des fleurs, des orangers, des bancs. Et un mouvement incessant de robes noires qui vont, viennent, s'interpellent. Une débauche de sourires : c'est la rentrée, la messe d'ouverture dans une heure.

Autour de moi, un tourbillon de jeunes hommes vivants, pleins de force. Des bribes de phrases s'entrecroisent dans toutes les langues d'Europe.

Le frère Anselm m'a vu, un peu perdu sur mon banc. Avec gentillesse, il me prend en charge :

– Pour la messe, tu te mettras là. On fait la station en plein air, dans le cloître, et tu suivras le mouvement. Ensuite tu verras les Français, la plupart viennent d'arriver.

Station. Deux longues files noires au soleil. Des tonsures, peu nombreuses, et des chevelures, abondantes. Orgue : la double colonne s'ébranle et entre dans l'église. Les deux tiers sont occupés par le chœur des moines. Un chant puissant s'élève, viril, tandis que le père abbé primat fait son entrée.

Il a été élu par le congrès de l'ordre il y a à peine un mois. Américain, jeune, mince, visage intelligent : la presse française a parlé de cette élection inattendue à un poste traditionnellement occupé par des grands-pères fatigués. « C'est le concile qui a permis cela, tout bouge dans l'Église », etc...

Homélie : le primat parle successivement en cinq langues, avec une aisance parfaite :

– Vous êtes l'espoir de l'ordre, vous êtes sa vie. L'Église qui renaît après le concile a besoin de vous, et l'ordre compte sur vous. *God bless you* !

Tout cela va un peu vite pour moi : il y a deux jours encore j'étais au bord du Fleuve au rythme lent et mesuré. Frère Irénée, mon garçon, il va falloir passer discrètement à la vitesse supérieure. À la sortie de la messe, ébloui de soleil, je tombe sur un groupe qui parle ma langue : les Français ! Huit, venant d'un peu partout dans l'Hexagone. Faciles à reconnaître, ils ont le crâne rasé et l'air concentrés. Certains sont déjà des anciens sur la colline. Ils accueillent le nouveau venu avec gentillesse :

– Ça va ? Tout se passe bien ? Il en manque encore un, qui vient d'arriver. On prendra le café tous ensemble, à tout à l'heure.

Je remonte chez moi. Au détour du couloir je me heurte presque à un type au visage fin, taillé à la serpe, cheveux ras, regard vif.

– 'tention, hé !

Ça, c'est de chez nous. Le dernier Français ?

– Bonjour. Je m'appelle Mark, je suis de B...

B... est une grande abbaye du sud de la France. Mark a une pointe d'accent chantant.

– Alors, tu t'appelles Marc ? Ici, ça fait Marco, non ?

– Kus. Markus, avec un K. Ma mère est allemande. Alors, qu'est-ce que tu en penses, d'ici ?

– Eh bien... écoute, franchement, je suis un peu dépassé, tout va trop vite.

– C'est bon ça. C'est ça, l'humilité : la base de notre vie, non ?

Allons donc ! un prêcheur. Et pourtant non, il y a tant de chaleur virile dans ce regard, le sermon passe.

– Bon, on se reverra, Irénée. Je vais m'installer.

Et Mark s'éloigne, d'une démarche chaloupée de parachutiste.

Premier repas dans le grand réfectoire. Nous sommes placés par ordre d'ancienneté monastique. À mes côtés un Espagnol, des Italiens, un Flamand, un Allemand. Le primat, tout au bout, chante le *benedicite* avec l'accent du *middle-west* américain. On s'assied. Les chariots arrivent, poussés par des frères étudiants en tablier blanc immaculé.

Spaghettis – en Italie, on appelle ça la *pasta* –, tout repas commence par un monticule de *pasta* odoriférante. Sur les ailes droite et gauche du primat, les révérends pères professeurs enfournent de longs serpentins rose clair de pâtes, qui mouchettent au passage la serviette blanche coincée dans leur col.

La *pasta* finie, coup de clochette du primat : on peut parler. Des cent quarante habits noirs s'élève un bruit de ruche, distingué, sans aucun éclat de voix, tandis que d'énormes plats de viande sont posés devant nous. Allons, Irénée, ce n'est peut-être pas l'observance, mais avoue que tu te sers avec appétit. Pareil festin, tous les jours ?

On se retrouve dans le cloître, un peu lourds, un peu saoûlés de paroles en mélange de langues. Chaque groupe linguistique va se réunir pour le café. Les dix Français sont là, avec deux Belges qui ne se mêlent pas à leurs compatriotes flamands, et un Portugais qui évite les Brésiliens. On a beau être moines, les querelles de la vieille Europe ne s'oublient pas.

Échanges animés. J'écoute. Le grand sujet de conversation, c'est l'après-concile qui commence tout juste. Va-t-on avoir un jour la liturgie en français ? Les moines vont-ils se mettre en civil ? Vous êtes fous, tout ça c'est du rêve, d'ailleurs à quoi bon, notre vie n'est-elle pas bien comme elle est, éternelle, intangible ? Sous le chaud soleil de Rome, après la *pasta*, aucun tabou n'est plus sacré. On en parle en tout cas, et on rêve.

Sieste. Rideaux tirés, moite dans le lourd habit, je suis un gisant habité d'une lente digestion. On frappe à la porte : c'est Mark. Il entre, s'assied familièrement :

– Tu sais, j'ai fait les mêmes études que toi, mais sans aller jusqu'au bout. Dieu premier servi, non ?

Toujours cette conviction absolue, chez tout autre que lui difficile à soutenir. Mais son regard clair, son accent épicé, la vie qu'il respire de partout, donnent à ses professions de foi un accent de vérité. Cherche-t-il à se prouver quelque chose, ou est-il rempli vraiment d'une certitude dont l'intransigeance m'échappe ? J'apprends que ses parents, sa mère surtout, sont des croyants sans ombres. Il est passé de la foi à la foi.

– Eh bien moi, je suis un païen converti. Rien dans notre vie ne m'est naturel. Je l'ai choisie parce que Dieu m'intéresse. Je veux le rencontrer, faire cette expérience-là. Territoire inconnu, tu comprends ?

Il se cale dans le fauteuil.

– J'espère, Irénée… je voudrais que nous devenions amis. Dieu, je crois connaître. Nous chercherons ensemble. Je t'offre mon amitié. Veux-tu ?

Pour l'instant, j'ai surtout besoin de dormir. Pas fait un repas comme ça depuis des années.

L'amitié ? Bien sûr. On a le temps.

Le lendemain commencent les premiers cours. L'horaire est simple : quatre ou cinq heures d'amphi le matin, l'après-midi est libre, réservé au travail personnel en chambre. On peut sortir en ville le jeudi et le dimanche après-midi.

À huit heures, amphithéâtre plein. Cours de théologie dogmatique, le professeur est un Suisse allemand aux rondeurs enveloppées de vivacité.

Tout l'enseignement a lieu en latin : eh oui ! ici le latin est une langue vivante. Les germaniques le manient avec une stupéfiante facilité, faisant même des périodes, enchaînant les subordonnées aux principales dans l'ordre voulu. Nous avons droit, leçon inaugurale oblige, à quelques fines plaisanteries suisses dans la langue d'Ovide, et l'assemblée – qui semble goûter ce plaisir rare – éclate de rire puis frappe les pupitres du plat de la main en signe de bravos. Moi, je n'ai rien compris mais j'applaudis comme tout le monde, pour ne pas avoir l'air trop idiot.

Cinq heures de cours inauguraux en latin. Je sors de là le cerveau broyé, ayant pris fort peu de notes. Heureusement, il y a la *pasta* à midi, et comme c'est la fête d'un professeur, un délicieux vin blanc des *Castelli* à volonté. Peut-être ce repas m'aidera-t-il à digérer le reste ?

Après le repas, Anselm me prend par le coude :

– On va faire une partie de basket, c'est le sport favori des Américains ici. Tu viens ?

Non merci. J'ai juste la force d'aller dans ma chambre, de tirer les rideaux et de sombrer dans une sieste comateuse.

Ces premiers jours me laissent le souvenir d'un effort incessant d'attention, de compréhension. Je passais tous mes après-midi à relire mes notes, à les remettre péniblement au clair.

Un soir, taraudé par un solide mal de crâne, incapable de manger, je demande la permission d'aller faire un peu de marche dehors à l'heure du dîner, au pied de la colline. Permission accordée, allez vous aérer mon frère, ça vous fera du bien.

Première promenade, en grand habit noir. J'évite le carrefour agité de la Pyramide, et vais du côté du *Circo Massimo*, vaste espace vert de l'autre côté de la colline. Les rues sont obscures et vides quand je débouche sur ce qui fut le champ de course de la Rome antique. En face, sur l'autre bord, les ruines majestueuses du Palatin, la modeste résidence des empereurs romains. De là, sans quitter leur balcon, ils pouvaient suivre la compétition entre les équipages des « verts » et des « rouges » sur lesquels étaient engagés des paris colossaux.

Du grand cirque, il reste la piste centrale entourée de lauriers-roses touffus. J'entame la descente des escaliers qui mènent au centre, respirant avec délice un air ambré qui me nettoie le cerveau. Quand deux types sortent des buissons et s'approchent de moi, l'air égrillard :

– Hé ! *padre* ! vous voulez un *bocchino* ?

Mon italien est correct, mais j'ignore le sens de ce mot précis.

– Excusez-moi, je ne comprends pas, qu'est-ce que c'est ?

– Hé ! *padre* ! Mais c'est ça, le *bocchino*, si vous voulez, c'est bon !

Et l'un des deux, le doigt tendu, mime la chose.

Ah ! *bocchino* ça vient de *bocca*, bouche. Nom d'un chien ! ces types me proposent... Mais enfin, je suis en habit, je suis moine, ça se voit non, et ma stupéfaction se voit aussi.

– Non, vraiment, vous voyez bien que je suis moine. Non, je ne fais pas ça.

– Ah ! Parce que avant, hein, *padre*, avant... Hé ! *va bene*, tant pis pour vous, *buona sera*.

Et je me dis en rentrant, le cerveau rafraîchi mais le cœur battant, que s'ils m'ont fait cette proposition avec mon identité aussi clairement affichée, c'est que, *parfois*, ça doit marcher avec d'autres. Frère Irénée, il va falloir faire attention à toi, et ne pas quitter la colline d'un pouce sans savoir où tu vas.

Drôle de ville, décidément.

3

Les jours, les semaines passaient. Chaque jeudi et chaque dimanche après-midi, nous avions quartier libre. Prudemment, je me joignais à un groupe d'anciens qui déambulait dans la ville en grand habit. Nous savions que la population cléricale de Rome était nombreuse, et pourtant on voyait de par les rues fort peu d'habits religieux. J'en parlai un jour à *Peppino*, le portier de l'université, bonhomme père de famille qui exerçait cette fonction depuis vingt ans et dont les mémoires, s'il avait pu les écrire, n'auraient pas manqué de sel.

– Eh ! que voulez-vous, *fra'Ireneo*, rien n'est plus comme avant. Moi qui vous parle, j'ai connu la ville comme un grand théâtre, avec tous ces costumes de prêtres et de séminaristes. Ah oui ! y'en avait de toutes les couleurs, et des blancs et des rouges et du bleu ! Maintenant, ils ont tous le c… dans du gris, sous le soleil c'est triste, tenez ! Tout ça, c'est leur concile, on n'y comprend plus rien…

Nous étions les derniers à porter l'habit en ville ?

Presque. Un jour donc, ayant emprunté l'une des bicyclettes du sous-sol, je rentrais de balade à la nuit tombante, toutes voilures déployées dans le trafic de fin de journée. Évidemment, mon feu arrière ne fonctionnait pas, détail négligeable. À un croisement, un Romain qui avait failli me bousculer dans l'obscurité abaissa sa vitre :

– Et alors, *padre,* et vos lumières, elles ont disparu, hein ?

Puis, jetant de bas en haut un coup d'œil sur cette apparition médiévale montée sur roues, il laissa tomber avec un fatalisme très romain.

– C'est vrai que la lumière, vous, c'est à l'intérieur que vous l'avez, *mannagia* !

Le coup porta. Le dimanche suivant, quelques Français avaient décidé une balade à vélos sur la *Via Appia*. Après la messe, on alla en groupe constitué au marché aux puces de *Porta Portese*, non loin de notre colline. Là, après force marchandage, chacun revint muni d'un pantalon plus ou moins adapté à sa morphologie.

Et c'est ainsi que commença la révolution : l'après-midi six moines français, crâne rasé et manches de chemises relevées, dans leurs pantalons d'opérette, enfourchèrent six bicyclettes rafistolées et descendirent la voie des Triomphes impériaux. Nous devions ressembler à des repris de justice en sortie, mais qu'importe : nous éclations de vie et de santé, nos rires nous précédaient, et nous sentions que le monde était à nous.

Je sortais souvent seul avec Mark. Un soir, revenant d'une longue marche, nous avons fait une pause à l'extrémité du jardin d'orangers qui jouxte Sainte-Sabine et domine la ville de l'extrémité de l'Aventin. À nos pieds, Rome étalait l'ocre fauve de ses toits en tuile, et tout au fond, là-bas, le quartier du Vatican basculait dans la nuit. Quelques mamans élégantes promenaient encore leurs enfants sur le gravier. Un moment de grande paix tranquille dont la ville, parfois, fait offrande à ceux qui l'aiment.

– Rome, Irénée… Tu te rends compte, nous sommes à Rome !

Oui. Et Rome, mère de tous les peuples, m'apprenait doucement à vivre, sans que je m'en rende même compte.

Le lendemain, j'ai accepté l'invitation d'Anselm, qui me prête un short. Me voilà donc en tenue légère, après déjeuner, devant un panneau de basket et une douzaine d'Américains soudain déchaînés, totalement pris à leur jeu comme s'il s'agissait d'un championnat. Manquant d'entraînement, j'ai certainement fait perdre mon équipe. Mais c'était sans importance : seul comptait pour eux le jeu dans lequel ils s'investissaient avec des hurlements, et où réapparaissait le Yankee, le Texan, le Californien, les jurons, les grandes claques dans le dos et ces rires, cette joie de vivre… Des fauves en liberté.

Et puis, après la douche, je les croisais dans un couloir, silencieux, sérieux, affables.

J'apprenais à découvrir ces diables d'Américains dont on disait tant de mal dans nos abbayes françaises, temples de l'observance. Au fil des conversations, je découvrais que ces « moines de salon » connaissaient parfaitement la tradition monastique ancienne, bien mieux que moi. Plusieurs étaient familiers des Pères du désert, ces fondateurs du monachisme chrétien aux origines, et préparaient des thèses sur le sujet. Naïvement, je leur demandais :

– Mais alors, le désert, la fuite du monde ? Et vos

universités avec des milliers d'étudiants, entièrement gérées par vous ? Et vos budgets énormes, votre richesse ? Et votre style de vie ?

Ils éclataient de rire :

– *Frenchie*, tu ne peux pas comprendre ce que c'est qu'un pays de pionniers. C'était ça, ou rien. Nous avons un pays à défricher, comme les moines du XIe siècle en Europe. C'est notre façon à nous. Notre observance, c'est le sérieux avec lequel nous faisons ce *job*. Et le désert, on peut le transporter avec soi au fond du cœur, sans étaler le sable autour de nous.

Et puis je les voyais vivre au jour le jour. Tous les services, toutes les corvées étaient organisés par eux – vaisselle, menues tâches laissées aux étudiants. Ils étaient toujours les derniers à sortir de l'arrière-cuisine après le repas, alors que les Français discouraient depuis longtemps dans le cloître. Et si quelqu'un ou quelque chose n'allait pas, c'était bien souvent un Américain qui venait prêter la main, avec un sourire *Hollywood* et l'air de ne pas y toucher. Mais efficaces.

Alors, j'ai pris conscience, à voir ces hommes contre lesquels l'abbaye m'avait mis en garde, ces « moines de salon » si profondément donnés à tout ce qu'ils faisaient – j'ai pris conscience brutalement que l'erreur n'était pas ici, mais au bord du Fleuve. Mes maîtres, qui se savaient si complètement investis d'un idéal de perfection, mes maîtres voyaient faux. Ou plutôt, ils ne voyaient pas plus loin que la courbe du Fleuve, le mur de leurs certitudes.

D'un coup, ma confiance en eux était atteinte. Si je les mettais en doute sur ce point, pourquoi pas sur d'autres ? Et où s'arrêterait cette remise en cause ?

J'allai frapper chez Mark, au bout du couloir.

– *Avanti* !

En bon méridional, il avait vite adopté les manières sonores des Italiens. J'entrai, et le trouvai enfoncé dans son fauteuil, les pieds nus à l'air, chaussettes humides sur l'appui de la fenêtre, travaillant.

– Entre, Iré, entre donc. Alors quoi ?

Et nous parlions, nous parlions des heures entières. Il était devenu pour moi l'ami, le confident, le frère. Lui aussi avait vécu des années d'observance, lui aussi voyait ce que je voyais. Il percevait comme moi l'artificiel de nos conventions, de notre style de vie, la distance entre cette vie et la simplicité de l'Évangile.

Mais il ne s'étonnait de rien, ne critiquait rien. Il constatait, voilà tout.

– Iré, l'Église est faite d'hommes, et ces hommes sont comme toi et moi : incertains, fragiles, faillibles. J'ai confiance en elle : l'Église bougera, se transformera de l'intérieur. Laisse-nous le temps, prends le temps, emmagasine, engrange, et aime !

Oui, Markus, tu as raison. Mais moi, j'ai balancé ma vie, j'ai tout joué sur une utopie, j'ai sacrifié les miens, c'est un chemin de sang. Et si c'est faux, si je me suis trompé, si j'ai été trompé, c'est un prix de sang qu'il faudra payer !

Mark riait, et nous allions faire une balade. Rome, la ville-mère, réconciliait les extrêmes et apaisait mon âme.

Mais j'espaçais les séances de tonsure : mes cheveux poussaient, brosse légère qui n'avait pas encore besoin de peigne – ce symbole du monde que j'avais fui.

Et, un jour de soldes, j'achetai un imperméable trop court, mais décidément profane : bleu clair…

4

Rome vibrait. À vrai dire, c'est l'Église tout entière qui vibrait. Au concile de Vatican II, qui s'était terminé ici même l'an dernier, en 1966, les bouches s'étaient ouvertes. Des évêques, des laïcs, des théologiens avaient fait entendre la voix d'un monde en pleine mutation. Et notre colline était comme une bouilloire, une caisse où toutes ces voix venaient résonner. Dans le monde entier, la vie monastique, elle aussi, avait besoin de cet *aggiornamento*, de cette mise à jour promise par le pape Jean XXIII. Nous ne savions pas ce qui allait changer, ce qui pouvait changer dans notre vie millénaire. Mais un grand courant d'air allait la parcourir, et nous serions aux premières loges, peut-être les premiers acteurs. La liberté de parole et de pensée ici était totale : nous avions bien l'intention, tous, d'en profiter à plein.

Le nouveau pape, Paul VI, avait mis l'Église en chantier. Et dans cet automne 1967, un événement considérable allait se produire : la visite du patriarche Athénagoras à Rome.

J'ai assisté avec Mark à cette rencontre historique, au milieu du peuple romain vibrionnant. Dans Saint-Paul-hors-les-Murs, ce fut une cohue totale, qui ne ressemblait guère à l'idée que je me faisais d'un grand moment religieux. À la fin de la cérémonie, on nous fit signe : le patriarche voulait recevoir dans la sacristie les moines présents.

On avance lentement. Au fond, sur une estrade, un petit homme blanc, frêle : le pape. À ses côtés, immense avec sa barbe blanche et sa haute toque, Athénagoras. Chacun met un genou en terre pour baiser son anneau : alors, d'un geste vif et presque maternel, le patriarche de Constantinople saisit à pleines mains la tête du moine, s'incline et embrasse sa tonsure ou à défaut le sommet du crâne.

C'est mon tour : le cœur battant. À genoux, je me trouve devant une muraille de soie blanche à l'odeur d'encens. Deux mains osseuses et fines se plaquent sur mes joues, une barbe douce caresse mon front. Je n'ai rien vu, et suis déjà dans la rue. Mais sur ma tête, l'Orient vient de rencontrer l'Occident.

– Il m'a regardé, il m'a regardé !

Mark exulte en revenant avec moi vers la colline. Comme un enfant, il explose de joie. Et je me dis que je ne serai jamais cet enfant que l'Église a bercé, cajolé, et qui se réfugie en elle. Que l'enfant est mort en moi, depuis cet appartement du bord de Seine où il est trop vite devenu adulte. Et que, si j'ai une place dans l'Église… *leur* Église, ce sera en combattant, sans jamais de repos.

La vie quotidienne reprit ses droits, studieuse. Mais plus que la théologie, ce qui m'attirait au premier abord, c'était la ville, l'*Urbs*.

Rome est une femme âgée. Infiniment séduisante, mais si souvent séduite au cours des siècles qu'elle ne livre pas ses charmes au premier venu. Je sentais qu'il fallait la conquérir, la mériter, et je ne savais pas comment l'aborder. *Casta Meretrix*, putain mais chaste : cette définition médiévale de l'Église s'appliquait en vérité à la *Mater praecipue*, la Mère universelle.

J'en parlais un jour dans le cloître à un professeur, belge, qui me prit par le bras :

– Frère Irénée, si vous voulez apprivoiser Rome, il faut que vous ayez Maury et Percheron en main, et que vous l'y gardiez longtemps. J'en ai un exemplaire : je vous le prête.

Maury et Percheron : deux normaliens français, qui s'étaient trouvés bloqués à Rome pendant les quatre années de guerre. Ils avaient mis à profit ce loisir forcé pour parcourir systématiquement toute la ville, et avaient écrit ensuite de cela un livre, devenu introuvable. Là, classés par époques avec la rigueur de Normale Sup', tous les monuments, la moindre maison, la moindre pierre étaient catalogués, disséqués, étudiés, replacés dans le contexte historique.

Un livre fou, unique en son genre, qu'on ne pouvait lire qu'avec ses pieds, en marchant dans les rues.

Moi aussi, j'avais quatre ans devant moi : je pris Maury et Percheron, et ne le lâchai plus. Au moins une fois par semaine, le jeudi, parfois aussi le dimanche, je partais seul ou avec Mark et parcourais les *Itinéraires Romains*, titre du livre.

Allant, venant, revenant encore, nous apprenions une géographie qui est celle de l'histoire. Chaque époque, chaque étape de notre civilisation avait laissé dans la ville, ses murs, ses rues et ses places une trace, une strate, un vestige. Il fallait, pour démêler cet écheveau imbriqué, une patience que seule procure la passion. Et je devenais, exploration après exploration, un passionné de Rome. Comme une personne vivante, elle me parlait et racontait au fil de ses blessures et de ses gloires ce long cheminement qui avait fait exister l'Europe, autrefois.

La « Rome chrétienne » n'est qu'une théorie : Rome n'a jamais cru à aucun Dieu. Elle les a tous subis, les a vus de trop près pour y croire, s'en est accommodée. C'est la plus païenne de toutes les villes, avec ses temples et ses 400 églises anciennes. Le païen que j'étais par atavisme découvrait avec étonnement ce scepticisme, jamais cynique et toujours tolérant. La ville enseignait la sagesse, qui est l'égalité de toutes choses et donc finalement leur néant. Elle, seule, perdurait au-delà des croyances.

Si Rome est éternelle ce n'est pas parce qu'elle abrite la seule religion vraie : c'est qu'elle a pu survivre à tout, y compris au pape et à ses prêtres. Cette leçon, je la recevais par les pores de la peau, par les yeux et les poumons. Elle satisfaisait l'athée que j'étais encore, et elle aiguillonnait ma soif de découvrir ce qui se cachait derrière ce mot qui m'avait poussé vers la forêt du Morvan, puis vers le fleuve, et enfin ici, sur la colline :

Dieu.

5

La plupart de nos professeurs, tous moines, étaient allemands ou suisses. Les cours, d'un bon niveau, manquaient souvent d'intérêt – comme c'est fréquent dans les universités : on ne demande pas à un professeur d'être un génie, mais de balayer une matière en satisfaisant aux exigences académiques. Le fait qu'il s'agisse ici de théologie, c'est-à-dire de la science de Dieu, ne changeait rien : si les professeurs sont nombreux, les maîtres sont rares. J'avais donc affaire à d'honnêtes épiciers, qui débitaient le dogme catholique, l'histoire ou la patrologie en tranches d'épaisseur égale et de saveur semblable.

Sauf un, auquel je veux rendre hommage sous son vrai nom, car je lui dois beaucoup.

Notker Füglister venait d'une grande abbaye suisse allemande. Jeune encore, mince, d'une timidité maladive, il bégayait un peu – ce qui n'empêchait pas son latin d'être d'une grande élégance.

Je m'étais habitué maintenant au latin, et comprenais

tous les cours. Lors des travaux dirigés, j'arrivais même à intervenir dans cette langue, sans aucun panache, mais en me faisant comprendre : on n'en demandait pas plus.

Notker enseignait l'Ancien Testament, la Bible. Il avait adopté une méthode originale et fructueuse. Chaque année, il choisissait deux ou trois chapitres marquants dans l'une des quatre traditions bibliques – prophétique, historique, sapientielle, psalmique. Il s'en tenait à ces quelques pages et les examinait à la loupe, mot par mot. C'était donc la Bible vue au ras du terrain. Mais pour chaque mot, chaque expression, chaque idée-force rencontrée en chemin, il prenait du recul et allait rechercher les emplois et le sens de ce mot dans l'ensemble de la littérature biblique. Évidemment, on naviguait entre le latin et l'hébreu, mais je n'étais plus à ça près.

Nous avancions donc très lentement, il lui fallait toute une année pour parcourir quelques paragraphes. C'était le contraire de la méthode française, qui aime les idées générales, les vastes panoramas, les raccourcis saisissants. J'avais l'impression de m'engluer dans un travail de fourmi, de n'apercevoir jamais aucune avenue. Et puis soudain, au terme d'un parcours, une vision d'ensemble venait comme d'elle-même, mais appuyée sur tout un terreau d'observations minutieuses.

– C'est à vous, maintenant, de faire seuls le chemin, et chacun pour soi, disait Notker. Moi, je vous ai présenté le matériau, je vous l'ai mis en place. Il s'agit de la Parole de Dieu : mais ce que Dieu dit, et plus encore ce qu'il est, il ne m'appartient pas de vous l'enseigner. C'est à vous de le découvrir, et chacun le fera en fonction de ce qu'il est, et de son désir.

C'était la seule vraie méthode, qui respectait à la fois

notre liberté individuelle, et le mystère de Dieu. Parce qu'il se refusait à parler de Dieu, parce qu'il restait à la porte après nous y avoir conduits, Notker était un vrai maître. Non seulement je ne manquais pas un de ses cours, mais je les travaillais et les retravaillais dans le silence de ma chambre. Et cette première année devint, grâce à lui, celle d'une découverte décisive.

En fait, j'avais beau être un moine confirmé par les vœux, établi dans l'ordre depuis plusieurs années, je ne savais toujours rien de Dieu. À la différence de Notker, on en parlait constamment à l'abbaye : mais celui que je m'efforçais de contacter au long de prières interminables n'était pour moi qu'une abstraction, une idée.

Peu à peu je découvrais que le terme de *Parole de Dieu*, par lequel j'entendais désigner la Bible, était faux. Dieu n'a jamais parlé à personne. Dieu intervenait dans des événements extrêmement humains et ordinaires, et son intervention passait le plus souvent inaperçue. Quelques hommes, ceux qui, au cours des siècles, avaient écrit la Bible, avaient su déceler, dans les soubresauts de l'histoire locale d'Israël, la trace des pas de Dieu. Ils racontaient cette histoire faite de sperme et de sang, et la lecture attentive permettait d'y découvrir la trace de Dieu dans les événements.

Je ne sais pas quand la lumière s'est faite en moi : certainement pas en un jour, ni même en cette seule première année. Mais ces heures, ces journées passées sous l'abat-jour vert de ma table tandis que Rome bruissait sourdement au pied de la colline, ont marqué un tournant. Puisque Dieu n'était pas immobile, puisque Dieu n'était pas une définition mais se rencontrait dans l'action

et dans l'événement, la recherche de Dieu elle aussi ne pouvait être que mouvement. Et alors l'immobilité figée dans laquelle vivait l'abbaye, blottie au creux du Fleuve, m'apparaissait comme un obstacle, un empêchement à la rencontre de Dieu.

Il n'y avait pas d'expérience de Dieu en dehors de l'événement : et nous vivions là-bas une vie qui semblait tout entière appliquée à réduire les événements, à en amoindrir les chocs, à les canaliser, les dévitaliser.

Sans le savoir j'allumais là une bombe qui m'exploserait un jour dans les mains. Et je sentais déjà que c'était l'amorce d'un conflit majeur qui m'opposerait à ma communauté quand je la retrouverais identique à elle-même alors que j'aurais changé, moi, de l'intérieur.

J'en parlais souvent avec Mark, qui faisait le même cheminement mais ne partageait pas mes craintes envers l'avenir. Il était, lui, fils de l'Église depuis sa naissance, alors que je m'étais si péniblement naturalisé. S'il y avait un choix à faire, il choisirait, je le sentais, d'accorder confiance à sa Mère. Alors que moi, je serais toujours un enfant adopté.

C'était toi, mon Dieu, que je découvrais bribe par bribe avec une joie immense, comme un vivant fort et vulnérable. Puisque tu avais confié les traits de ton visage aux regards d'hommes incertains et souvent aveugles, tu m'apparaissais toi aussi fragile, et donc proche de moi. Je pouvais t'aimer.

Je ne savais pas encore prier, puisqu'il faut pour parler à quelqu'un une certaine familiarité avec lui. Mais je savais désormais où te trouver. La solitude n'était plus ma seule amie. Entre toi et moi quelque chose s'amorçait qui pourrait, peut-être, tout changer.

À condition que ma vie redevienne un événement et que je sache te trouver, là où tu parles.

L'année avançait. Absorbé par mes travaux sur la colline, je ne m'intéressais pas à grand-chose d'autre. De temps en temps, je recevais une lettre de l'abbaye : à l'intérieur, une dizaine de petits billets que chacun était libre, là-bas, de glisser dans l'enveloppe punaisée sur le tableau de la salle commune. C'étaient le plus souvent de courts messages d'amitié : comme il ne se passait rien, on n'avait rien à se dire…

Parfois aussi un mot du père Gérard. Son recyclage à Paris semblait le passionner. Il logeait dans une chambre de bonne prêtée par des amis. Ses lettres, émaillées d'énormes fautes d'orthographe, m'exhortaient à l'étude, du genre :

« L'étude, c'é très important, je m'en rends compte maintenant. Profité-en bien cher frère, pour nous enrichir à votre retour », etc.

Lui, découvrait le monde. Il avait même été au cinéma, mais s'en excusait comme d'une faiblesse qu'il ne renouvellerait pas. Je souriais : sa naïveté, vue d'ici, le rendait décidément sympathique.

Bientôt ce serait Pâques. Depuis la réception du patriarche Athénagoras, j'avais eu l'une ou l'autre occasion de rencontrer le pape : par exemple, à l'ouverture du carême, qu'il célébrait chaque année dans la basilique Sainte-Sabine, proche de notre université. On ne pouvait vivre à Rome sans échapper au monde du Vatican, où plusieurs de mes professeurs avaient un emploi à mi-temps, et dont les échos nous parvenaient chaque jour.

6

Le pape Paul VI était un homme petit, frêle, avec un front vaste et un nez très aquilin. Il tenait le plus souvent ses yeux baissés. Mais lorsque son visage se relevait vers vous, et qu'il accordait son regard comme un véritable don, on recevait de plein fouet ces yeux légèrement proéminents, à la fois tragiques et profondément doux.

Les couloirs chuchotaient qu'il avait eu une liaison homosexuelle suffisamment durable à Milan, dont il était alors le cardinal. Et je découvrais une loi absolue de l'Église romaine : on ne parle jamais des « petites histoires » que peuvent avoir les hauts responsables d'Église, tant qu'ils sont en fonction.

La règle générale : « *Une piccola avventura non fa male* », une petite aventure ne fait pas de mal. Elle reste sans gravité, et sera étouffée d'un accord tacite et général, tant que le prélat *tient son rang* – et reste, bien sûr, dans les normes d'une apparente bienséance. La mort ayant écarté tout danger de *mal'onore*, d'atteinte à l'honneur, les langues se délient. Mais sans méchanceté, avec même la pointe de connivence qui fait que le *popolo* romain vit depuis si longtemps en concubinage avec l'institution la plus notabilisée du monde. Tant qu'il ne s'agit que de sexe ou d'histoires d'influences, c'est même avec un clin d'œil complice que les *paparazzi* colportent les nouvelles :

– *Monsignore* Untel ? Sacré gaillard, tiens, vous savez quoi ?

Et d'être ainsi plus proches de l'humanité ordinaire, ces prélats couverts de dorures jouissent d'une affection spontanée qui ne nuit pas à leur mission.

C'est ainsi que je vis arriver un jour sur notre colline le cardinal N., invité à déjeuner avec nous en voisin. Il n'était pas italien, mais avait quand même été nommé par Paul VI à l'un des postes clés de l'Église.

Les romains avaient d'abord vu d'un mauvais œil cet étranger, logique et plein de principes, qui ne comprendrait donc jamais rien à leur sagesse millénaire. Et puis, on l'avait trouvé bonhomme. Mais là où il avait gagné la partie, c'est en allant, chaque dimanche matin après la messe, taper dans un ballon de foot avec les *ragazzi*, les gamins du quartier situé derrière le Vatican.

– *Ma guardi com'è bravo, s'to Monsignore* ! Mais voyez quel brave homme, ce *Monsignore* !

Seulement voilà. Après la partie, brave homme jusqu'au bout, monseigneur le cardinal invitait ses copains du moment à venir se rafraîchir dans un de ses bureaux. Et là, il profitait de la complicité sportive pour vérifier le fonctionnement de quelque braguette, abaisser quelque culotte courte, laisser quelque menotte s'insinuer dans les ouvertures de sa soutane brodée de violet.

Ce jour-là, nous avons bavardé avec lui dans le cloître

à l'heure du café, en français. L'homme était assez grand, affable, au regard vif. Il nous a parlé des soucis de l'Église entière qu'il portait, mais nous l'avons trouvé très simple, très décontracté.

Il est vrai que c'était dimanche midi : j'ignorais alors où il puisait les sources de sa relaxation. Et j'écoutais les bruits de couloir d'une oreille distraite.

Lorsqu'on demanda quelques moines pour assister le pape lors de la vigile pascale à Saint-Pierre, je me présentai le premier. Curieusement il n'y avait pas foule de candidats sur la colline, la cérémonie étant extrêmement longue et ennuyeuse. Et puis le pape, pour les anciens, n'était plus une attraction suffisante. Devenus romains, ils vivaient avec lui, et les ménages heureux sont ceux qui savent créer quelques distances.

Je n'en étais pas là, et la perspective d'une liturgie papale vue du dedans m'excitait fort.

Après avoir traversé la colonnade du Bernin, il faut montrer patte blanche à l'entrée de la sacristie du Vatican. Un suisse pontifical en grand uniforme flamboyant salue mon habit en laissant retomber sa lourde hallebarde, puis me demande mon invitation dans un italien aux saveurs d'emmenthal. Voici mon brave, ah ! c'est par là-bas, merci.

Grande sacristie. Une ambiance de ruche, ça bourdonne dans tous les coins. Des *monsignori* s'agitent, transpirent, sous les ordres des fameux cérémoniaires en aube blanche plissée et brodée, le front barré de rides. Le roi n'est pas leur cousin, ici ils sont maîtres après Dieu, et encore.

– Vous êtes assistant religieux. Vous vous tiendrez à

la gauche du pape, à trois mètres, sans gêner les mouvements de ceux qui l'approchent. Ne quittez jamais les cérémoniaires des yeux, et obéissez à leurs regards.

Je me mets dans un coin. Sur les six grandes tables cirées sont déployés les vêtements et ornements pontificaux, brodés de pierreries, tissés d'or, rigides et lourds.

Soudain le pape est là, je ne l'ai pas vu rentrer. Je suis averti de sa présence par le bourdonnement de la ruche, qui monte d'une octave. Il ouvre les bras et se laisse habiller comme un mannequin. Je ne vois pas son visage mais son dos, qui ressemble bientôt à une vitrine de la rue de la Paix.

Le cortège se forme lentement : une soixantaine de personnes pour porter les accessoires d'un seul, l'entourer, le soutenir. Pendant deux heures, il ne fera pas un geste, ne dira pas un mot sans être accompagné par ces acolytes qui précèdent et guident ses moindres mouvements.

Nous entrons directement dans le fond de la basilique, où va avoir lieu la liturgie du feu. Perdus dans l'immense nef, les fidèles semblent peu nombreux : ils ont déjà l'air de s'ennuyer, le silence est relatif.

Enfin, le pape me fait face : en avançant vers lui de deux pas, je le touche. La liturgie se déroule, dans un ballet incessant de prélats qui lui posent une mitre sur la tête, puis l'enlèvent, lui présentent un livre, baisent sa main, montrent qu'ils sont là et qu'ils existent... Essayant de les oublier, je regarde le pape. Je ne vois son front que lorsqu'il se redresse : concentré, sérieux, sans un regard pour l'entourage.

Et alors me frappe une certitude : au milieu de tous ces montreurs d'ours, Paul VI est absent. Les mains jointes, le visage comme rentré en dedans, les yeux baissés, la tête penchée, le pape prie. Une prière de curé de campagne. Cet homme-là, qui n'existe plus pour lui-même, dont le moindre geste est commandé par les chefs qui l'entourent, c'est un petit prêtre des Abruzzes qui prie, tout seul, dans sa chapelle de montagne.

Alors, moi aussi j'ai essayé d'oublier le ballet qui nous entoure. Regardant le pape, je me laisse simplement gagner par sa prière, à lui. Mais je reçois un coup de coude sans douceur : les yeux étincelants, un cérémoniaire me fait signe de reculer. On va monter à l'autel majeur, le porte-crosse est juste devant moi, je le gêne.

Après sa bénédiction finale, Paul VI disparaît de côté. Saint-Pierre se transforme alors en salon : on se présente, on se salue, on se mesure du regard, on se félicite... Je sors rapidement.

Je suis revenu à pied, traversant la ville le long du Tibre. Rome luit doucement sous la pleine lune de printemps. La ville, déserte, est silencieuse. Rome-la-Païenne dort du sommeil de Pâques.

7

Le lendemain commençaient les vacances scolaires : les étudiants étaient autorisés à quitter Rome, pour la première fois et sans doute grâce au concile.

Mark et moi avons décidé d'aller vers le Sud, dans les Pouilles. Nous avions très peu d'argent : nous voyagerions en stop, et coucherions dans les couvents italiens. Réseau de maisons accueillantes, qui quadrillaient le territoire et offraient aux religieux le gîte et le couvert gratuits.

On a donc vu deux grandes ombres noires au bord de l'autoroute, levant le pouce, sac au dos. Spectacle tellement inusité en Italie, où le clergé voyage peu, que nous n'attendions jamais plus de cinq minutes avant d'être pris.

– *Ma, padre, come mai…* Mais enfin, que faites-vous là ?

Surpris, puis ravis, nos hôtes découvraient des moines routards, sportifs, partant à l'aventure sans but précis, avec un seul objectif : le Sud.

Bari, Trani, Lecce, Brindisi… Nous dormions souvent

chez les franciscains, dont l'hospitalité nous gênait presque tant elle était immédiate, spontanée, totale. Dans un petit village perdu près de Noci, le couvent était une simple maison de paysans. Nous arrivons le soir, à la nuit, sans prévenir :

– Mais oui, entrez donc frères, on s'arrangera !

Dans une gamelle posée sur la table, des morceaux de repas mélangés, des légumes, des bouts de viande :

– Voilà, ici nous avons gardé la tradition mendiante de saint François. Ça, c'est ce que les gens nous ont donné cet après-midi au cours de nos visites. On va partager, vous verrez, c'est bon.

Et en effet, c'était bon. Mais surtout, il y avait le sourire des trois frères du couvent.

– Pour dormir, venez.

Le supérieur, qui est le plus jeune des trois, passe devant un grand placard dont il pousse la porte au passage. Au fond du couloir :

– C'est ma chambre, excusez le désordre. Vous dormirez là, il y a un lit et un divan.

– Mais... et vous, mon père ?

– Oh ! moi... – geste vers le placard du couloir, dont la porte s'est rouverte –, moi, je dormirai là, ça ira bien.

Rien n'a pu l'en faire démordre. Et je pensais en m'endormant que jamais, dans nos abbayes observantes, on n'aurait imaginé un moine cédant son lit à un hôte pour un placard. Et encore moins le père abbé...

Sur la route, nous mangions du pain, du fromage. Nous parlions peu. Nous étions à l'unisson avec la nature austère, avec ce peuple taciturne, et avec le ciel limpide. À vingt-huit ans, je découvrais l'Orient.

Heures précieuses, où se cimente une amitié à la vie à la mort. Il nous semblait retrouver une harmonie simple entre les choses : le Sud nous dépouillait, nous purifiait.

Il a fallu revenir, et retrouver la colline, les lourds repas, l'ambiance électrique de la ville, le brassage incessant de l'université.

Ce printemps 1968 démarrait bien : à Rome, déjà, il faisait chaud.

L'un des Français avait emporté un transistor, et écoutait chaque matin France Inter avant le petit déjeuner. Il résumait les nouvelles en quelques lignes sur un bout de papier qui circulait de table en table. Gazette maison qui remplaçait les journaux, rares sur la colline. On l'appelait « France Matin », et beaucoup d'étudiants non français jetaient un coup d'œil au passage.

Soudain, début mai, « France Matin » se mit à s'allonger : il se passait des choses à Paris. Cela avait commencé comme un vaste monôme d'étudiants, et puis ça devenait sérieux. On lisait les mots de crise, de grève, d'inquiétude.

Très vite, le mot « barricades » apparut sur notre gazette, qu'on s'arrachait au réfectoire. Les Français d'abord, puis bien d'autres, ont commencé de se réunir après l'office du matin, à jeun, dans la chambre du frère au transistor.

Nous écoutions la France en silence, le regard fixe, n'en croyant pas nos oreilles. C'était bien plus qu'une crise : une révolution. Les micros des reporters étaient posés dans les barricades : et nous avions l'impression, si éloignés sur notre colline paisible, que le pays entier était en feu, élevait des barrages, refusait l'ordre bourgeois et basculait vers des mots nouveaux pour nous : « maoïsme, extrême gauche, contestation, interdit d'interdire... »

Nous retenions notre souffle. La presse romaine étalait ses manchettes, mais notre petit transistor, lui, nous transportait directement chaque matin boulevard Saint-Michel, au milieu des fumées et à côté de Dany-le-Rouge.

Le courrier avec l'abbaye était suspendu. Que se passait-il, là-bas ? Et père Gérard, qui était seul à Paris ?

Je croisai Anselm dans un couloir, il m'arrêta par le bras.

– Ce que je trouve magnifique, Irénée, c'est cette capacité qu'a périodiquement la France de se dresser, d'un seul bloc !

Et il levait le bras en l'air, comme la statue de la Liberté.

À vrai dire, les Français étaient plutôt inquiets. Aucun de nous n'a eu l'idée, pourtant simple, de téléphoner : cela ne se faisait pas.

Soudain, la radio a craché une nouvelle : de Gaulle avait disparu. Les révolutionnaires allaient faire basculer le pays vers l'inconnu, le chaos. De si loin, suspendus à notre transistor, tout semblait possible.

Un matin enfin, nous avons entendu la voix, cassée et familière, affirmer avec force :

– Eh bien, j'ai décidé : je ne par-ti-rai-pas !

Et les choses se sont calmées, « France Matin » est revenu au réfectoire avec un format à peu près normal.

À Rome, il y avait eu seulement quelques bagarres entre étudiants et *carabinieri*, avec des grenades lacrymogènes vers la Pyramide. Mais les nuages de gaz acides ne montaient pas jusqu'au sommet de la colline. Juin était là, et le temps des examens.

Avec le retour à la normale, le courrier arrivait de nouveau.

« Mon cher frère, – c'est le père abbé qui écrivait.

Nous sortons d'une tourmente qui a secoué la France, et le monastère n'y a pas échappé. À votre retour, vous trouverez un changement : le père Gérard est revenu de Paris, après son année d'études et son expérience des barricades. J'ai décidé de le nommer maître des novices : c'est lui désormais qui accompagnera votre marche. »

Jusqu'à la fin des études, les jeunes faisaient toujours partie de la communauté du noviciat. Mais pourquoi le père abbé parlait-il de « l'expérience des barricades » du père Gérard ?

J'ai compris en recevant une longue lettre de ce dernier. Quand Mai 68 avait explosé, il n'était pas resté dans sa chambre de bonne : il était descendu dans la rue, et avait vécu les événements avec intensité. En quelques jours, cet homme qui n'était jamais sorti de l'abbaye avait reçu de plein fouet l'esprit des barricades : la liberté totale, la remise en cause de toute chose, la fin des tabous.

Il n'avait manifestement pas intégré tout cela dans son paysage monastique, mais le coup avait porté : sa lettre comportait plus de points d'interrogation que de points finaux. Il m'envoyait un vibrant appel à l'espoir, et si cela partait un peu dans tous les sens, ce n'était pas pour me déplaire. Allons ! je ne serais pas seul à porter le poids de mes questions. « L'homme de la 2e DB » était devenu « l'homme des barricades » : j'avais hâte de le revoir.

Les examens de fin d'année sur la colline seraient sans surprise. Nous étions la crème de l'ordre, et l'on travaillait ferme : il n'y aurait pas de recalés. Fin juin, alors que la chaleur devenait insupportable, chacun est reparti vers son monastère pour l'été. Sauf les Américains, à cause de la distance : ils en profitaient pour faire le tour d'Europe des abbayes. Anselm, c'était promis, viendrait pour huit jours au bord du Fleuve : sa poignée de main chaleureuse m'en assurait.

8

J'ai repris le train vers le Nord, et j'ai revu l'oncle chez lui – chez moi. J'avais enfin quelque chose à lui raconter : son accueil fut chaleureux. Mais toujours, malgré tout, cette imperceptible distance qui me pinçait le cœur… Lui avait vécu le mois de mai avec sang-froid : dès le début juin, ses usines tournaient à nouveau.

– Alors, Rome ?

Je rassemblais les anecdotes, mais j'avais l'impression de rester à la surface. Comment lui dire l'amitié, Mark, l'éclat du soleil sur les collines du Sud ? Et Dieu, ma grande découverte dans la Bible ? Il était trop tôt, peut-être. Ce jour viendrait-il d'une connivence retrouvée entre lui et moi ?

Ma mère, ravie, me trouva bronzé, éclatant de santé. Son petit allait bien : et moi, je ne voulais voir que cette joie. Mais c'était un sourire aux yeux tristes. Elle s'était établie dans une intemporalité où elle n'attendait plus rien de la vie. Il était trop tard pour que je puisse transfuser en elle l'élan qui m'animait.

Dans le vieil autobus qui desservait notre village, j'ai d'abord aperçu le Fleuve : paresseux, il étalait ses eaux le long des sables. Tout était vert, d'un vert mesuré accordé au bleu pâle du ciel. Ah non ! ce n'était pas la violence des couleurs du Sud, où les tons se choquaient durement comme pour préserver leur place au soleil.

Et puis, dans la courbe lumineuse, l'abbaye. Toujours immobile, massive. Affirmation de pérennité : tout ce qui te semble en mouvement, et le concile et Mai 68, tout cela n'est qu'un mirage. Ici, tu es ancré dans une autre durée. Et si tu veux te heurter de front à cette puissance tranquille ancrée dans son être, tu vas te casser les dents, mon ami.

J'ai refermé la porte de ma cellule, nue comme au premier jour. Seul changement : dans un verre, quelques fleurs des champs, toutes fraîches. On accueillait ainsi le retour des absents. Je me suis assis à la table, et les ai caressées doucement. Étaient-elles l'annonce d'une paix en ce lieu ? Qu'allais-je trouver, en rouvrant ma porte ?

Je suis sorti sans défaire ma valise. Au bout du couloir, j'aperçois le père Gérard. Il vient à moi en souriant, et là, tout fort au milieu du couloir – et le silence, mon père, le silence ? – il me dit en me donnant l'accolade traditionnelle :

– Alors, les moines s'embrassent encore, à Rome ?

À l'heure de la messe je suis descendu dans la salle commune pour prendre mon habit de chœur. Ils étaient tous là, le crâne rasé, qui me saluaient d'un sourire, d'un hochement de tête. Et puis, dans la galerie de la station, comme des poissons dans un aquarium, sous la lumière tamisée des vitraux modernes. Je me suis agenouillé devant le père abbé pour recevoir sa bénédiction : frère Irénée est rentré, voilà tout.

En reprenant ma place au réfectoire, alors que la lecture « recto tono » coule comme une eau claire, j'ai retrouvé la pomme dans l'assiette creuse, la gamelle de légumes, le poisson à l'odeur un peu forte. Rien, donc, n'avait changé ici. Et pourtant dans les regards, dans les signes échangés pour communiquer en silence, il y a comme une lassitude un peu triste. Moi, n'est-ce pas, je ne me suis pas levé à 2 h 25, j'ai vu du pays et mangé de la viande. Il fallait, pour redevenir l'un des leurs, éprouver à nouveau la longueur des jours.

Père Nicolas était nommé directeur de l'atelier qui occupait tout le sous-sol. À l'heure de la sieste, je suis allé le voir. En descendant l'escalier, une odeur légère, fine et âcre, me saute au nez. Nicolas est assis derrière le bureau, une lueur de malice aux yeux. Fichée dans ses lèvres, discrète et provocante, une pipe en écume laisse fumer un tabac suisse :

– Et oui ! que voulez-vous Irénée, les vieux démons. Le père abbé m'a autorisé à reprendre la pipe à l'atelier.

Cette révolution valait bien celle des barricades.

– Alors, vous savez, on a eu très peur au mois de mai. Tout le monde tendait le dos, on attendait les commissaires de la République de la grande révolution. C'est la première fois que je vois ça depuis que je suis ici. Que voulez-vous, ils n'ont pas eu Guillaume Tell, ils ne savent pas que tout finit toujours par une pomme.

Nous bavardions, comme de vieux amis. Lui n'avait pas eu besoin du mois de mai pour retrouver une liberté d'esprit qu'il n'avait jamais perdue.

– Et vous savez qui a eu le plus peur ? C'est le père Du Bellay de Saint-Pons. Il surveillait le portefeuille boursier de l'abbaye, et à mesure que les actions s'effondraient, sa mine s'allongeait. Il est en face de moi au réfectoire : je peux vous dire qu'il en a perdu l'appétit. Il n'a touché à sa gamelle qu'après la manifestation de l'Étoile, quand la bourse s'est ressaisie. Curieux non, quand on a remis sa vie entre les mains du Seigneur ?

Nicolas bourrait sa pipe, le regard pétillant.

– Nous avons besoin d'argent frais, on ne peut pas vivre uniquement sur notre tonsure. Je voudrais développer l'atelier. Évidemment, il va falloir faire le commis voyageur un peu partout pour étudier et enlever les marchés. Mais le père abbé a compris, et il est d'accord.

Le lendemain. Il fait très chaud : à Rome, un réservoir de boisson fraîche était placé au coin du cloître, à disposition. Ici, j'ai un robinet d'eau dans ma cellule, mais je ne puis y toucher sans permission : c'est la règle.

À 11 heures du matin donc, ce gaillard qui entame son troisième diplôme universitaire va frapper au bout du couloir chez le père maître. Entre, se met à genoux, demande : « Mon père puis-je boire un verre d'eau s'il vous plaît ? – Mais oui, mon frère, vous pouvez », avec un bon sourire. Se relève, remercie, fonce à l'autre bout du couloir, et ouvre enfin ce robinet avec lequel il vit vingt-quatre heures sur vingt-quatre.

9

Deux jours après, père Gérard prenait ses fonctions de père maître. Simple réunion dans la salle du noviciat. Nous étions tous debout, la libération des bancs étant, peut-être, signifiante d'autres libérations ? Et l'été a commencé sous le signe du sang neuf.

Au bout de quelques semaines, première révolution : on parlait d'abandonner l'office de nuit. La communauté, et les jeunes surtout qui le portaient à bout de bras, n'en pouvaient plus. Le père abbé proposa la nuit d'un seul tenant, avec lever tôt le matin.

Il n'y avait pas moyen d'y échapper. Et pourtant, tous s'accrochaient à ce pan de mur comme s'ils sentaient que, lui tombé, d'autres suivraient. Ces hommes au regard cerné, aux nerfs fatigués, refusaient d'abandonner ce qui les usait parce qu'ils l'avaient toujours connu.

Il y eut des discussions épiques au chapitre, et puis on s'inclina la mort dans l'âme.

J'observais cela avec angoisse. S'il y avait tant de

résistance, s'il fallait tant de luttes pour adapter un point d'observance condamné, qu'en serait-il du reste ?

Devant moi, c'était tout un système de pensée, de traditions et d'habitudes, qui se dressait. Sans bien savoir comment, je percevais qu'il ne suffirait pas de modifier tel ou tel point : c'est, de l'intérieur, un esprit nouveau qu'il faudrait bien faire pénétrer. Non pas pour mettre à bas la vie monastique, mais pour lui redonner sa verdeur, sa valeur exemplaire et prophétique. Pour qu'elle redevienne dans l'Église, et pourquoi pas dans le monde, un ferment de fraîcheur, de renouveau évangélique.

Je passais de longs moments dans le bureau du père Gérard à lui dire tout cela, qui était encore confus en moi. Nous n'étions plus à genoux désormais devant lui, mais assis sur un tabouret, au soulagement de mes ménisques.

Il écoutait, et comme toujours il approuvait son interlocuteur. On se sentait compris, même si je ne savais pas très bien où j'allais. Mais il suivait, et je faisais un pas de plus :

– Notre façon de vivre, et de prier, dépend finalement de l'idée même que nous nous faisons de Dieu. C'est cela qui doit changer : Dieu n'est peut-être pas seulement celui que nous croyons !

Et je lui parlais de ma découverte, toute fraîche, du Dieu-Vivant.

Ce vieux moine, qui était si discret sur son Dieu mais ne l'ignorait certainement pas, écoutait le jeune converti effeuiller ses rêves. L'enthousiasme était sincère, la découverte réelle : il fallait encourager cela, même si c'était encore flou.

– Oui, frère, tout se mettra en place peu à peu, comme les notes d'une symphonie !

Il prononçait « symphonie » en levant les mains, et je

me sentais partir sur les grandes harmonies. Cet homme, qui savait si bien séduire, calmait mes inquiétudes : je n'avais plus de réserve quant à l'avenir, j'étais dans la bonne voie, et pouvais m'appuyer sur lui.

Cet été-là, je lui ai donc donné ma confiance, un peu comme on confie une vie naissante.

Fidèle à sa promesse, Anselm est avec moi dans le jardin qui prolonge le cloître. Ses allures de patricien sérieux et élégant, son expérience – il entre en quatrième année de licence : j'ai besoin de lui pour m'aider à me faire comprendre du père Gérard.

Mais lui est d'abord curieux de l'aventure des barricades, et interroge longuement le père maître. Non seulement sur Mai 68, mais sur ses implications philosophiques et théologiques. Père Gérard n'a-t-il pas fait une année à la Catho ? Ne s'est-il pas recyclé ? J'ai besoin qu'il réponde aux questions précises et mesurées d'Anselm.

Nous nous sommes assis sur un banc. Père Gérard parle, brasse des mots. Face à Anselm, qui a tant lu et réfléchi, il va être clair, n'est-ce pas, et s'expliquer ?

– Finalement – grand geste de la main – ce qu'il faudrait, c'est repenser toute la théologie à la lumière de Héjel.

Héjel ? Je comprends qu'il s'agit de Hegel, le maître de Marx et de Heidegger, et que le père Gérard n'a jamais rien lu de Hegel, qu'il se contente de répéter des lieux communs entendus aux cours, mais qu'il ne sait pas… non, il ne sait pas de quoi il parle.

Il a jeté un coup d'œil inquiet vers Anselm. Qui réfléchit, puis sourit :

– Vous savez, Hegel, c'est un morceau, et repenser

notre foi en disciples de Hegel... Je ne sais pas si cela apporterait quelque chose. Je crois plutôt qu'il faudrait revenir à la Bible, et au meilleur de notre tradition, bien comprise, digérée...

Peu importe. Dans un éclair, j'ai perçu quelque chose que j'essaye bien vite d'oublier : père Gérard a-t-il vraiment compris en profondeur ? Sera-t-il vraiment l'homme du renouveau que j'attends, avec les jeunes de l'ordre ?

J'avais trop besoin d'y croire. Mais quelque part, un doute diffus s'installe en moi. Héjel...

Père Gérard me demanda de faire pendant l'été un cours sur la Bible au noviciat. Je m'installai au pupitre magistral, chose inhabituelle que mon statut de « romain » rendait seule possible. J'essayais de retransmettre la méthode de Notker, de faire comprendre ce qu'était la Parole de Dieu : quelque chose de vivant, qui s'éprouvait dans la vie, appelait à la vie. Père Gérard était ravi :

– C'est excellent, vous nous donnez les bases d'un vrai renouveau. Continuez.

À la fin de l'été, le père abbé me convoqua :

– Mon frère, il va bien falloir un jour que nous nous attaquions au gros morceau : la refonte de notre liturgie, qui est le cœur même de notre vie, le ciment de la communauté. Vous repartez pour Rome : je vous donne pour mission de travailler les fondements de ce chantier. Vous avez encore trois ans devant vous : mettez-vous au travail.

Message reçu : David devant Goliath.

Les feuilles devenaient ocres au bord du Fleuve, qui s'épanouissait dans la douceur de l'automne. Je repris un beau jour le chemin du Palatino.

10

Avant de retourner sur la colline j'avais besoin de faire le point, d'un moment de solitude, de me retrouver face à moi-même et face à Dieu.

Près d'Assise, de l'autre côté du *Subasio* qui surplombe la ville, une petite communauté de franciscains avait un ermitage dans la montagne. Je demandai à y passer huit jours avant l'ouverture de l'année universitaire. Bien sûr, l'ermitage est vide, venez.

On quittait le village pour monter, longtemps, à flancs de coteaux. Montagne pelée, paysage de cailloux sous un soleil qui apurait les lignes. L'Ombrie, discrète et nuancée, me recevait.

Sur un épaulement, une masure de bergers se confond presque avec le sol. Bâtie en pierres sèches, avec un toit d'ardoises grises. La porte grince, et s'ouvre sur une pièce en terre battue. Un lit, une table, un peu d'air qui circule entre les pierres mal jointes des murs. Au fond, une autre pièce, plus petite : une natte sur le sol, au mur une croix, une icône, une bougie.

L'oratoire.

Dans un coin, des pâtes, du riz, quelques conserves. La première maison est à huit kilomètres de chemin muletier. En contrebas, une source claire, au débit lent.

J'ai dans la main une bible, et c'est tout. Le ciel à la pureté violente, la montagne. Dieu, peut-être. Huit jours avant de redescendre.

J'ai plié mon corps pour le rompre, pour qu'il s'abandonne peu à peu sur la natte de l'oratoire. Si le temps se fait long, il n'y aura rien que le ciel, la pierre, la lumière qui tourne doucement au bleu sombre.

Dieu.

Je veux écouter, laisser sourdre cette voix discrète et si longtemps attendue. Je sais que tu ne parles pas à paroles d'homme. Je t'attendrai. Trop longtemps, tu t'es laissé désirer. Je t'attendrai, puisque je t'aime déjà sans te connaître.

Sur le pas de la porte, un oiseau gris et roux est venu voir. Il penche la tête, sautille, s'envole dans un froissement. Peut-être est-il de ceux que saint François catéchisait, autrefois, sur l'autre versant du *Subasio* ?

L'ombre tourne, doucement. Hier, j'ai entendu les clochettes d'un troupeau, mais je ne l'ai pas vu. Devant ma cahute, il y a un buisson de genévriers. Quand je sors le matin, à l'aube granitique, il dégage un parfum puissant qui annonce la lumière. Ma barbe pousse, drue. Je suis enfoui dans ma cabane de pierre, qui est un morceau de la montagne. Autour d'elle, le ciel étoilé s'enroule comme une écharpe complice.

Dieu.

Dieu, je ne dirai pas dans ce livre ce qui s'est

passé, ce qu'il y a entre toi et moi. Je ne veux pas en parler.

Ce que je sais, maintenant que les années ont mis sur notre histoire comme la patine du temps (mais qu'est-ce que le temps ?), ce que je sais, c'est que tu as épuisé en moi toutes les forces d'amour.

Dieu, je crois t'avoir vraiment aimé. Moi qui n'ai peut-être jamais connu cette passion, j'ai su avec toi ce que c'est que l'amour. Dieu insaisissable, Dieu inconnu, Dieu qui ne te satisfais pas d'une parcelle, mais qui exiges le tout.

Me voilà, après toi, incapable désormais d'aimer. Tu as tué l'amour en moi. Tu as tout pris.

Demain, c'est le huitième jour. Il n'y a plus de pâtes, mais l'eau est fraîche à la source. J'ai voulu franchir la montagne et aller rencontrer saint François, à Assise, de l'autre côté. Mes yeux sont agrandis, le ciel m'a lavé, j'ai les articulations souples.

Un solide bâton en main, je suis parti avec la dernière étoile de la nuit, laissant l'ermitage ouvert. Sur la montagne, les buissons égratignent mes jambes nues. Soudain, derrière la crête, en plein soleil, des clochers, des toits blottis dans la vallée : Assise !

Sur la place de la basilique, des cars de touristes. Je pousse la double porte de l'église, et j'aperçois un franciscain ventru, devant une petite table, qui compte des billets et des pièces de monnaie.

Il lève vers moi un regard bref, et d'un geste impérieux, le doigt tendu, me désigne la porte :

– Dehors !

– Comment, mais… Je suis un pèlerin, je viens de la montagne, j'ai marché longtemps jusqu'ici…

– Oui, mais ici ce n'est pas la montagne, ici c'est une église. On n'entre pas en short, vous voyez bien c'est écrit là : « Tenue décente ». Allez, dehors !

Merci, mon frère. C'est bien ici le tombeau de saint François. Tandis qu'il continue de compter ses sous, je ressors sur la place. Tu m'as fait gagner du temps mon frère, d'un seul coup tu m'as remis dans le bain des hommes et de l'Église. Merci, mon frère !

11

Rome. La *pasta* fumante dans nos assiettes, le petit vin blanc des *Castelli*, les grappes de raisin croquant. Les amis, les sourires, les embrassades dans toutes les langues. Mark, Anselm, la vie qui jaillit de partout…

– Il est bien, ton père maître. Évidemment…

Anselm est trop fin, trop discret. C'est sa dernière année à Rome, il est déjà projeté dans son avenir, en Amérique. Il a ramené une flûte traversière, je l'entends parfois jouer dans l'amphithéâtre vide, l'après-midi. « Moine de salon, primitif… » C'est un grand monsieur.

Les cours ont repris, le train-train. Il faut choisir le sujet de ma thèse : ce sera saint Irénée, mon patron. Le premier des Pères de l'Église, une œuvre monumentale de la fin du IIe siècle. J'étudierai sa théorie de la récapitulation de toutes choses en Christ. Le texte qui nous est parvenu est en latin, avec un original, partie en grec, partie en arménien. Va-t-il falloir apprendre l'arménien ancien ? Pourquoi pas, ça ressemble à l'hébreu, ce n'est pas si difficile. Quand on a passé le cap des quatre premières, n'est-ce pas, les autres langues, ça va plus vite.

Un jour, on nous apprend que des sœurs italiennes demandent de l'aide pour construire leur couvent en banlieue. J'y vais avec Mark, un dimanche. Chantier de jeunesse. À la pause sandwich, on bavarde avec un groupe d'étudiants de la ville, tous calabrais. Architecte, médecin, ingénieur : ils ont une bourse de l'État, et vivent dans un foyer catholique, comme il se doit. On fait ami-ami. Ils n'ont jamais vu de moines en manches de chemise, maniant la pioche.

– Ici, le clergé vit sur le dos du peuple. Leurs seules ampoules, ils les attrapent avec le goupillon. Vous, c'est différent. On viendra vous voir sur votre colline.

Amedeo, Piero sont assis au réfectoire devant la *pasta*. Un peu mal à l'aise, mais on rigole un coup et la glace fond. Bien sûr, ils sont tous catholiques, comment faire autrement en Italie ? Mais l'un ou l'autre est aussi inscrit au parti communiste, ici on va à l'église carte du parti en poche. Et pourquoi pas ?

Une amitié est en train de naître. Ces Calabrais sont plus grecs que romains. Ils me parlent de leur Sud, cette *magna graecia* qui n'a jamais oublié l'Orient.

– En Italie, l'Occident s'arrête à Rome. Naples est la première capitale orientale : nous n'avons rien à voir avec les Milanais, ces barbares envahisseurs. C'est à cause d'eux que la Mafia est née. Il fallait bien continuer d'exister, sous leur domination.

L'Église a tout recouvert sous son manteau. Mais ils m'invitent chez eux, dans ce pays pauvre et noble. Et ils me donnent envie de découvrir leur Orient qui est là, à quelques heures de train.

Ça, ce serait pour les prochaines vacances de Noël. En attendant, je délaissais un peu les rues de Rome, et j'allais dans les musées de la ville à la découverte de l'art grec.

Étonnement : les Romains n'ont rien inventé, les Romains sont des barbares. Un peuple de soldats, d'ingénieurs, de colons. L'art, qui demeure après les siècles, l'art est ici étrusque, ou grec. Même la voûte, qui leur a permis de monter leurs basiliques, les Romains n'en ont pas la paternité : ils l'ont volée aux Étrusques, et ont seulement développé la technique.

Quant à la sculpture, c'est une copie de la Grèce, de Praxitèle et de Phidias. Dans tous les musées de Rome, des dizaines de copies. Seuls les portraits, les visages avec leur réalisme cru, sont romains. La beauté, la grâce, sont grecques.

Je devenais amoureux de ces formes sensuelles. Et surtout, je m'attachais aux poteries grecques dont les dessins, d'une élégance pure et nette, racontaient la vie quotidienne d'un peuple qui aimait les corps, leur jeunesse, leur chair.

Musée du Capitole, Villa Giulia, musée de Naples, Tarente, Brindisi... Partout les salles regorgeaient des scènes de la vie de tous les jours, de corps souples et déliés, aux yeux en amande, aux profils à la fois virils et langoureux.

A force d'en voir, de déchiffrer les inscriptions : *Kalos Myscos*, Myscos est beau, Myscos est adorable... je m'apercevais d'une évidence : l'amour ici, c'est celui des jeunes garçons, des adolescents en fleur. La femme, je la voyais au gynécée, filant ou pouponnant. La femme était *genitrix*, épouse et mère, ou bien déesse stylisée, mythe. Mais l'objet de l'admiration, de la passion, c'était le jeune garçon, le jeune homme.

Je découvrais la sensualité grecque.

Rien, vraiment, ne m'avait préparé à cela. Mais enfin il n'y avait pas de mal à se passionner pour des antiquités, cela faisait partie du programme romain. Dans mes yeux pénétrait l'érotisme tranquille, sans honte et sans complexe, d'une civilisation que j'admirais sans réserve, puisqu'elle était notre mère à tous.

À Noël, à Pâques, je suis retourné dans le Sud. Naples était le point de passage obligé. Je retrouvais la ville dc mes travaux d'étudiant biologiste, mais cette fois-ci en touriste, le nez au vent.

Je voyais maintenant ce que je n'avais jamais vu: Naples était une ville grecque, la ville du *Satyricon*. Tout y était possible. Les Napolitains disaient en riant qu'on n'était pas plus surpris, ici, de voir un prêtre faire le trottoir qu'une prostituée faire un sermon devant une église.

Je logeais au couvent des franciscains, Santa Chiara, cloître admirable et coloré. Vêtu d'un blue-jean et d'un tee-shirt – les choses allaient vite –, la clé du couvent en poche, je passais du musée au *castel Angioino*, le château des Angevins qui surplombait le port.

Et là, je retrouvais les personnages de mes poteries grecques, bien vivants. Un peuple de *ragazzi*, l'œil vif, la répartie alerte, qu'on reconnaissait immédiatement à leur regard coquin et à leur main constamment posée sur la braguette. Invitation ? Je ne sais pas, puisque je n'étais pas disposé à y répondre. J'enregistrais simplement, inconsciemment. Et ma sensualité, comme l'enfant dans le ventre d'une mère, donnait quelques petits coups, vite réprimés.

Je n'étais pas prudent: il aurait fallu fuir ces rues inondées de soleil et de cris. Mais quel mal y avait-il à se promener, quelques heures, quelques jours avant de retrouver mes livres et l'étude austère ?

J'étais témoin de scènes surprenantes. Parlant parfaitement l'italien, je m'intégrais sans distance à ce peuple dont le plaisir semblait être le seul Dieu. Un plaisir innocent, naturel, sans remords, à l'image de la Grèce ancestrale et proche.

Fin d'après-midi. À un angle du château, sur un parapet, dans l'ombre qui vient, une prostituée est appuyée, jambes écartées. Contre elle, pantalon entrouvert, un homme besogne en silence. Quelques personnes passent par là : rien à signaler, tout est normal. Quand elle a fini et empoché son billet, elle vient à moi. À ses côtés un *ragazzo*, un gamin déluré, peut-être son frère – son fils ?

– Et toi, mon grand, tu veux essayer aussi ?

– Euh… non, merci, vraiment.

– Alors – geste vers le gamin – et lui, il te plaît ?

L'adolescent me regarde avec de grands yeux tranquilles.

– Allez ! bonsoir, *arrivederci*.

Je remontais sur le parapet qui domine les fossés du château. Une foule bon enfant déambulait, des *mammas*, des militaires, des fiancés. En bas, dans le fossé, une voiture arrivait en trombe, et stoppait devant deux filles court vêtues. La nuit tombait, mais le château était éclairé. Les gens s'arrêtent et regardent, badauds tranquilles et bavards. Les deux filles rentrent dans la voiture, une à droite, une à gauche. Un temps d'arrêt, la foule attend. La portière de droite s'ouvre, une tête de fille se penche et crache. Puis, la portière de gauche.

– *Bravo, bravo* !

La foule applaudit, ravie. Et la voiture repart.

Jamais le jeune bourgeois, élève des Pères, disciple de saint Thomas d'Aquin, moine de surcroît, n'aurait imaginé scène pareille. Mais l'étudiant grivois d'autrefois n'était pas mort, et s'en amusait. Et puis il y avait une sorte de magie de cette ville qui me chuchotait, à chaque coin de rue :

– Allons donc ! c'est la vie, c'est toi qui ne sais pas. Il ne se passe rien, ici, que de très normal !

Puis, c'étaient les dures montagnes de Calabre, et les parents de mes amis dans leurs petites maisons de village. Un accueil biblique : tout était à moi, la maison, la voiture, les amis des amis.

– Comment va le fils ? Est-ce qu'il étudie, au moins ? Rome, c'est dangereux, là-bas ce sont des sauvages, des gens du Nord...

Et l'on passait la matinée à me faire la *pasta casalinga*, les pâtes fraîches à l'ancienne.

Au retour sur la colline, j'avais l'impression que ces dix jours de vacances avaient duré un an. Et je reprenais ma place, sous l'abat-jour vert, sans regrets.

Mais non pas sans souvenirs.

L'année se termine. Anselm nous a donné un concert, dans le grand amphi. Pendant que la mélodie de Debussy s'élève et reste comme suspendue en l'air, je regarde ce visage fin, incliné sur sa flûte. Adieu, Anselm, *ciao, good bye*. Je ne te reverrai jamais. Ta main serrée, longuement : j'ai les larmes aux yeux.

12

Au bord du Fleuve, je retrouvai mes frères avec plaisir. Ils étaient attachants, ces *desperados* de Dieu qui poussaient jusqu'à l'extrême la logique du don d'eux-mêmes. Je percevais avec acuité tout ce que notre vie avait d'anachronique, et même de mensonger. Mais, pris un à un, ils n'en étaient pas responsables. Et puis c'était ma famille, j'avais tout fait pour n'en avoir plus d'autre. On peut souffrir de sa famille, on ne la rejette pas. C'était à moi de leur apporter, si je le pouvais, l'air frais qu'ils ne refuseraient certainement pas. Opération délicate, qui demandait une infinie patience : eux n'avaient pas quitté ce cloître, eux étaient fidèles, jour après jour, à l'observance qui devait les mener à Dieu. Je n'avais pas le droit de mépriser cela, ni même de m'en moquer. L'évolution se ferait, le père Gérard m'en avait assuré. Et je lui avais donné ma confiance, une fois pour toutes.

Il y eut, au début de l'été, un petit événement qui montra que tout était possible.

Au réfectoire, la lecture avait toujours lieu « recto tono ». La voix haut perchée, le lecteur débitait son texte sur une corde lisse, en détachant chaque syllabe comme ces enfants qui égrènent une comptine. Nous y étions habitués. La lecture avait aussi peu de saveur que la nourriture.

Pendant une semaine, en ce début de juillet, un groupe de sous-officiers faisait sa grande retraite à l'abbaye, sous la direction d'un père jésuite. Leurs épaulettes sagement alignées au réfectoire, ils se coulaient dans notre rythme.

On avait choisi pour eux un livre distrayant, *le Jour le plus long*, qui racontait le débarquement allié de 1944. Cela donnait un petit air de vacances à notre début d'été.

Un jour donc, en plein milieu de la retraite, le lecteur arriva à la scène du premier contact avec les plages de Normandie :

– Et a-lors que les ma-ri-nes sau-taient sur le sa-ble, les mi-trail-let-tes a-lle-mandes com-men-cèrent à cracher, dans un bruit d'en-fer : ta-ca-ta-ca-ta-ca-tac.

Il y eut un instant de vide à la table des hôtes : les épaulettes frémirent, et puis ce fut un éclat de rire, homérique, franc, militaire. Nos hôtes se tordaient :

– Ta-ca-ta-ca-tac !

Ils s'essuyaient les yeux avec leurs serviettes blanches :

–Ta-ca-ta...

Jamais le réfectoire ne réagissait à la lecture. Le « recto tono » était là pour éviter tout commentaire possible de l'auditoire. Mais ça, c'en était trop : cette voix de fausset, imperturbable, qui lançait d'en haut :

– Ta-ca-ta-ca-tac !

Le père abbé fut obligé d'actionner sa clochette.

Le lendemain, la lecture reprit, mais à voix naturelle. Comme personne ne savait lire normalement en public, je fus chargé de remplacer discrètement le lecteur. Et on changea de livre pour aborder *La vie quotidienne dans les ports bretons au XVIIe siècle*, sujet assurément moins compromettant.

Le père Gérard nous réunit à la salle du noviciat.

– Mes frères, vous avez peut-être entendu parler de Taizé. La semaine prochaine, le noviciat est invité à aller y passer trois jours. Nous partirons lundi.

Taizé, sur sa colline en Bourgogne, était un monastère protestant. Chose impensable, qui devait faire se retourner Luther dans sa tombe : en 1947, un pasteur luthérien, le frère Roger Schultz, avait commencé à vivre là une vie inspirée de la Règle des moines. D'autres l'avaient rejoint. Dégagés de toute contrainte et de tout passé, ils avaient réinventé la vie monastique : on en parlait beaucoup, tous les yeux étaient fixés sur cette expérience neuve et fraîche.

C'est la première fois que les novices faisaient un tel voyage, en groupe constitué. Le père Gérard, qui sentait que tout devait bouger mais que rien ne changeait, avait choisi de frapper un gros coup : nous faire toucher du doigt une autre réalité monastique, mettre ses moines catholiques à l'école des protestants. Décidément, le concile avait ouvert des portes ! Nous vivions l'excitation des choses défendues, des choses périlleuses.

Au jour dit, on s'est donc entassés dans la camionnette de l'atelier, et le noviciat a franchi la frontière du Fleuve.

Trois jours prodigieux. Je découvrais avec mes frères un lieu où l'on parlait, mais sans rompre le silence. Un silence vrai, qui vous enveloppait dès l'arrivée au village. Un silence qui laissait place à Dieu, sans écraser les hommes. Des hommes virils, ces frères protestants, qui vivaient en pantalon et ne revêtaient l'habit blanc que pour aller à l'église.

Et là, mon rêve devenu réalité. Une liturgie prenante, poignante. Des offices assez courts, peu nombreux dans la journée mais extrêmement denses. Quelques psaumes seulement, quelques lectures, des chorals luthériens. Tout en français. Ainsi donc, on pouvait prier en français ? Je pouvais parler à Dieu dans ma langue, et sa Parole pouvait nous atteindre avec nos mots à nous, dans notre vie à nous ?

Enfin, au cours de ces offices, de longues plages de silence. Il ne s'agissait plus de débiter du psaume à toute allure, de remplir chaque vide : la Parole était enchâssée dans un écrin de silence qui lui donnait toute sa valeur, toute sa saveur.

À cette époque, le frère Roger n'était pas encore devenu une star internationale, les touristes spirituels étaient peu nombreux. Nous vivions avec les frères de Taizé, nos coules noires mélangées à leurs aubes blanches dans l'église lumineuse, qui devenait un lieu de révélation.

Je suis revenu enthousiasmé. C'était donc possible. Mes frères avaient vu, comme moi : cette graine pousserait en eux, il n'y avait qu'à laisser faire. Père Gérard avait bien joué : ma confiance était bien placée. Je me remettais à lui, sans hésiter. L'avenir était à nous.

Au retour, nos liturgies m'ont semblé encore plus

pesantes, encore plus vides : mais patience. J'entendais la voix de Mark :

– Attends, Iré, donne-nous le temps et prends le temps. Aime !

J'attendais.

13

Ma troisième année commençait à Rome. J'étais donc un ancien, qui se débrouillait dans toutes les langues. À cause de mes antécédents, on m'a confié la charge d'infirmier de l'université. Fonction délicate, qui demandait du doigté et de la discrétion.

Il y avait toujours quelqu'un en traitement : chaque jour, je voyais défiler des confrères pour une piqûre, que je faisais dans ma chambre transformée en dispensaire. Pères abbés de passage à Rome, révérends, étudiants : tous venaient présenter leur postérieur à l'aiguille impitoyable.

C'est ainsi que j'ai vu un jour arriver un étudiant suisse, dont j'avais déjà remarqué la discrétion, presque l'effacement. Il m'a tendu sans un mot une ordonnance :

– « Pénicilline. 3 000 000 unités par jour, IM ».

C'était clair. J'ai levé les yeux sur lui, qui éclate en sanglots.

Entrecoupé de hoquets, effondré, ce pauvre garçon me raconte son histoire.

Il était rentré très jeune dans son abbaye enneigée. Là-bas, jamais on ne lui avait parlé de sexualité (je sais...). Depuis son arrivée à Rome, il vivait un martyre :

– Ça devient tout dur, tu comprends, et je ne sais pas comment faire avec cette chose qui me brûle entre les jambes... J'en ai parlé ici à mon confesseur, qui m'a dit seulement : « Sublimez, mon frère, sublimez ! » Mais moi, qu'est-ce que je peux faire avec « ça » ?

L'inévitable était arrivé. Hélas pour lui, il était tombé sur une fille malade. Il en avait éprouvé peu de plaisir, mais se retrouvait avec une syphilis qui était la signature de sa honte, la fin de son monde.

J'ai séché ses larmes. Non, il n'était pas perdu ; non, sa vie n'était pas terminée. Il avait rencontré la vie, voilà tout, et devenait homme. Bien sûr, je garderais le secret absolu, personne ne saurait rien. Je détenais son existence entre mes mains.

Pendant dix jours, je lui ai administré des doses massives d'antibiotiques, qu'il supportait mal. À sa souffrance morale s'ajoutait une douleur physique réelle, dont je devais rester le seul témoin. Nos séances de piqûres étaient aussi des séances de thérapie : je l'apaisais, lui montrais la vie devant lui, l'assurais que Dieu ne le condamnait pas plus que moi.

Il s'est retrouvé guéri, et a repris son labeur étudiant. L'année suivante, il retournait dans son abbaye, en Suisse. J'ai reçu à Noël une boîte de chocolats, sans commentaire. Puis j'ai appris qu'il était devenu père maître : poste qu'il méritait. Je savais, seul, qu'il serait sans doute meilleur maître des novices que d'autres. Son aventure douloureuse appelait l'estime, et non la réprobation.

Mais j'avais à me débattre moi-même avec ma propre sexualité. Si longtemps contenue, oubliée, maîtrisée, elle poussait au soleil de Rome comme un arbre vivace. La femme était un objet réprouvé trop clairement. Que restait-il alors ? Dans les rues de Rome, lors de mes explorations avec Mark, on ne voyait guère que des matrones. Comme toute l'Italie du Sud, Rome était une ville de mères, et d'hommes. Les jeunes filles, sans doute cloîtrées à la maison, n'apparaissaient qu'après avoir été déformées par une vie de services et de grossesses.

Restaient les personnages de mes poteries grecques, ces jeunes garçons qui peuplaient la ville de leur sensualité. Bien sûr, je ne rêvais pas un instant à quoi que ce soit : mais des images, peu à peu, s'imprimaient en moi.

Je voulus en avoir le cœur net, et abordai un jour le sujet, dans le cloître après le repas, avec le professeur de théologie morale. Très surveillé par le Vatican, son enseignement avait en quelque sorte valeur de norme officielle. Avec un sourire, il m'a répondu :

– Pour nous, lorsqu'une faute a lieu avec une femme, c'est extrêmement grave. L'acte d'amour n'est valable qu'à l'intérieur du sacrement de mariage, vous le savez, et comme une voie qui conduit notre faiblesse, notre concu-pis-cence, au Créateur. Avec des garçons – il se mit à rire – c'est moins grave, on ne risque pas de faire un enfant !

Sans doute n'était-ce là qu'une boutade, un propos d'après-dîner qu'il n'aurait évidemment pas enseigné dans l'amphi. Mais quand même, la chose était dite : *una piccola avventura*...

Je restais songeur, et continuais bravement ma lutte pour la chasteté. L'homme ne m'intéressait pas, la femme m'était interdite. Et cet entre-deux androgyne, le jeune garçon, je n'y pensais même pas. Mieux valait, c'est sûr, se plonger dans l'œuvre de saint Irénée.

14

Mes amis calabrais connaissaient maintenant bien le chemin de notre colline : en retour, ils m'invitaient dans leur foyer d'étudiants. Muni des permissions requises, j'y allais souvent le soir, et rentrais tard dans la nuit.

Tous étaient catholiques, mais aussi anticléricaux que croyants – mélange bien italien. Jusque-là, ils s'étaient contentés de bouder les églises et la pratique religieuse. Mais à leur contact je découvrais un phénomène que l'après-concile était en train de rendre possible : les « communautés de base ».

Un peu partout dans la ville, ces groupes naissaient qui résultaient à la fois de l'incapacité où était le catholicisme établi à se transformer, et de la foi profonde, enracinée, des Italiens.

Puisque l'Église, dans ses formes et dans son fond même, ne leur semblait pas adaptée à leur foi et souvent leur répugnait, ils créaient des petites cellules ecclésiales souterraines et parallèles.

– Nous haïssons le clergé, nous méprisons l'Église fossile, mais nous croyons en Dieu et voulons vivre notre foi. L'Église, après tout, c'est nous aussi, non ?

Pour que ces groupes puissent célébrer la messe, il leur fallait un prêtre. Et là était le phénomène nouveau : on pouvait trouver désormais dans la ville, notamment dans le clergé non italien, des prêtres qui acceptaient de se compromettre avec ces marginaux. De les rejoindre, et parfois de célébrer des messes de catacombes, dans des formes encore inusitées, interdites.

Amedeo et Piero appartenaient à une communauté de base qu'on appelait *Ora sesta*. De bouche à oreille, ce groupe d'une trentaine de personnes s'était constitué et se réunissait chaque semaine dans une pièce délabrée du vieux Rome, près du *Campo de' Fiori*. Après m'en avoir parlé, ils m'invitèrent : je devais seulement venir en civil. J'obtins facilement la permission, ces communautés étaient encore inconnues sur la colline.

On s'asseyait autour d'une grande table, sous une ampoule qui pendait du plafond à la peinture écaillée. Hommes, femmes, tous étaient convives au même niveau. Car il y avait quelques jeunes femmes, accompagnant leurs maris. Parmi nous, le prêtre passait inaperçu, vêtu comme les autres.

Cela commençait par un « partage de vie », selon la méthode de l'Action catholique. Chacun disait ce qui, dans sa semaine, lui avait semblé le plus marquant. Tous étaient engagés politiquement à gauche. Je remarquai un juge du tribunal de Rome, Gian Piero, homme austère aux déclarations enflammées. Puis une bible était posée sur la table, on en lisait un passage.

Chacun y allait de son commentaire. À un certain moment, une boule de pain ordinaire apparaissait sur la table, avec une bouteille de *chianti*. Le prêtre, fort discret jusque-là, prononçait les paroles de la consécration. Le pain circulait, par grosses poignées. Puis un coup de vin : c'était la communion. Ni calice, ni ornements : une assiette de cuisine, un verre en Duralex.

Encore un instant de prière, et sans transition on apportait des pizzas fumantes achetées à la *trattoria* du coin.

Il était fort tard quand nous nous séparions, chacun rentrant chez soi avec la sensation d'avoir transgressé autant qu'innové, mais d'avoir aussi vécu un moment fort.

Ora Sesta m'apportait une expérience totalement nouvelle, qui équilibrait une vie finalement austère d'études. J'y découvrais des choses inconnues pour moi : la contestation de Mai 68 portée au cœur de la foi, les luttes syndicales, l'injustice d'une justice officielle au seul service de l'ordre établi, dont témoignait Gian Piero.

Je parlais très peu, ayant peu à dire. Mais ils m'avaient vite adopté comme un des leurs, et me bousculaient gentiment :

– Alors, Irénéo, tu contestes, oui ou non ? Et vos cloîtres, là quand vont-ils donc devenir des exemples de vie selon l'Évangile, à la base ?

Je ne pouvais même pas prétexter d'une mauvaise connaissance de la langue pour rester muet. Si vous saviez, frères, le combat qu'il nous reste à mener dans nos cloîtres ! Il vous paraît ridicule peut-être, lointain et feutré. Mais c'est le mien, et ma vie y est en jeu, comme la vôtre dans vos milieux de travail…

Peu à peu les communautés de base se répandaient,

et un beau jour l'une d'elles se fit reconnaître par une paroisse de Rome. C'est dans l'église paroissiale qu'ils se réunirent alors, et j'y allais parfois.

L'église était pleine. Mais l'autel, là-bas, était entouré d'une brochette de civils, parfois jeunes et barbus, qui tenaient la place du prêtre. On sortait ce dernier de sa sacristie aux quelques moments où sa présence était indispensable, pour consacrer le pain et donner la bénédiction. Mais le micro était tenu par les laïcs, érigés en consistoire.

Et bien tenu ! Je découvrai une chose qui me stupéfia : dès lors qu'ils avaient le micro et le pouvoir de la parole, dès lors qu'ils étaient à la place du prêtre, les laïcs se montraient plus cléricaux que des clercs, et exerçaient sur l'assemblée un pouvoir plus absolu que celui du clergé même.

Simple revanche des civils, inévitable après tant de siècles de silence ? Ou bien aussi effet délétère du pouvoir, du pouvoir spirituel et religieux ?

On ne pourrait donc jamais échapper au cléricalisme, qui était cette fois celui des laïcs. Cléricalisme de toujours, dont je découvrais la ligne de conduite :

– Il n'y a qu'une seule vérité, et c'est la nôtre. Si tu ne la partages pas totalement, une seule alternative : ou tu es un peu sot, et nous allons t'éclairer, pour ton bien. Ou alors tu refuses d'adhérer à cette ligne de pensée, et tu deviens notre ennemi : nous allons t'écraser, pour ton bien.

Beaucoup de ces laïcs d'avant-garde étaient passés par les rangs du parti communiste, ou en étaient encore. Et je m'apercevais que le totalitarisme marxiste s'expatriait parfaitement bien en totalitarisme clérical. À vrai dire c'était le même langage, les mêmes méthodes, et le même résultat : une foule docile, sous la mainmise spirituelle et psychologique de ses chefs.

Effrayé de ce que je découvrais là, j'en parlais longuement avec Gian Piero : plus âgé que moi, il avait plus d'expérience et montrait une véritable sagesse :

– Irénée, c'est une chose vieille comme le monde. L'Église est l'épouse du Christ, le sacrement de la présence de Dieu. Ça, c'est la théologie. Mais dans son comportement, tu le vois bien, l'Église agit comme une *secte*. Une secte à la dimension du monde, c'est tout, et reconnue. Quant au communisme j'y ai cru, comme nous tous ici. Mais en réalité c'est aussi une secte, qui recherche le pouvoir pour lui-même, et le contrôle des esprits. Pas seulement de la société ! Des esprits individuels. Tant qu'il y aura des hommes libres, ces deux sectes verront leur prolifération limitée. Ne t'étonne de rien. Ces laïcs que tu vois prendre le pouvoir, ils renouvellent le scénario qu'ils ont déjà vécu, soit au parti, soit dans l'Église.

Je le traitais en riant de vieux romain désabusé. Mais au fond de moi-même, je sentais qu'il avait raison.

Seulement, moi, j'étais membre officiel d'une des deux sectes. Et je devais continuer à vivre dans l'Église.

Ce soir-là, je suis rentré d'*Ora Sesta* tard dans la nuit, à bicyclette. La ville était totalement déserte. Sachant que je ne pourrais pas dormir, j'ai longé le Tibre et franchi le pont Saint-Ange. En face de moi Saint-Pierre-du-Vatican ouvrait grands les bras de la colonnade du Bernin.

J'ai fait le tour de la vaste place ronde connue du monde entier. Vide et silencieuse. Et puis là-haut, au troisième étage à droite, j'ai vu une fenêtre allumée, une seule : le bureau du pape. A cette heure nocturne, le pape travaillait. Nous étions seuls semblait-il, lui et moi, à veiller dans la ville. Allons ! l'Église était aussi autre chose qu'une secte. J'allai dormir, gardé par Paul VI.

15

Il y eut un été, et le dernier retour de « vacances romaines » à l'abbaye. On savait que la fois suivante, ce serait pour de bon, et qu'il faudrait dès lors vivre avec moi...

À vrai dire, je ne percevais pas d'inquiétude chez mes confrères : ils étaient trop occupés par les changements qui, à petits pas, intervenaient dans notre vie au bord du Fleuve.

Oh ! des choses bien imperceptibles, mineures au regard de la marche du monde : mais qui prenaient, pour ces contemplatifs enracinés dans le cloître, des allures d'affaires d'État.

Quand la vie est réduite à son essentiel, comme un paysage de campagne immuable depuis des générations – plus que familier, conditionnant votre être par l'extérieur – le moindre arbre qu'on abat, la moindre haie qu'on déplace, et c'est un nouvel équilibre qu'il faut trouver. Nous étions comme de vieux paysans qui voient leur terroir bouger, leur glaise se remodeler. Les terriens sont lents, n'aiment pas le changement.

D'abord la pratique du silence n'était plus ce qu'elle avait toujours été : une sorte de tissu conjonctif, qui nous isolait les uns des autres, faisait de nous des solitaires vivant en commun. On se parlait désormais, de façon mesurée certes et sans rompre le charme, mais assez librement. Les relations humaines s'exprimaient, et donc aussi les préférences, les affinités ou les répulsions.

Et puis le français avait fait dans nos offices une timide apparition. Ce bloc hiératique et impersonnel, la liturgie en latin, se voyait entamé, ébranlé. Et ça, c'était la grande affaire.

Le père abbé avait vu juste : la liturgie était le creuset de notre vie commune, l'expression publique et officielle de notre foi. J'avais appris à Rome le vieil adage, qu'on pouvait traduire « dis-moi comment tu pries, je te dirai qui tu es ». Toucher à cela, c'était toucher, dans les profondeurs de l'inconscient, à ce qui nous faisait vivre ensemble d'une vie si particulière. Toutes les craintes, toutes les angoisses devant l'inévitable renouveau se cristallisaient sur ce point précis.

Mais nul n'avait à l'abbaye aucune expérience, aucune compétence en la matière. Il était exclu d'adopter la liturgie des paroisses, qu'on jugeait avec mépris. Non, il fallait quelque chose qui soit « monastique », conforme à notre tradition – qui soit nous. Tout était donc à créer, textes, musiques, rites mêmes.

C'était comme un coup de bâton donné dans une fourmilière : on s'excitait beaucoup. Le père abbé calmait son monde avec un refrain, qui devint habituel :

– Quand frère Irénée reviendra de Rome…

Quand il reviendra, de ce là-bas un peu mythique et

lointain, alors il y aura quelqu'un qui saura peut-être un peu mieux quelle direction adopter, quelles impulsions donner. Quand frère Irénée reviendra...

Je ne me rendais pas compte qu'on accumulait ainsi sur ma tête le poids des espoirs, des craintes et des rancœurs confondus. Et que ce poids pourrait bien m'écraser un jour. Il faisait beau, et j'étais heureux de les voir prêts à vivre.

Père Nicolas avait donné un élan nouveau à l'atelier. Le premier résultat était l'acquisition, par la communauté, d'une puissante voiture Citroën. Car il fallait aller étudier les futurs chantiers, obtenir les commandes. Nicolas passait beaucoup de temps sur les routes, qu'il avalait au mépris de toute prudence. Il effectuait en deux ou trois jours des périples insensés, dormant peu, cuisinant sur un réchaud d'énormes morceaux de viande que l'éloignement du monastère rendaient acceptables. Il en revenait fourbu, mais procurait du travail à l'abbaye. Le père Du Bellay de Saint-Pons, qui voyait les chèques suivre, trouvait que tout cela était très bien.

Souvent j'allais retrouver Nicolas dans son atelier, où la pipe ne s'éteignait pas. Il était heureux, débordant de vie et de projets. Les histoires de liturgie le laissaient imperturbable :

– Tout ce que je demande, c'est qu'on me laisse prier à l'église. Si ce que vous nous concocterez, Irénée, est aussi bien ou mieux que ce que nous avons, ça me va.

C'est donc le cœur en paix, riche de l'avenir, que je repris pour la dernière fois le chemin de Rome.

16

Comme une vieille maîtresse, un peu usée, un peu fatiguée, la ville ne m'offrait plus de surprises : mais je la retrouvais avec tendresse. Sur la colline, je faisais maintenant partie des meubles, et les bruits du Vatican nous atteignaient sans plus m'étonner.

Mark n'était pas revenu, retenu par les besoins de son abbaye. Il m'écrivait, mais son amitié chaleureuse me manquait. L'année serait donc laborieuse, un peu triste peut-être.

Je continuais de fréquenter *Ora Sesta*, et mettais la dernière main à ma thèse. En juin, ce serait l'examen de licence, d'un bon niveau universitaire. J'ai souvenir de longues heures d'hiver passées sous la lumière verte, à ma table de travail. Etre prêt : il fallait être prêt pour ne pas, au retour, décevoir l'attente de l'abbaye.

Le père abbé m'écrivait plus souvent qu'à l'accoutumée. Cet homme si réservé, si dur envers lui-même, s'épanchait plus facilement sur le papier et à distance.

«Je suis fatigué. Cette adaptation de notre vie au renouveau voulu par le concile dépasse maintenant mes forces. Il faudrait qu'un plus jeune prenne le relais. Je ne me sens plus vraiment capable d'affronter les heurts et les tensions qui naissent à chaque pas.»

Je voyais venir la chose: vers le mois de mars, il m'annonça son intention de démissionner au cours de l'été prochain:

«J'ai donné le meilleur de moi-même, ma vie, à cette communauté. Je veux quitter ma charge dans la paix, et me retirer ensuite dans un ermitage, quelque part.»

D'ici là, je devais garder le secret: une élection aurait alors lieu, et la communauté choisirait son successeur, le nouveau père abbé.

Mais cette nouvelle était presque estompée par une autre: à Pâques, ma mère allait venir passer les vacances en Italie avec moi. Pour cette femme qui avait cessé d'exister depuis que son unique amour l'avait trahie, puis que son fils, à son tour... pour elle, c'était une immense joie. Quitter sa vie monotone, retrouver son grand garçon, en liberté, presque aussi libre que sur la plage de Tamatave, le petit roi!

Bien sûr, l'oncle avait donné le coup de pouce financier pour le voyage. Autour de moi semblait se tisser à nouveau la trame d'amour et de bonheur que j'avais tranchée brutalement, pour aller mener une vie incompréhensible où les miens ne pouvaient en rien me rejoindre.

Florence, Rome, Naples : je lui ai montré mes musées, mon Sud et sa lumière. Fraternelle et douce, la ville lui a été hospitalière.

– Et puis bientôt, n'est-ce pas, je serai de nouveau à l'abbaye, plus proche de toi quand même…

Elle me répondait, faiblement :

– Plus proche ? Je ne sais pas…

J'étais égoïste, comme le sont envers les femmes tant d'hommes à qui leurs occupations servent de préoccupations. Peut-être, dans cette dernière journée qui a précédé son retour, à la fin de cette parenthèse de vie, peut-être a-t-elle vécu là, à mes côtés dans les rues de Rome, une deuxième séparation. Les mères sentent bien des choses, et celle-là était une mère.

Les examens de la licence ne m'ont pas gêné : ce n'étaient pas les premiers. Fin juin, j'avais un diplôme et une mention de plus.

Deux jours pour enfourcher la vieille bicyclette, pour faire l'amour avec ma ville, ne perdre aucune des caresses du soleil sur ses frontons, ses pierres grises et ses murailles ocres, son flanc maternel. Deux jours pour respirer sa volupté tranquille, pour écouter son antique sagesse. Deux jours pour une dernière *pasta* avec Amedeo, Piero, une dernière messe sauvage avec *Ora Sesta*, un dernier dialogue mélancolique et profond avec Gian Piero.

C'est le portier, Peppino, qui m'a accompagné jusqu'à la porte, au seuil de la place élégante du Piranese.

– *Ecco, fra' Ireneo* : moi, je suis né ici, je mourrai ici. Vous, là-bas, allez leur montrer un peu de quoi les Romains sont capables !

C'est bien après minuit que le train s'est arrêté à Modane pour franchir la frontière. Accoudé à la fenêtre, les yeux grands ouverts, je ne dormais pas. Et quand il s'est ébranlé, lentement, prenant de la vitesse pour foncer vers le Nord, je me suis appuyé contre la vitre, la tête vide.

Quatrième partie

L'EXPLOSION

— Sur l'Évangile, je le jure !

On va procéder à l'élection du nouveau père abbé. Dans la pénombre du chapitre, les moines sont rassemblés, en grand habit noir. Au fond, le trône en bois est vide ; à sa droite se tient le père provincial, qui est venu présider l'élection. Au centre, sur la table, la Bible. Chacun à son tour s'avance vers elle, pose la main sur le Livre et jure solennellement de désigner sur son bulletin de vote celui qu'il juge, en son âme et conscience, devant Dieu, digne d'être élu.

Les jours qui avaient précédé l'élection avaient été beaucoup agités. Dans une communauté de [illegible] hommes se côtoyant à vie, il n'y a pas de campagne électorale, pas de candidats déclarés. De façon informelle, au cours de réunions par petits groupes, puis générales, le provincial nous avait fait parler. Ce que devait posséder celui que nous voulions avoir à notre tête ?

Deux hommes seulement pouvaient correspondre à ce portrait-robot et à nos aspirations : [illegible] Joseph.

1

– Sur l'Évangile, je le jure !

On va procéder à l'élection du nouveau père abbé. Dans la pénombre du chapitre, les moines sont rassemblés, en grand habit noir. Au fond, le trône en bois est vide : à sa droite se tient le père provincial, qui est venu présider l'élection. Au centre, sur la table, la Bible : chacun à son tour s'avance vers elle, pose la main sur le Livre, et jure solennellement de désigner sur son bulletin de vote celui qu'il juge, en conscience et devant Dieu, digne d'être élu.

Les jours qui avaient précédé, l'abbaye s'était beaucoup agitée. Dans une communauté stable d'hommes se côtoyant à vie, il n'y a pas de campagne électorale, pas de candidats déclarés. De façon informelle, au cours de réunions par petits groupes, puis générales, le provincial nous avait fait parler. À quoi devait ressembler celui que nous voulions avoir à notre tête ?

Deux hommes seulement pouvaient correspondre à ce portrait-robot de nos aspirations : le père Joseph, candidat des mâchoires crispées et des certitudes bétonnées. Et le père Gérard, séduisant et énigmatique. Rapidement, le cœur des moines pencha vers ce dernier. Mais encore fallait-il voter.

– Sur l'Évangile, je le jure !

Le dernier frère a prêté serment. On distribue des carrés de papier, des crayons. En silence, chacun inscrit rapidement un nom sur son papier, puis le plie en quatre. Et va le déposer dans l'urne, sur la table centrale, devant le provincial debout et immobile.

Le provincial saisit l'urne, l'ouvre et la renverse sur la table : un petit tas de carrés blancs s'en échappe, qu'il faut dépouiller. Une quarantaine de bulletins, ce sera vite fait.

Puis, il ouvre les bulletins un à un, lit à haute voix le nom inscrit au crayon et les met par petits tas.

Je regarde mes frères, assis en rectangle le long des murs. Leurs visages sont totalement inexpressifs. C'est pourtant leur vie qui se joue là, pour de longues années : pas un muscle ne tressaille, pas un souffle ne s'accélère.

– Père Gérard... père Gérard... père Gérard...

Très vite, un tas l'emporte sur l'autre : à une majorité écrasante, le père Gérard vient d'être élu père abbé, socle, pilier et maître de l'abbaye.

Ses yeux n'ont pas cillé, il reste impavide. Que se passe-t-il derrière ce front lisse ?

Immédiatement a lieu l'acte d'allégeance, par lequel les moines reconnaissent en l'élu leur nouvel abbé. Père Gérard va s'asseoir dans la tache de lumière, sur le petit trône abbatïal. En commençant par les plus anciens, chaque moine s'agenouille devant lui, joint ses mains en silence et les présente au père abbé. Qui les entoure de ses propres mains, jointes autour des mains offertes, et les garde ainsi un instant, immobile.

C'est le geste qui suivait, à l'époque des chevaliers, le rite de l'adoubement. Le vassal enfermait ses mains entre celles de son suzerain, pour signifier qu'il lui appartenait désormais totalement, avec ses terres et sa parenté. Et que le suzerain avait droit de regard sur sa vie et sur sa mort.

Je me suis agenouillé devant le trône. J'ai joint mes mains et j'ai senti deux mains tièdes les envelopper, les enserrer. La tête penchée en avant du père Gérard touche presque la mienne. Avec mes mains, je lui remets mon avenir et ma vie.

À mon retour de Rome, j'avais parlé longuement avec le père abbé. Sans qu'il me le dise vraiment, j'avais compris la raison profonde de sa démission. Cet homme intelligent, ce vieux lutteur mesurait la nature et l'étendue des changements qui s'imposaient aux monastères et à toute l'Église, si elle voulait redevenir vive et attrayante. Ce n'est pas seulement qu'il ne se sentait plus la force de mener cette évolution : plus profondément, confusément, il se rendait compte qu'elle ne se ferait pas, ou très partiellement. Que l'immense espoir soulevé par le concile n'aboutirait pas. Que le poids des choses et de l'institution l'emporterait sur l'élan de la vie.

Il ne voulait pas assister de près à cela, il ne voulait pas être acteur dans ce scénario. Peut-être prévoyait-il que tous ces soubresauts, ce qui s'annonçait, serait épuisant et vain. Dans son vieil âge, il aurait accueilli avec joie une nouvelle jeunesse de l'Évangile : il n'y croyait pas, il n'y croyait plus.

Alors il demandait la paix, il demandait à se retirer hors de l'abbaye pour vivre au moins quelques années de liberté telle qu'il l'entendait : la liberté d'être, face à son Dieu, naturel et simple. Dépouillé des attributs du pouvoir, qui lui étaient maintenant autant d'obstacles.

Il irait donc, seul, dans une petite paroisse de Lozère dont il serait aussi le curé. Le silence, la pauvreté, l'absolu du don, il les trouverait là sans avoir à les créer, sans craindre de s'en glorifier ou d'être admiré par quelque galerie.

– Prenez garde, frère Irénée ! vous voyez rapidement, vous voulez aller vite. Mais l'Église ne bouge pas comme cela, et la société qui nous entoure ne tient pas à voir changer notre image de marque. Vous découvrirez que, si tout est possible, tout n'est pas réalisable. Je pense que le père Gérard sera élu abbé : bonne chance, Dieu vous garde !

Mes mains dans le creux des siennes, père Gérard a levé le front. Nos regards se croisent. Je ne lis rien derrière ces yeux plissés, ce léger sourire. Serez-vous pour moi un père, recevrons-nous de vous la vie que j'attends ? À mon interrogation muette, pas de réponse.

Lentement, ses mains s'écartent. Je me relève et retourne à ma place, dans l'ombre. La semaine prochaine, ce sera la bénédiction abbatiale, cérémonie en grande pompe sous la présidence de l'évêque.

Le père Gérard était le candidat du renouveau. Il le marqua de façon originale : la bénédiction abbatiale aurait lieu le matin. Et l'après-midi, pour les familles des moines, le monastère ferait portes ouvertes : la clôture, pendant quelques heures, serait levée. Chacun pourrait montrer aux siens quel était ce cadre de vie, qui restait toujours caché au monde.

J'écrivais très régulièrement à l'oncle. Cette fois-ci,

il me répondit : il était libre, il ne viendrait pas aux « bondieuseries » du matin, mais il serait là l'après-midi.

Après plus de dix ans, l'oncle allait faire le voyage jusqu'au bord du Fleuve, venir me voir ! Reconnaître en quelque sorte le choix que j'avais fait, tirer un trait sur le passé, accepter ce que j'étais, ce que j'avais voulu être !

L'oncle, ici ! Des torrents de joie s'écoulaient dans mes veines. Ah oui ! tout cela allait déboucher sur quelque chose, ce n'était pas possible autrement, la vie triompherait !

Il est là, au milieu du jardin, dans son costume gris, avec un sourire tendu. Il y a beaucoup de monde, je le saisis par le bras :

– Viens. On va se promener à l'intérieur.

Sa femme le suit : elle comprend que ce moment est à nous deux, qu'elle doit s'effacer, être discrète. Nous parcourons les couloirs austères et froids. L'oncle ne desserre pas les mâchoires. Je l'introduis dans ma cellule :

– Alors, c'est là que tu vis ? C'est de là que tu m'écris ?

Il se détend, s'assoit sur le lit – fait une grimace, crénom que c'est dur !

– Tu dors bien, là-dessus ?

Il est maintenant à l'aise, ouvre les portes, furète dans les coins, descend dans l'atelier, apprécie en connaisseur le tabac du père Nicolas. La glace a fondu, il pose mille questions, s'intéresse à tout.

C'est sans importance, ce que tu dis et mes réponses : tu veux simplement me faire comprendre, me faire sentir que tu m'aimes, que rien n'est changé entre nous. D'accord, j'ai choisi ce truc bizarre, mais si je suis heureux, c'est l'essentiel. « Es-tu heureux, Michel ? Dis, es-tu heureux ? »

Oui, mon oncle, je suis heureux, fou de joie de te voir là, de savoir que ta plaie s'est refermée. Je vivais si mal, tu sais, de t'avoir meurtri, toi ! Mais tu es ici, tu souris et je te souris. L'abbaye, tu t'en moques au fait : ce qui compte, c'est que nous sommes ensemble, à nouveau.

Ce soir-là, je planais avec les hirondelles d'été au-dessus des toits du village, vers la courbe du Fleuve, dans les rayons du soleil couchant. Était-ce cela, le bonheur ?

2

Il y eut un soir, il y eut un matin: père Gérard est assis derrière le bureau du père abbé. Nous parlons de ce que seront mes activités à l'abbaye: le temps des études, le temps des vacances est fini. Il faut maintenant mettre la main à la pâte.

– La liturgie, bien sûr. Vous savez qu'il y a tout à faire, et que nous vous attendons. Puis l'accueil extérieur, et la revue de l'abbaye.

Nous faisions paraître chaque trimestre, comme tous les monastères, un bulletin. De simple feuillet, il était devenu peu à peu une plaquette à la présentation agréable. On comptait un peu moins de deux mille abonnés payants, l'essentiel étant évidemment la cotisation qu'ils versaient chaque année. C'était le groupe des supporters de l'abbaye, au premier rang desquels venaient les femmes. Activité de rapport, vitrine du monastère. On y trouvait l'inévitable «petit mot du père abbé», quelques articles doctrinaux peu lisibles, une chronique de la vie quotidienne (le trimestre tenait en une page), et des appels au soutien financier.

L'accueil était en plein développement. Dans le grand remue-ménage qui agitait l'Église, les monastères devenaient à la mode. Croyants ou non, beaucoup venaient faire un tour, pour voir. Ce n'était pas du ressort de l'hôtellerie monastique, activité ancienne et traditionnelle. Ils arrivaient pour la journée, prenaient un petit air de liturgie, se donnaient quelques frissons mystiques à peu de frais, et puis regardaient comment pouvaient bien vivre ces drôles d'individus, les moines.

La télévision s'en était mêlée. On voyait parfois des reportages, toujours bâtis sur les mêmes lieux communs : le moine-polytechnicien qui balaye les couloirs, la jolie jeune fille qui a revêtu le voile et qui est si, si heureuse ! Le petit écran donnait des abbayes une image idéale, celle dont le public avait besoin.

Peu à peu les écoles, les paroisses nous avaient découverts : en groupe constitué, des classes entières, des sections du troisième âge s'offraient « une journée avec les moines ». Comme on ne les recevait pas à l'intérieur, il fallait les accueillir de façon originale. Une visite de l'église, une conférence-interview dans le jardin – « À quelle heure vous levez-vous, mon père ? » – un tour dans un parloir aménagé en exposition permanente. Après la visite, le moine d'accueil leur tendait un panier : cet apport n'était pas négligeable, et le père Du Bellay de Saint-Pons ramassait les paniers en fin de journée.

Je serais bien occupé avec ces activités à la frange de l'abbaye, qui répugnaient aux moines purs et durs, mais qui conviendraient certainement à mon besoin de contacts.

Et puis, il y avait la responsabilité, terrible et délicate, de l'adaptation liturgique. Sans me le dire, on m'attendait là. Du Vatican nous venaient des consignes parfaitement romaines, c'est-à-dire ambiguës : oui, les abbayes devaient s'adapter aux temps nouveaux. Mais en même temps, elles devaient conserver toutes leurs traditions.

Une commission avait été créée par le père Gérard, j'en étais nommé animateur et responsable. Quatre frères devaient élaborer avec moi les projets, pour les soumettre à la communauté. Pièce après pièce, comme une mécanique de précision, il fallait démonter notre liturgie. Choisir, retailler, puis replacer dans l'ensemble. Et s'assurer que tout cela était bien cohérent, homogène. Chaque mot, chaque texte, chaque modification que je proposais étaient discutés en commission.

Je pensais pouvoir m'appuyer sur ces collaborateurs, partager avec eux le fardeau. Les mois, puis les années passant, je m'aperçus qu'ils étaient plutôt là pour me surveiller, limiter mes initiatives, éviter les excès qu'on craignait de moi. Bien sûr, aucune consigne en ce sens ne leur avait été donnée. Mais ils représentaient la communauté, qui voulait avant tout ne pas être bousculée dans ses habitudes. Et ils le savaient.

Cette commission, qui se réunissait chaque semaine, était donc faite d'une locomotive tirant quatre wagons aux freins bloqués.

Mon enthousiasme était tel qu'il me fallut du temps pour m'en apercevoir. J'imaginais mal qu'on puisse à la fois être chargé d'une mission, et n'en pas vouloir l'application.

Si tension il y avait, c'était au père Gérard de trancher. J'allais souvent le voir, et il m'assurait de son soutien :

– Mon frère, vous touchez là au nerf le plus sensible de notre vie. Mais je vous fais confiance, marchez !

> Qu'est-ce qui est en jeu, Dieu, sinon la façon même dont ta Parole peut parvenir à ce groupe d'hommes ? Si nous t'écoutons comme chose étrangère, si rien entre toi et nous ne peut passer que d'artificiel et de convenu, peux-tu être en vérité pour nous le Dieu vivant que j'ai découvert ?
> Je ne t'imagine pas autrement que fascinant, déroutant, neuf. Tu n'es pas pour moi le Dieu des routines ou des rabâchages. J'ai envie de vivre, et chaque matin de m'affronter à toi...

En vérité, je me sentais plus missionnaire qu'exécutant. Mais les vieux moines confirmés étaient-ils disposés à entendre la chanson du dernier venu, un païen converti ?

Une guerre de tranchées allait commencer : chaque pouce de terrain serait âprement disputé. Les années qui viendraient, sans événements, dans la longueur des jours qui coulaient uniformes, seraient remplies de ces combats obscurs et silencieux. J'avais alors trente-deux ans.

Je les aimais pourtant, ces frères, et j'étais vivement conscient de ne posséder aucune vérité exclusive... Justement, puisque nous cherchions le même Dieu, pourquoi ces lourdeurs, cette inertie latente ? Au fait, était-ce bien le même Dieu ? Ou bien y avait-il, ailleurs, quelque chose que je n'entrevoyais pas encore ?

J'attaquai directement le problème le plus épineux, celui des psaumes. L'essentiel de la liturgie était constitué par le chant des 150 psaumes. Le texte latin que nous utilisions remontait au IVe siècle, la musique – le grégorien – au XIe. Et c'est cela qu'il fallait remplacer !

Il existait déjà en France une version des psaumes dans notre langue, très répandue dans les paroisses. Sans doute n'était-elle pas parfaite, mais enfin elle était partout pratiquée, avec des mélodies simples et populaires.

C'était justement ce dont l'abbaye ne voulait pas. On ne remplacerait pas le grégorien par quelque chose de commun, et donc de vulgaire : il nous fallait une liturgie spécifique, qui marque bien notre différence d'avec le peuple.

On prit donc contact avec un musicologue, professeur dans un conservatoire. Bien sûr, cette aventure l'intéressait, oui, il nous composerait des mélodies tout à fait modernes, que nous serions bien les seuls à chanter.

L'honneur était sauf.

Pendant plus d'un an, il y eut des journées entières de travail pour déchiffrer, puis chanter cette musique. La mèche en bataille, notre Wagner des abbayes nous faisait avaler les dissonances, les syncopes et les contretemps de la modernité. Certes, j'avais rêvé quelque chose de plus chaleureux, de moins ésotérique, un peu comme je l'avais vu pratiquer à Taizé. Mais c'était difficile et étrange, donc monastique : la communauté l'acceptait, se prenait au jeu. Il ne fallait pas se plaindre.

Un beau jour nos gros livres latins, qui avaient bercé des générations de moines dans la monotonie sécurisante d'une langue morte, furent remplacés au chœur par les petits psautiers en français. Toute la fin de l'office resterait en grégorien, d'abord pour apaiser les nostalgiques, et aussi parce qu'il n'existait encore rien qui puisse prendre la place dans notre langue.

Le front plissé, les yeux rivés sur les notes, mes frères se rendirent à l'inévitable: pour la première fois les paroles inspirées résonnèrent en français sous la voûte médiévale.

3

C'était un dimanche après-midi. Quelques semaines auparavant, Rome, après avoir encouragé le « nécessaire renouveau liturgique », avait publié un couplet sur « la valeur intrinsèque de l'immortel chant grégorien ».

Je venais de guider un groupe de touristes dans l'église, et me dirigeais vers la porte de clôture. Un homme jeune, petit et sec, culotte de golf et cheveux en brosse courte, jaillit de derrière un pilier.

– Mon père ! Puis-je vous poser une question ?

Le regard est inquiet derrière ses lunettes, la voix recherchée et un peu sifflante.

– Je vous en prie.

– Je vais assister à votre office de vêpres avec mes enfants. Dites-moi, mon père, les psaumes sont bien chantés chez vous en grégorien, n'est-ce pas, en latin ?

Il est venu jusqu'ici pour assister à la liturgie avec ses deux enfants, qui me dévisagent.

– Non, monsieur, la psalmodie est maintenant en français, mais toute la fin de l'office…

Il m'interrompt, se dresse sur les orteils, le jarret tendu, la fesse contractée :

– Comment ! En français ? Après les ordres du Saint-Père le pape, vous osez, vous osez ?

J'ai bafouillé un peu et regagne la clôture, dont l'utilité m'apparaît en cette occasion. Son glapissement me poursuit : vous z'osez, vous z'osez ?

À l'extérieur aussi, on souffre du changement. Pour une petite frange de la population, nous sommes un critère, un lieu de refuge des valeurs éternelles. J'ai conscience de travailler, simplement, à la qualité de notre prière. Mais dans le climat français, certains transforment nos faits et gestes en enjeux politiques. Verrons-nous un commando d'intégristes musclés entonner des psaumes en latin pour couvrir notre chant, comme ils l'ont fait à Paris ?

« Les grandes personnes sont décidément tout à fait extraordinaires ! »

> « Dieu, tu es mon Dieu, je te cherche dès l'aube… » Lentement, je laisse couler en moi la phrase du psaume. Nous sommes peu nombreux dans l'oratoire, à cette heure matinale. Souvent, pendant la fin du grand silence de nuit, je viens ici. J'abandonne mon corps sur le sol, et je me dispose pour toi.
>
> Au début de notre rencontre, je te parlais beaucoup. Maintenant, et de plus en plus, je me tais devant toi. Ne sais-tu pas ma parole, avant même qu'elle ne me vienne aux lèvres ? Je fais silence en ta présence. Ce n'est pas que je te connaisse vraiment : mais j'aime à rester là. Fais ce que bon te semble de cet instant.

J'apprends à prier.

Il y eut de véritables révolutions de palais. Par exemple : le déroulement de l'office est mené par un moine qui joue un peu le rôle de chef d'orchestre. Il lance le départ, intervient à plusieurs endroits en cours de route, conclut. On l'appelle le « célébrant ».

Au cours des siècles, son rôle s'était amenuisé au point qu'on ne l'entendait plus guère. La liturgie y perdait en vie et en relief, d'autant plus que le père abbé, par un glissement naturel vers l'autorité, avait peu à peu pris cette place qui le mettait en valeur de façon permanente. Avatar classique, que l'histoire laisse apparaître dans tous les rites.

J'avais longuement étudié la question sur le plan historique, et proposai que – pendant la liturgie – le père abbé s'efface devant le célébrant qui jouerait à nouveau son rôle d'animateur. Comme on changeait de célébrant chaque semaine, notre vie liturgique y gagnerait en saveur, chacun la marquant à tour de rôle de sa personnalité.

Sur le principe, il n'y avait rien à dire : j'avais un dossier solide, indiscutable.

Mais dans la pratique, il faudrait que le père abbé abandonne la place centrale qu'il occupait à *tous* les offices, et qu'il rentre dans le rang : *primus inter pares*, le premier sans doute, mais au niveau des autres frères.

Le père Gérard n'y voyait aucun inconvénient : il comprenait que ce petit détail obligerait chaque célébrant à s'investir dans l'office pendant une semaine. Et s'il avait conscience de sa primauté d'abbé, il ne la plaçait pas dans ce genre de choses.

Mais ce fut la communauté qui bloqua, et d'abord les

membres de la commission. C'était une atteinte à l'image qu'ils se faisaient sans doute de la hiérarchie. Mon projet sentait l'égalitarisme, on devait me soupçonner de socialisme. Et puis, aussi, la quinzaine de célébrants qui se succédaient à ce poste se voyaient soudain investis d'une responsabilité qui les mettait en avant, publiquement. Non, vraiment, ils n'aimaient pas cela.

La réticence était telle – on aurait cru que l'ordre du monde était en péril – que je dus opérer un coup d'État. Il fallait modifier le mobilier à l'église, déplacer le trône du père abbé. Avec l'accord du père Gérard, Nicolas et moi avons effectué ce petit travail la nuit, pendant que tous dormaient.

Et le lendemain, à l'office du matin, coucou ! Les meubles ayant changé de place, il a bien fallu que les hommes suivent.

Au bout de trois mois, tout le monde s'en trouvait fort bien, nul n'aurait voulu revenir en arrière. Mais on m'en voulait, sourdement, de ces coups de force.

Et à ces escarmouches, difficiles à imaginer dans un contexte autre que celui-là, je m'usais lentement.

Mais certainement.

> Heureusement, Dieu, tu es là. Je m'efforce de garder les yeux sur toi. Mais jusqu'où pourrai-je aller ?

Il y eut quelques mois de pause. Puis, comme approchait le printemps, on décida d'attaquer la semaine sainte et Pâques.

Nous avions, pour cette période cruciale de l'année, hérité d'une liturgie gonflée par les siècles successifs. Ainsi du tremblement de terre qui aurait, selon l'Évangile, accompagné la mort du Christ: quand on lisait ce passage au cours de l'office des ténèbres, tout le monde se mettait à quatre pattes dans les stalles, et imitait le grondement d'un séisme en tapant des mains et des pieds sur le plancher.

Détail baroque, amusant, qui avait d'ailleurs disparu avec le concile, mais qui montre à quel point l'anecdote avait fini par étouffer ces longues liturgies, machineries complexes.

Là aussi, j'avais un dossier irréprochable. Le père Gérard me demanda de faire une série de conférences à la communauté, pour expliquer le pourquoi du comment, et le sens de ce que nous proposions de faire: remettre en valeur les grands symboles naturels. Adapter les lectures, et retrouver pour celle de la Passion l'amorce de mise en scène des «jeux liturgiques» du haut Moyen Age.

Lors de mes conférences, la plupart des frères m'écoutaient avec patience, et ne réagissaient pas. Mais il y en avait quelques-uns qui avaient des connaissances d'histoire ou de liturgie: la moindre de mes affirmations était contrôlée, je devais l'étayer de preuves irréfutables et qu'ils puissent vérifier. Ce travail avait, bien sûr, déjà été fait en commission, où je passais devant un jury restreint avant l'examen général.

Il fallait avoir les nerfs solides. Heureusement le père Gérard semblait suivre, donnait les feux verts. On avançait, lentement.

Pâques, cette année-là, était tard, le temps magnifique. Depuis un mois, tout le monde répétait les rites, les textes – j'avais dû en réécrire certains –, les chants.

Le sourire des moines témoigna que nous avions eu une belle semaine sainte. Et aussi l'assistance des fidèles, de plus en plus nombreux: le bruit courait vite que l'abbaye faisait des efforts, que la liturgie y devenait plus vivante, restait belle.

Pour la vigile pascale, qui dure presque quatre heures de temps et clôture la semaine, il y avait environ deux cents personnes, chose jamais vue. Le feu partait du fond de l'église, montait à l'autel, redescendait dans la foule. Nous allions à l'eau lustrale, qui venait ensuite à nous... Un ballet harmonieux, une communion dans le mystère, les éléments cosmiques retrouvant leur valeur originelle de supports de l'Esprit.

Quand tout fut terminé au cœur de la nuit, j'avais prévu deux grandes bassines de vin chaud à la porte de l'église. Quelques moines désignés commencèrent la distribution aux fidèles, transis et reconnaissants. Et puis quelques autres, timidement, se joignirent à cette foule qui avait vibré et prié avec nous. Moments de grande paix fraternelle.

À la promenade de Pâques, les commentaires allèrent bon train: on était fatigués, mais contents.

Et puis l'année suivante, il fallut tout recommencer, conférences, plaidoyers... On ne se souvenait plus bien, on n'avait pas vraiment bien compris, on avait oublié.

Pénélope résignée, je recommençais à tisser ma tapisserie.

4

Ma mère venait, une fois l'an, passer quelques jours auprès de l'abbaye. En ce début d'été, elle me trouva fatigué, tendu.

– Mais non, maman, tout va bien, pas de problèmes !

Je ne pouvais pas lui avouer ce que je ne voulais pas m'avouer à moi-même : la tâche était lourde, je peinais à ce combat. Mais j'agissais sur ordre, j'avais remis ma confiance au père Gérard. Il ne faisait pas défaut, accompagnait mes efforts, m'en donnait les moyens. Passant sur les détails, je l'expliquais à ma mère. C'était un peu dur, voilà tout.

Mais elle était mère. Sans rien m'en dire, elle demanda de rencontrer le père abbé. Celui qui avait autorité sur son fils, son fils qui s'en remettait à lui.

Où donc cette femme, que ses blessures avaient rendu réservée, trouva-t-elle le courage de sa démarche ?

Ce n'est que bien plus tard qu'elle rompit pour moi le secret de cet entretien, « après ». J'entends encore ses paroles, et ne les mets pas en doute :

– Nous avons échangé très franchement, il ne s'est pas dérobé. Il m'a parlé de toi avec affection, mais il a conclu tristement : « Je ne pensais pas que votre fils reviendrait de Rome. Je ne crois pas qu'il restera. »

Femme, tu as obtenu cet aveu, et tu l'as caché dans ton cœur de mère. De quels yeux, dès lors, me regardais-tu, toi qui savais ? Avec quelle angoisse suivais-tu ma route ? Y avait-il donc en toi, quelque part encore, un terrain capable d'éprouver de la souffrance ?

Sans me douter de rien, je continuais. Pénélope, ou Don Quichotte ? Ou peut-être seulement Candide, affirmant que son maître Pangloss ne peut pas le tromper : tout est bien, dans le meilleur des mondes.

> Curieusement, Dieu, ces turbulences ne m'atteignent pas dans cette profondeur secrète où je te retrouve, toi. Est-ce une fuite de ma réalité quotidienne ? Je ne crois pas.
> Je crois plutôt que tu es, toi, la seule réalité. C'est pourquoi peut-être nos relations semblent si peu concernées par « l'extérieur ».
> D'ailleurs, peut-on parler de relations ? Avec toi, je me tais beaucoup. Tu parles peu, ou plutôt de façon curieuse : tu viens confirmer, en quelque sorte, les paroles que je connais de la Bible. Par une certitude intérieure, comme si tu me les adressais, à moi, ce jour-là.
> Dieu silencieux. J'aime guetter ta parole.

Tous les monastères de France étaient confrontés au même problème de l'adaptation, de la transformation de leur liturgie, et donc de leur vie la plus intime.

Au point de départ, les modes de vie étaient partout

identiques. Avec des nuances, souvent importantes, entre bénédictins et cisterciens. Nos traditions n'étaient pas les mêmes, nos cheminements historiques s'étaient faits en parallèle. Mais en ce qui concerne la liturgie, nous étions très proches les uns des autres.

Selon le droit de l'Église, chaque monastère dispose d'une grande autonomie. Le renouveau étant en marche, on risquait donc de voir des différences notables s'instaurer entre maisons sœurs. Il fallait, non pas une autorité centrale – une abbaye ne reconnaît que celle de Rome, qui est bien loin – mais une possibilité de conjuguer nos efforts, peut-être de les harmoniser.

Et puis, que l'information circule. Les compétences étaient peu nombreuses, certains monastères très isolés, ne sachant que faire, ni comment.

Une réunion nationale de pères abbés aborda la question. Il fut décidé qu'on aurait un « secrétaire pour la liturgie », qui se mettrait au service de la province française de l'ordre. Informerait chacun des travaux et des réalisations de tous. Aiderait ce lent cheminement, non pas avec autorité, mais en fournissant des éléments de réflexion, des dossiers, de la compétence.

Le provincial me convoqua : étais-je prêt à accepter cette charge, et à la remplir au service de tous ?

Je demandai si le père Gérard était bien d'accord : oui, c'est même lui qui avait proposé mon nom.

Ce n'est qu'après coup que j'ai réalisé le double but de l'opération, du point de vue de l'abbaye – et peut-être même du provincial : résoudre un problème général, et trouver une compétence disponible, c'est certain. Mais aussi... mais oui, me donner un dérivatif. Offrir un débouché à mon action, qui la détourne un peu du champ clos de l'abbaye.

Puisqu'on avait une locomotive, on lui rajoutait des wagons. Et on la mettait sur des rails nationaux où elle pourrait laisser aller son énergie sans trop piaffer dans sa gare locale.

Je commençai donc à voyager un peu sur le territoire, d'une abbaye à l'autre, et à centraliser les informations, organiser des rencontres, faire des conférences.

C'était le pouls de l'ordre que je prenais, un aperçu de l'ensemble des monastères français. Je m'apercevais que les tensions n'étaient pas l'apanage de mon abbaye : partout la nouveauté accouchait dans la douleur, avec des coups de freins qui venaient soit des communautés, soit de l'autorité. Et je constatais que les maisons qui vivaient le mieux cette difficile mutation étaient les plus simples, les plus pauvres en ressources humaines : abbayes campagnardes un peu isolées, cisterciens perdus au fond des bois, monastères sans grand renom ni image de marque à défendre.

Les petits, les humbles, adoptaient le français sans rechigner, choisissaient des mélodies dépouillées qu'ils chantaient souvent de façon chaleureuse, avec peu de moyens. Bon, ce n'était plus la grande tradition du grégorien, on passait un peu des fastes de Versailles à la modestie de Fontainebleau. Mais cette liturgie les nourrissait, et la paix était offerte en sus, comme une récompense de l'humilité.

Avec les grands, les célèbres, les illustres, tout était plus compliqué. Ces chevaliers s'affrontaient sabre au clair, le sang coulait. Verbalement bien sûr, les formes sont toujours respectées entre frères d'une même religion. Je percevais ces joutes qu'on ne dévoilait à personne, pas même au secrétaire provincial.

Partout les règles du silence s'étaient assouplies et j'observais les relations qui se manifestaient entre moines au cours d'échanges, de promenades.

Quelque chose me frappait, quelque chose d'indéfinissable, de marginal et de très ténu.

J'avais vécu déjà des relations professionnelles viriles. Les affrontements se font généralement en face, les choses sont claires : on n'est pas d'accord, on se le dit, et la chose une fois réglée, on n'en parle plus.

De même j'avais connu l'amitié, ou même l'affection entre hommes. Sans équivoque, elle était chaleureuse et ne craignait pas de se manifester en paroles ou en gestes. Mes amis me posaient la main sur l'épaule, on s'embrassait aux grandes occasions, une bonne étreinte, une claque dans le dos, le regard et le sourire partagés.

Mais là, entre moines, c'était différent – et indéfinissable. Souvent – non pas toujours, bien sûr – je notais une espèce de préciosité, de maniérisme dans les relations qui se laissaient voir. On ne se touchait pas, on se frôlait, on s'approchait tout en s'éloignant. Les gestes de mains, les regards, les démarches parfois, avaient quelque chose d'un peu féminin. Était-ce la robe que portaient ces hommes ? Je ne sais.

À l'abbaye, où je connaissais bien le petit monde des affinités et des répulsions, je voyais ces échanges mouchetés, ces piques enveloppées de sourires, ces déclarations voilées qui appelaient le sentiment et l'affection de celui qu'on craignait.

Et je me reposais la question jamais résolue : qu'en était-il donc de la sexualité de ces moines ? Comment mes frères vivaient-ils et assumaient-ils leurs pulsions sexuelles, en dehors du discours officiel – « Sublimez, mon frère, sublimez ! » – ou plutôt en son absence ?

Alors me revint à l'esprit une phrase que ma mère avait lancée, quelques jours avant mon départ pour l'abbaye, il y avait bien longtemps.

5

– Et puis d'abord, tous les moines sont des pédés !

Excédée, à bout d'arguments, la pauvre femme n'avait plus trouvé que cette affirmation commune à m'opposer, comme un dernier barrage pour infléchir ma décision.

Non, les moines avec lesquels je vivais ne pratiquaient pas l'homosexualité : la rumeur populaire était totalement injustifiée.

Mais oui – la chose m'apparaît désormais avec évidence – oui, les moines sont très souvent homosexuels dans leur tête.

Saurai-je trouver maintenant les mots justes pour décrire une réalité aussi subtile, dont je n'ai pris conscience que longtemps après, et dont il était exclu de parler ?

J'avais revu Mark dans sa lointaine abbaye. À cet ami, je pouvais tout dire. Mais quand j'abordais timidement avec lui cette question, il se fermait comme une huître. Sujet tabou, sujet impossible.

Notre sexualité n'avait pas disparu avec l'entrée au noviciat. C'est dans notre tête que tout se passe, émotions, désirs, plaisirs. Qu'elle soit rasée puis recouverte du capuchon n'y changeait rien : aucune destructuration, aucune restructuration ne pouvait anéantir cette puissante alchimie, qui est celle de la vie même.

Nous étions une élite, et nous le savions : un geste grossier nous aurait fait perdre notre identité, l'idée que nous avions de nous-mêmes. Imbus de notre supériorité morale, imprégnés de nos auteurs classiques, nous étions aussi entourés de regards admiratifs, qui nous préservaient. S'abaisser à des actes homosexuels était clairement contre-vocation, si ce n'est contre-nature.

Et pourtant, il régnait dans nos communautés un climat ambigu.

Entrant à l'abbaye, les moines deviennent orphelins. D'ailleurs, je constatais souvent que leur père selon la chair, qu'ils avaient abandonné dans le monde, jouait dans leur vie présente un rôle d'absent. Ce sont les mères dont on parlait quand on parlait de soi, les mères qui avaient souffert le plus du départ de leur fils, les mères qui venaient souvent leur rendre visite au parloir.

Mais l'abbaye a un père omniprésent : le père abbé. Il est muni d'une autorité absolue, physique, morale, spirituelle, affective. Ainsi l'établit la Règle, à l'image du *paterfamilias* romain.

La coutume veut que le père abbé appelle chaque moine « mon enfant » : même si l'enfant, tête chenue et rides profondes, aurait pu être le grand-père de son jeune père abbé. C'est un abbé français qui m'a dit un jour à Rome, où il était de passage et où la douceur du soir incitait aux confidences :

– Que voulez-vous, mon cher frère, on entre dans nos abbayes enfant, on y vit enfant, et on y meurt enfant...

Les relations avec le père abbé sont complexes. Ayant joint un jour ses propres mains entre les siennes, le moine s'est donné à lui corps et âme. C'est si vrai que dans la Règle la paternité abbatiale n'est que le reflet, l'incarnation de la paternité divine. Père tout-puissant, l'abbé s'efface donc devant Dieu, le seul Père. Et le moine se retrouve, à nouveau, avec un père absent. Présent pour tous les actes contraignants liés à sa paternité, mais absent pour l'essentiel qui est la transmission de la vie, le don de la vie.

Je savais bien ce que l'oncle, en devenant mon père, m'avait donné: ma vie propre, en même temps que la sienne. Je savais de quelle inquiétude il avait accompagné mes pas, combien sa joie était plus forte que la mienne lorsque je réussissais, quelles fibres mystérieuses nous reliaient. Le combat qui nous a opposés fut celui d'une même chair qui se déchire.

Aucun abbé, aussi «père» qu'il se veuille, n'a pu approcher ce que j'ai reçu là.

Un père absent mais tout-puissant, un père aimé forcément, mais pas toujours d'amour. Un père responsable de nos vies, mais aussi et surtout garant de l'observance. Un père généreux et donné à ses enfants, mais jusqu'à un certain point: car lui aussi doit vivre sa propre vie seul face à Dieu, Dieu devant qui il se retrouve à son tour enfant. Un père-enfant, un orphelin père d'orphelins.

Alors entre eux, les moines-enfants développent une sorte de relation invertie: tout est faussé au point de départ. Ne pouvant s'aimer tous mais devant tous s'aimer, ils choisissent souvent d'aimer certains plus que d'autres: mais d'un amour éthéré. Ces couples qui se forment au gré des travaux ou des études : cela s'appelait chez nous une équipe.

J'en ai connu ainsi deux qui ont vécu pendant des années ce qu'il faut bien appeler un amour parfait.

Le père Anscar était issu de vieille bourgeoisie flamande. Grand, fin, racé, il était d'une fragilité nerveuse qui touchait au pathologique. Un écorché vif, qui passa la moitié de sa vie à exhumer puis à publier un texte médiéval trouvé dans la bibliothèque de l'abbaye. Travail de bénédictin, qui serait lu par une centaine de spécialistes au monde.

Ses gestes saccadés, ses emportements nerveux contre une machine à écrire récalcitrante, les cris qu'il poussait seul dans sa cellule devant son fameux manuscrit ancien, ses tics et sa brusquerie ne nous étonnaient plus mais l'avaient isolé, certainement, du reste de la communauté.

Avec lui il y avait un frère, troisième ou quatrième d'une famille nombreuse qui bénéficiait d'une carte de réduction à vie dans les transports en commun. Tout en muscles, la tête en forme de parpaing, c'était un manuel qui se voulait incapable d'études : en fait, il n'était sans doute pas plus bête qu'un autre.

Tout était chez lui méticuleusement rangé, prévu, organisé – avec lenteur, certes, mais sans qu'une virgule ne lui échappe. On l'avait nommé cérémoniaire, c'est-à-dire contremaître de nos liturgies. Il en affichait la veille le déroulement avec une précision d'IBM, mais je crois que même un ordinateur était capable de plus d'humour que lui.

À l'époque où la révolution rendit possible la *lectio divina* en petits groupes, ces deux moines commencèrent à se retrouver chaque matin pour lire ensemble l'Évangile. Tandem étonnant que ce grand intellectuel hypersensible et ce jeune gars aux allures de bétonneuse, qui s'asseyaient alternativement dans la cellule de l'un ou de l'autre pour échanger leurs impressions sur une page de saint Jean ou saint Marc.

Ils se complétaient sans doute, et ces deux hommes peu heureux finirent par devenir indispensables l'un à l'autre. Au point qu'à toutes les promenades – destinées pourtant à remélanger les cartes – ils se retrouvaient côte à côte, parfois en groupe, parfois seuls, comme par une attirance physique ou pour se protéger ensemble des autres. Quand l'un hochait la tête, le second souriait, et le plus ancien exprimait généralement l'opinion du couple.

Couple parfaitement chaste, parfaitement innocent, parfaitement admis donc et presque montré en exemple. N'étaient-ils pas l'image de cette fraternité bâtie autour de l'Évangile, seul capable de réunir deux êtres aussi dissemblables ?

Oui. Mais si jamais l'un était attaqué, l'autre volait à son secours, et si l'autre avait réussi quelque chose, l'un était le premier à venir l'en féliciter.

Achille et Patrocle sans déclaration d'amour, mais non sans cuirasses.

La formation de tels couples – sous les motifs les plus nobles – était fréquente : je crois n'avoir jamais pratiqué cette relation privilégiée, particulière, exclusive de toute autre. Mon amitié avec Mark ou avec Nicolas ne nous enfermait pas dans une solitude à deux, mais restait ouverte, n'était pas possessive.

Le recul des années seul me permet d'apprécier ce qu'il y avait d'équivoque dans notre langage affecté, réservé au groupe. Dans cette conscience aiguë d'être une minorité qui s'est choisie et doit donc se défendre. Enfin, la décision d'entrer ayant été prise une fois, tout autre de ces choix et de ces combats qui font un homme au long d'une vie nous était épargné. La plupart de mes confrères étaient désormais incapables de prendre une décision sans en référer d'abord à celui qui les tenait au creux de sa main.

Tous les ingrédients étaient donc réunis pour qu'on puisse parler d'homosexualité latente.

Tous bien sûr, sauf l'acte, ou même son amorce.

6

L'automne était là. L'accueil extérieur, pendant l'année scolaire, recevait de plus en plus de demandes de groupes de jeunes. Cette fois, c'étaient des aumôneries, conduites par leur prêtre, qui demandaient à passer trois ou quatre jours à l'abbaye. On les couchait sommairement dans l'école du village, où ils campaient. Ils voulaient plus qu'une simple visite des lieux: une vraie retraite, avec essentiellement une initiation à la prière.

Ces grands adolescents, garçons et filles mélangés, étaient volontaires, désireux de tout. Je les prenais en charge, et devenais prédicateur de leur courte retraite.

On ne fait pas des conférences à des jeunes: on les aide à expérimenter, à toucher du doigt.

Il était donc nécessaire qu'ils ne soient pas seulement spectateurs, mais participants actifs de nos liturgies.

Je commençai à demander qu'on les intègre à nos côtés, à l'intérieur du chœur monastique. La résistance fut considérable: les moines voyaient leur domaine réservé envahi, profané, par des blue-jeans aux cheveux longs. À chaque fois, je devais l'emporter à force de persuasion, de discussions avec les frères.

Très vite, je vis que ce n'était pas suffisant : l'office, dans son contenu même, devait tenir compte de cette présence étrangère de non-initiés. Il fallait remplacer peut-être une lecture prévue, choisir tel chant plutôt que tel autre, adapter le langage : faciliter l'accès à notre monde et à ses mystères.

Ces jeunes étaient d'une totale bonne volonté, prêts à tout. Rapidement, la première curiosité passée, ils étaient capables de rentrer dans la liturgie, d'en recevoir le message. Je les retrouvais ensuite pour des moments de prière silencieuse guidée, dans l'école transformée en oratoire. J'assistais à leurs échanges, j'entendais, je voyais ce qui se produisait en eux : la découverte, émerveillée, d'un Dieu dont ils ignoraient tout jusque-là, ou presque.

Revenu en communauté, il m'était impossible de transmettre cela à mes frères, de leur faire percevoir qu'il se passait là des choses essentielles. Le Dieu dont nous vivions, qui était la seule justification de notre présence au bord du Fleuve, fallait-il le garder pour nous seuls ?

Pouvions-nous ne pas partager ce pain, qui nous nourrissait, avec ceux qui venaient frapper à notre porte et qui en avaient faim ?

Deux conceptions étaient en train de s'affronter : d'un côté les frères de l'abbaye, qui voulaient à tout prix préserver les choix qu'ils avaient faits. La fuite du monde, le désert, c'était le cadre de leur cheminement, ils l'avaient voulu, il leur était nécessaire. Après tout, c'était leur droit, et je le comprenais.

De l'autre côté, l'attente de plus en plus pressante d'un

monde en état de perte de valeurs, d'asphyxie spirituelle. Et qui trouvait là un lieu préservé, privilégié, où certaine expérience pouvait être faite qu'on ne trouvait nulle part ailleurs, et qui éclairerait durablement des vies.

Quand on a rencontré Dieu une fois, fût-ce de façon fugitive et partielle, on n'oublie jamais. Peut-être plus tard deviendraient-ils des athées convaincus, ces jeunes dont la vague venait éclabousser nos murs. Mais l'athéisme, je connaissais : j'en venais. Et je savais qu'il n'y a pas d'incroyant qui ne cache en lui, quelque part, un lieu secret où Dieu puisse trouver un jour une place timide.

C'était ma propre expérience que je revivais avec ces jeunes sans Dieu affamés de lui. D'ailleurs, étais-je bien sûr de l'avoir trouvé ? N'étais-je pas, moi aussi, comme eux, chercheur d'un Dieu encore à découvrir ?

Lorsque je revenais parmi mes frères, quand je voyais avec quelle assurance tranquille ils semblaient consommer un Dieu familier, coutumier, acclimaté en quelque sorte, je me demandais si nous étions bien du même monde. Parfois je me sentais plus à l'aise avec ces jeunes, incertains et avides, que je retrouvais pour une nouvelle plongée dans la prière.

J'étais un éternel apprenti : mes frères moines, eux, réagissaient comme des propriétaires. Je souhaitais, je demandais un changement d'attitude de l'abbaye vis-à-vis de l'extérieur.

Et l'abbaye, dressée au bord de cette eau qui coulait à ses pieds depuis des siècles, l'abbaye n'était pas prête à cette ouverture-là. Qui étais-je, après tout, pour demander au lit du Fleuve de changer son cours ? C'était à moi de rentrer dans ce moule, il n'y en avait pas d'autre.

Aujourd'hui, Dieu, j'ai à te parler : tu dois m'écouter.
Que se passe-t-il ? N'es-tu qu'une illusion ? Toi qui m'as lentement apprivoisé à ta présence, et tu suffisais à mon bonheur... Me suis-je trompé ? Tous mes frères, ceux dont je partage la vie et le destin, ne peuvent pas avoir tort contre moi seul.
Mais alors, qui es-tu, si tu n'es pas la vie jaillissante ?
Et moi, que vaut ma vie, si elle n'est pas une marche incessante, sur ta trace ?
Qu'est-ce qu'une vie immobile, Dieu ?

Bon an mal an, pas après pas, fête après fête, notre liturgie tenait un peu plus compte des autres. De ces autres qui ne faisaient que passer, il est vrai, alors que nous demeurions sur place. Notre vie était là, elle avait là ses racines et ses justifications. Au nom de quoi allions-nous la modifier ? Pour ces gens qui venaient, et puis repartaient ?

Ce langage, mes frères me le tenaient sans parole, par tous les obstacles qu'ils opposaient à mes initiatives.

J'allais voir le père Gérard.

Il m'écoutait, semblait comprendre :

– Il faut ménager les susceptibilités de tel ou tel frère. Mais si vous voulez, je suis prêt à rencontrer vos groupes, à l'école, et à leur parler.

N'était-ce pas un geste de bonne volonté, une façon de partager mon souci, d'être à mes côtés ?

Il venait, en effet, parlait aux jeunes qui l'écoutaient avec respect : on n'a pas tous les jours un père abbé à se mettre sous la dent. Mais il s'asseyait face à eux. Tandis que pendant nos séances d'initiation à la prière, je me plaçais parmi eux, tourné comme eux vers l'icône du Christ transfiguré. L'attitude n'était pas la même. Le résultat, peut-être, non plus.

Père Nicolas me regardait évoluer en silence. De plus en plus, il était pris à l'extérieur par les chantiers qu'il décrochait pour l'atelier. Il voyageait beaucoup, s'absentait souvent. Au sous-sol du monastère, on fabriquait : il allait maintenant assister aux mises en place, puis donnait un coup de main. Finissait par enfiler un bleu de travail qu'il ne quittait plus, devenait maçon.

Comment vivait-il, pendant ces longues absences ? Célébrait-il au moins sa messe ? Les anciens s'interrogeaient.

Pour un chantier plus difficile que les autres dans les Vosges, on lui adjoignit un jeune novice, qui soulagerait son dos et l'accompagnerait. Au retour, on en saurait un peu plus.

Le récit du voyage occupa quelques promenades. Père Nicolas conduisait toujours comme un fou. Arrivé sur le chantier, il passait son bleu et s'intégrait complètement aux ouvriers, crachant légèrement dans ses mains avant d'empoigner le manche de son outil.

Cette fois-là, c'étaient des Arabes, des Marocains. Le novice avait assisté à une scène curieuse : un des ouvriers marocains, qui parlait à peine le français et travaillait sans papiers, faisait du terrassement à la pelle pendant que Nicolas, sur une échelle, terminait un scellement. Soudain, le manche de la pelle avait cassé net, avec un bruit sec. Affolement muet du Marocain : que va-t-il se passer ? Qu'est-ce que je vais prendre ! Le contremaître, heureusement, tournait le dos.

Nicolas avait tout vu et compris ce micro-drame.

Avec une souplesse qu'on n'attendait pas de ce corps énorme, il avait glissé de son échelle. Saisissait sa pelle, à lui, une pelle de l'abbaye, solide et neuve. S'approchait du Marocain, posait sa pelle devant lui, prenait les débris de l'autre, et remontait sur son échelle.

Le tout avait duré quelques secondes. Le moine avait cassé sa pelle : pas grave, ils sont riches ceux-là, ils lui en payeront une autre.

Le Marocain avait lancé un long regard à ce marabout chrétien pas comme les autres, qui sifflotait maintenant sur son échelle. Et il avait repris son travail, une pelle neuve à la main. La pelle du marabout.

– Et la messe ? Est-ce qu'il dit sa messe ?

Oui, bien sûr, dans les églises de village. Mais ce chantier-là était perdu dans la nature. Alors, un matin, avec le brouillard qui montait de la vallée, Nicolas avait dressé un autel de fortune sur le capot de la Citroën. Et là, en bleu de chauffe, il avait célébré une messe très recueillie. Ils étaient seuls tous les deux au milieu de ces musulmans, dans la montagne. C'était très chouette, disait le novice.

L'histoire de la messe sur le capot fit le tour du cloître, et Nicolas fut convoqué chez le père abbé :

– Mon père, en déplacement de travail, vous restez prêtre, et vous devez célébrer la messe avec dignité. Au moins, au moins avec les ornements sacerdotaux.

Nicolas était un moine obéissant. Six mois plus tard, il se trouva bloqué dans les Ardennes par une grosse neige. Le matin, dans l'aube glaciale, il disposa sur le capot de sa voiture le calice, la patène, un cierge. Sans quitter son bleu de travail, il passa autour de son cou une petite étole de voyage. Et fit venir le Christ là, entre ses mains calleuses.

Les exigences de la dignité étaient sauves.

7

Le temps s'écoulait peu à peu au bord du fleuve, mais l'horizon s'obscurcissait. Dans l'Église elle-même, à de multiples petits indices, on percevait un ralentissement de l'élan du concile.

Ce n'était pas encore la « reprise en mains », qui interviendrait quelques années plus tard sous Jean-Paul II, le pape polonais. Mais Paul VI vieillissait, son entourage prenait le dessus. C'étaient eux, ces hommes dont on ne parlait pas et dont le visage même était inconnu du public, qui assuraient la pérennité de l'Église catholique. La barque s'égarait-t-elle un peu à gauche, à droite ? Ils attendaient. Le temps travaillait pour eux : les modes, ces coups de vent éphémères, passeraient. L'Église, en avait vu d'autres, l'Église était éternelle. Et l'Église, c'étaient eux.

Le concile, qui avait précédé la révolution de Mai 68, serait endigué, canalisé. Réduit bientôt à un épiphénomène, un soubresaut de plus. Cet immense corps reprendrait son visage de toujours : on ferait d'autres discours, d'autres encycliques. Jusqu'en ses extrémités les plus éloignées, l'Église était garante d'un ordre des choses, qui ne pouvait être remis en question.

À l'abbaye, la marge de manœuvre devenait de plus en plus étroite. J'accordais donc plus de temps et d'énergie à la revue : « L'homme qui ne peut plus agir, dit le proverbe, écrit un livre. »

Au fil des trimestres et des années je m'étais attaché à étoffer, puis à élargir son champ. Plusieurs numéros avaient été consacrés à des écrivains, à des peintres célèbres. C'étaient des entretiens, encadrés d'études sur leur œuvre, qui éclairaient ce domaine où l'art et la littérature se situent à la frontière de la foi.

Le tirage augmentait : nous avions maintenant presque quatre mille abonnés payants. La revue débordait le cercle restreint des inconditionnels de l'abbaye.

Dans ce domaine-là, au moins, j'étais libre, puisqu'il n'y avait aucune conséquence pratique. Je décidai de faire un numéro spécial sur la vie monastique : des témoignages de mes frères, une présentation de notre vie, de ses enjeux et de sa valeur prophétique, dans une langue qui ne serait plus de bois mais compréhensible par tous, accessible au cœur.

Le numéro fut bien accueilli, tiré à six mille, et mis en vente dans certaines librairies parisiennes.

À l'abbaye ce fut le silence. Aucun commentaire sauf une phrase de l'incontournable père Joseph à l'occasion d'une promenade :

– Votre numéro, là, c'est une version horizontale de notre vie. Vous en évacuez le mystère, ce qui fait sa spéci-fi-ci-té.

Les choses étaient claires : je me situais délibérément en dehors de ce non-dit consensuel, auquel un moine devait adhérer de l'intérieur. S'il voulait rester dans le cercle aux frontières invisibles, qui définissait l'appartenance authentique au groupe.

S'il ne voulait pas, tout simplement, être éjecté. S'éjecter de lui-même.

Un nouveau printemps s'annonçait, le quatrième depuis le début de notre réforme liturgique. À l'occasion des grandes fêtes, notre église connaissait une affluence croissante. Premier résultat de l'immense misère où il semblait – vue de notre clocher – que sombrait la liturgie des paroisses. Textes indigents, musiques empruntées au monde de la chanson, symboles évacués : le mouvement des intégristes naissait sur ces ruines, et venait battre nos murs. Et avec eux, un tas de braves gens simplement désorientés, à la recherche des racines de leur foi.

Protégés par notre clôture, nous n'étions pas en contact direct avec ces tensions qui agitaient l'Église de France. Et moi, peut-être, encore moins que d'autres : il me semblait que la politique n'avait pas à se mêler directement de l'expression de la foi.

J'étais bien naïf.

Le résultat, pour Pâques, fut une église bondée : plusieurs centaines de personnes qui débordaient dans les bas-côtés, restaient debout derrière les piliers. Assurant l'accueil, je passai une partie de la messe dans la nef : on ne voyait, n'entendait rien.

Pour la Pentecôte, il y aurait la même affluence : je réunis la commission. Il fallait faire quelque chose, nous adapter à ces circonstances. Je proposai qu'on avance l'autel vers les fidèles, et qu'on le place sur une estrade. La foule, au moins, verrait et entendrait.

En face de moi, mur de silence. Trop, le frère Irénée

en demandait trop. Une estrade, et puis quoi encore? Notre liturgie était d'abord pour nous, et pour Dieu. Si des gens venaient, ils prenaient ce qu'ils trouvaient. Nous n'étions pas des moines pour le public, nous étions des moines pour Dieu seul. Que notre désert se peuple de foules: elles devaient en accepter la nudité.

J'allai trouver le père Gérard.

– Écoutez, frère, cette question pratique d'estrade ne me concerne pas. Je n'ai pas à intervenir dans des détails, qui sont du ressort de la commission. Voyez cela entre vous, et faites pour le mieux.

Un détail... Oui, l'estrade n'était qu'un détail, mais qui signifiait la façon dont nous entendions nous situer par rapport au monde qui nous entourait.

La veille du jour de Pentecôte, je transportai avec quelques novices un lourd plancher en bois vers l'avancée du chœur, et on y plaça l'autel avec difficulté. C'était, à nouveau, un essai de coup d'État: les hommes, cette fois encore, suivraient le mobilier.

Il faisait un immense soleil ce matin de fête, et la foule commençait d'affluer bien avant l'heure de la messe. J'ai passé un long moment dans l'oratoire, à essayer de faire silence en moi avant de prendre mon poste à l'accueil dans la nef.

Le carillon tintait gaiement. Quand j'entrai dans l'église l'estrade avait disparu, l'autel repris sa place de toujours. La foule, comme à l'accoutumée, ne verrait ni n'entendrait rien.

L'abbaye, avec soulagement, venait de l'échapper belle.

Au sortir de la messe, j'ai pris un de ces petits billets blancs par lesquels les moines communiquent sans rompre le silence:

« Cher père,

Je crois qu'il est préférable que je cesse désormais de m'occuper de tout ce qui concerne la liturgie et l'accueil extérieur de l'abbaye. L'essentiel du travail que vous m'aviez confié a été accompli, la commission n'a plus besoin de moi. Si vous le permettez, je vous offre ma démission de cette charge-là. »

Je glissai ce billet dans le casier du père Gérard. Et j'attendis une réponse. Lui en qui j'avais mis ma confiance, qui me comprenait si bien, ne me soutiendrait-il pas là aussi ?

Il n'y eut jamais de réponse. Ma démission venait peut-être à point : le père Gérard ne prendrait pas parti.

C'est donc une estrade qui avait eu raison de mon enthousiasme, et réduit à néant mes utopies.

C'est certain, je commençais à devenir gênant. L'estrade n'était que le symbole de quelque chose de beaucoup plus grave : j'avais une conception de notre vie, et de ses rapports avec l'extérieur, que la communauté ne partageait pas. À cela, rien de mal. Mais je me retrouvais soudain à côté de la ligne, immatérielle et ténue, qui était celle de l'abbaye. Il fallait se démettre, et se soumettre. Ma démission était acquise. Mais ma soumission… ?

Il était évident que je devrais abandonner aussi ma responsabilité nationale : le besoin s'en faisait moins sentir désormais. Un petit mot du provincial me le fit savoir : cela allait de soi.

– C'est dommage, frère Irénée, que vous ayez baissé les bras. Il y avait un souffle dans notre abbaye, je ne sais pas si ça va continuer…

Père Nicolas, placidement, bourre sa pipe. Autour de

nous, l'atelier est silencieux. Nicolas rentre d'un périple, repart en fin de semaine pour un autre : sa voiture, de plus en plus, lui sert de cellule. Ce bison vaudois ne dit rien, il est trop fin et trop discret. Mais j'ai l'impression qu'il a trouvé dans son travail, et dans ces voyages incessants, une espèce de fuite.

– Vous voyez, chez nous quand les choses ne vont pas comme on le souhaite il faut retrouver la cellule, les livres. Et attendre. Peut-être y aura-t-il une éclaircie ?

Son regard est moins pétillant qu'à l'ordinaire. Il veut me rassurer : il est inquiet pour moi, et envoie au plafond de longues bouffées de fumée grise.

Sans demander la permission – c'était bien la première fois – je suis sorti par la porte de derrière, et j'ai marché sur les chemins de traverse jusqu'au Fleuve. Vers l'autre berge, derrière le rideau de forêt, l'ombre montait doucement : le soir allait venir. À mes pieds, l'eau était bleu sombre. Les touristes étaient repartis : une grande paix enveloppait peu à peu la plaine. Le Fleuve, souple et mouvant, semblait muet. Je me suis retourné : l'abbaye, là-bas, était muette, elle aussi, tranquille et massive. C'était moi qui étais agité, c'était moi qui voulais parler, faire. J'étais rentré pour vivre, et vivre c'était aller de l'avant. Désormais, il faudrait que j'apprenne à vivre immobile.

La violence. Je rencontrais enfin la violence de plein fouet, telle qu'elle s'exprimait chez nous.

Il m'avait semblé, dans un premier temps, qu'elle était écartée de notre vie. Ou du moins, canalisée à l'extrême. Les Grecs, dont nous étions issus, n'avaient-ils pas inventé l'*apatheia*, la domination des passions qui tarit à sa source l'élan même de la violence ?

Tout était fait pour instaurer entre nous cette « apathie », cette absence de conflits.

Dans notre vie lisse et sans heurt, c'est sous cette forme dérivée que s'exprimait la violence : le combat pour des idées.

Personne n'avait cherché à prendre ma place : l'humilité écartait de tels phantasmes. C'est au nom du groupe et de sa doctrine que je devais m'écarter, ou être écrasé. Un idéal anonyme permettait à la violence de se déchaîner, sans que rien n'en apparaisse.

Je crois maintenant que c'est aussi de cette façon-là que s'exprimaient chez nous les instincts sexuels refoulés : dans les combats de doctrine, les luttes d'idées. Chastes, les moines d'aujourd'hui l'étaient sans doute plus que ceux du Moyen-Age : mais comme leurs anciens, ils étaient prêts à meurtrir paisiblement celui ou ceux qui, d'une façon subtile, n'étaient plus des leurs.

> C'est fini. Cet élan, Dieu, où tu ne faisais qu'un avec
> la vie qui va, cet élan est cassé. Et toi-même, tous
> ces jours-ci, dans l'aube où je viens m'exposer à toi
> – toi-même, Dieu, tu sembles absent.
> Pourtant, tu restes le même. Tu n'as pas changé
> parce que j'ai cessé d'espérer. Vais-je devoir, aussi,
> m'épuiser de ton absence ?
> Serais-tu un Dieu illusoire, comme une eau fuyante ?
> Ou bien est-ce moi qui suis désormais incapable de
> te recueillir au creux de mes mains, pour te boire ?
> Dieu, je peux peut-être vivre, sans plus rien attendre
> du lendemain. Mais sans toi, comment vivre ?

Père Nicolas avait raison. Le salut était dans ma cellule, auprès des livres. Une chose était certaine, le contrat que j'avais signé en rentrant à l'abbaye n'avait pas été conclu avec des hommes. À travers ces hommes, mes frères, je m'étais engagé avec Dieu. Cela, jamais je ne le remettrais en cause. S'il le fallait, je me ferais tuer sur place : mais je ne romprais pas mes vœux, je ne quitterais pas la vie monastique.

Je proposai au père Gérard de préparer un cours que je pourrais donner l'an prochain. Ce serait en même temps une recherche, que j'avais envie de faire depuis longtemps, sur les racines juives du christianisme.

– Oui, frère, c'est une excellente chose et ce domaine reste peu exploré. Nous en profiterons certainement. Allez !

Le père Gérard, souriant, ne soutenait-il pas toujours mes initiatives ?

J'allai donc faire un tour à la bibliothèque, et revins dans ma cellule avec une pile de livres.

C'est ce jour-là, ou un jour semblable à lui peut-être, dans ces mois, dans cette année... C'est ce jour-là que je suis mort.

Rien ne s'était arrêté. Mais quelque part en moi, j'étais mort. Frère Irénée continuait d'aller, de venir, de sourire. Je faisais des choses, je parlais de l'avenir : mais j'étais mort.

J'avais pris naissance au bord de l'Océan, dans les bras de ma Razanne. J'avais traversé indemne la folie des adultes-enfants, j'étais resté vivant au travers de la restructuration de l'homme nouveau.

Et puis là, un jour, bêtement, je venais de mourir : tué par une estrade.

Et la vie continuait.

8

Je me mis bravement à l'étude. Le point de départ était clair : Jésus de Nazareth, après tout, était juif. Cette évidence avait tout simplement été éliminée de l'enseignement courant : le Jésus dont on parlait dans les livres ou les prédications n'était d'aucun pays. Peut-être était-il grec ou romain ? En tout cas, Jésus avait été récupéré par l'Occident, à son service.

Si Jésus était juif, il avait vécu comme un juif, parlé comme un juif, pensé comme un juif. Il fallait d'abord que je me replonge dans l'époque du Christ, sa sensibilité, sa couleur locale, sa façon de vivre. Connaissant mieux les coutumes et les pratiques de ce monde juif dans lequel avait baigné le Christ, je pourrais relire l'Évangile avec un regard neuf.

J'ouvris donc le premier livre de Talmud de Jérusalem, le traité *Berakhot*, et je passai quelques mois à l'éplucher, crayon à la main. Une partie de ce livre remontait au IIIᵉ siècle : c'était une approximation suffisante pour se faire une idée. Il fallait bien distinguer la partie ancienne des commentaires les plus récents : avec une méthode critique rigoureuse, c'était une mine de renseignements qui s'offrait à moi.

Ensuite, je recherchai tous les documents accessibles de ce qu'on appelle la « littérature inter-testamentaire » : écrits entre le Ier siècle avant et le Ier siècle après J.-C., ils n'ont pas été intégrés dans la Bible. Or, c'était précisément l'époque où avait vécu Jésus, et ces textes reflétaient la façon d'être, la religiosité, l'air du temps qu'il avait respirés. Peu à peu, Jésus devenait, non plus un aérolithe tombé du ciel, mais un homme ayant vécu à une époque précise, dans un lieu précis. Comme chacun de nous, il dépendait de la culture dans laquelle il était immergé.

J'allais découvrir l'homme qui avait assimilé ce terreau natal, et s'en était un jour démarqué pour lancer son message.

Ce message – l'Évangile – j'en percevrais mieux la nouveauté, l'originalité. Et en même temps, il reprendrait sa tonalité, sa judaïté d'origine.

Nous étions tous, au point de départ, des juifs convertis. Convertis au message d'un homme dont on avait trop vite oublié d'où il venait : Jésus, le juif.

Je ne disposais pas de tous les textes sur place : il fallut aller à Paris, chez les pères de Notre-Dame-de-Sion. Là, je découvrais quelques hommes qui avaient eu la même intuition, bien avant moi, et appliquaient la même méthode, mais en professionnels avertis. Le Talmud, cette jungle de procédure coutumière, leur était familier. Prêtres catholiques, ils avaient aussi des allures d'étudiants rabbiniques. Leur atelier sentait un peu la *Yeshiva*, l'école juive.

C'est pourquoi sans doute leurs travaux, et les résultats de leurs recherches, étaient si peu connus du public. Il y a des tabous auxquels on ne s'affronte pas.

La judaïté du christianisme à ses origines – ce moment qui était la norme de référence permanente pour toutes les Églises chrétiennes – cette judaïté-là sentait le soufre. Pendant des siècles, l'Inquisition avait brûlé des juifs, ou des chrétiens soupçonnés d'intelligence avec le judaïsme.

Jésus, le Dieu des chrétiens, ne pouvait pas être juif. Ou s'il l'était, c'était par un avatar de l'histoire qu'on se hâtait de gommer pour édifier sur ses paroles une théologie saine – occidentale.

Les pères de Notre-Dame-de-Sion étaient donc très discrets.

Mais ils me prêtèrent tous les documents dont on disposait à cette époque. Un projet d'édition moderne et critique de cette littérature était en cours : mais elle serait publiée par la Sorbonne, aucun éditeur catholique ne voulant prendre ce risque. En attendant, il fallait se contenter de ces textes approximatifs. C'était déjà bien.

Sur ma table, lentement, les feuillets annotés s'accumulaient. Tandis que la lumière, jour après jour, montait puis décroissait sur les berges du Fleuve.

– Frère Irénée, téléphone, de Paris.

Le repas vient de se terminer. Je suis de vaisselle pour la semaine. Debout devant un bac d'eau fumante, de la mousse jusqu'aux coudes, je triture des piles d'assiettes. L'hôtellerie est pleine, c'est l'été, les hôtes étaient trente à midi au réfectoire.

– Voulez-vous me remplacer ? J'y vais, merci.

S'essuyer les mains. Aller jusqu'au téléphone mural

de la cuisine, proche. Qui donc peut m'appeler, de Paris ?

– Allô ?

– Michel ? C'est moi, c'est maman.

Il y a un grésillement sur la ligne. Je reconnais la voix de ma mère, mais je distingue mal son intonation. Elle me paraît faible, hésitante.

– Allô maman ! oui, je t'entends : qu'y a-t-il ?

Jamais ma mère ne m'avait appelé à l'abbaye : les téléphones étaient peu nombreux, la consigne stricte du silence, et elle la respectait.

– Michel, mon grand garçon, c'est terrible… Michel, ton oncle a eu un accident de voiture. Il a été tué sur le coup, il est mort. On m'a demandé de te prévenir. Allô ? Michel, allô ?… Tu m'entends ?

J'avais écarté l'écouteur. Autour de moi, tout vacillait. La cuisine, les bacs à vaisselle tournaient.

– Allô ? Michel, mon petit, réponds-moi ! Allô ?… Dis quelque chose !… Michel ?

Lentement, j'ai raccroché le téléphone au mur. J'ai dû sortir comme un automate, car je me suis retrouvé dans le jardin, vers les cerisiers, à l'entrée des champs de l'abbaye.

Enfin, enfin j'ai pu pleurer. Des gros sanglots d'homme, qui m'étouffaient. Des sanglots d'enfant, d'enfant perdu, les sanglots du petit roi quand il s'écorchait le pied sur la plage de Tamatave, et que Razanne, maternelle et inquiète, l'enveloppait de sa tendresse. Le prenait dans ses bras, le cajolait :

– Là, mon petit 'oi, là ce n'est 'ien, ça va passer, là, ta' azanne est là mon che'i, là, là…

Razanne, où étais-tu ? Mon oncle est mort, l'oncle est mort ! Lui qui avait fait jusqu'ici le voyage de l'amour, pour m'assurer que son affection était toujours là... Lui qui aimait sans jamais le manifester, ce faux dur au cœur tendre, l'oncle était mort !

J'ai marché dans les champs plats à perte de vue. C'était l'époque de la récolte des laitues : des ouvriers, penchés sur le sol, coupaient et empilaient des boules vertes. Je les apercevais dans un brouillard, au travers de mes larmes qui coulaient jusqu'au menton.

L'oncle, mon oncle !

J'ai dû aller jusqu'au Fleuve, mais je ne l'ai pas vu. Puis je me suis retrouvé dans le jardin de l'abbaye. Là-bas, une ombre noire venait vers moi, un livre à la main : le père prieur, qui faisait sa promenade avant la sieste.

– Frère Irénée... mais... qu'est-ce qui vous arrive ?

J'étais en face de lui, livide, les yeux noyés.

– Qu'y a-t-il, frère ? Qu'est-ce qui se passe ?

– Rien, père, rien. Laissez-moi. Rien.

Il ne pouvait pas comprendre. Il ne savait pas qui était Razanne, et que c'était elle, elle seule dont j'avais besoin. Il ne savait pas qui était l'oncle, et qu'une partie de moi-même venait de mourir, de m'être arrachée.

Aucun, ici, ne pouvait comprendre. Laissez-moi, ce n'est rien, ça va passer. Il ne m'est rien arrivé. Laissez-moi.

Solitude mon amie,
Solitude ma compagne,
te voici toujours à mes côtés,
je ne t'échapperai pas.
Tu es la seule qui dure,
solitude mon amie...

J'ai repris mes livres, et mon travail. Le cours commençait dans quelques semaines, il fallait être prêt.

Au chœur, pendant les offices, je tenais mon livre machinalement. Le ciel et la terre étaient vides.

Solitude, mon amie...

9

Mon cours commença fin octobre. Il était destiné à toute la communauté, mais avait lieu le dimanche après-midi, pendant une heure : chacun était libre de ne pas y aller.

Environ les deux tiers étaient présents dans la grande salle aux fenêtres ouvertes sur la plaine et le Fleuve, là-bas. Je commençais, du plus loin, par leur décrire la terre d'Israël, cette terre qui était pour les juifs une preuve de l'élection divine. Plus que leur propriété : l'assurance que Dieu les avait choisis, que Dieu était avec eux. Terre divinisée, qui prenait une valeur mythique et pour laquelle chaque juif était prêt à donner son sang, son âme.

Ils écoutaient, attentifs ou blasés. Il y avait eu, il y aurait tant de conférences dans leur existence ! Je donnais le meilleur de moi-même. C'était ma façon, la seule qui me restait désormais, de les aimer. D'être des leurs.

Semaine après semaine, le panorama se déroulait. Le village, la synagogue – cette paroisse de Jésus – les marchés et les fêtes, la liturgie du juif d'alors : un tableau prenait forme, qui évoquait la vie juive de toujours. Ce quotidien dont Dieu n'est jamais absent, où chaque événement est précédé d'une bénédiction qui l'insère dans un devenir plus vaste, universel.

Ces bénédictions, je les leur expliquais une à une, dans l'original hébreu. Aucun de mes frères, je crois, ne connaissait l'hébreu : je m'attachais pourtant à leur faire goûter les sonorités de cette langue de paysans et de prêtres, à la fois fruste et infiniment riche, aux connexions extraordinairement complexes. Comme sa terre, la langue d'Israël était un don de Dieu, un gage et une assurance de sa présence.

Ils écoutaient, un peu moins nombreux parfois, mais apparemment intéressés. L'hiver était là : je n'oubliais pas ma blessure, mais j'y pensais moins.

> C'est de toi, Dieu, qu'il est sans cesse question, de toi finalement que je parle jour après jour.
> Et pourtant, tu me parais de plus en plus absent.
> Je ne concevais pas d'autre relation avec toi que d'amour, passionnée. Est-ce l'indifférence médiocre des vieux couples à la vie prolongée ? Je ne pourrais le supporter, te concernant.
> Je m'étais engagé sur un chemin d'aventure et de découverte : me voici devenu professeur. La poussière du tableau noir va-t-elle lentement recouvrir mon Dieu bondissant ?

Au fil des semaines studieuses, que suivraient d'autres semaines, un avenir sans événement et peut-être – peut-être – sans espoir, quelque chose faisait en moi irruption, que j'avais un peu oublié : la sensualité.

Une sensualité impérieuse, débordante, que je ne

savais plus canaliser. En avais-je d'ailleurs vraiment la volonté ? La chasteté n'est possible que si elle est entraînée par une vie qui la dépasse : comme une farandole endiablée finit par faire danser les plus récalcitrants, les plus raides, les perclus.

Mais plus rien vraiment ne m'entraînait. Puissante, orgueilleuse, moqueuse, ma sensualité prenait le dessus. Devenait un animal rétif, indépendant, incontrôlé. Sauvage.

Je retournais parfois au plaisir solitaire de mon enfance. Ce résidu de la sexualité ne vaut que par les phantasmes qui l'accompagnent, qu'il réveille et auxquels il donne un semblant de vie. Et les phantasmes qui m'accablaient, je ne pouvais les tirer que de mes souvenirs.

La femme était si lointaine ! Mais, comme une ronde infernale, les personnages de mes poteries grecques venaient dérouler leur beauté ironique dans ma solitude, qu'ils peuplaient. Et puis après eux, en filigrane, ces *ragazzi* insolents et rieurs, à la main alerte, aux regards effrontés et cajoleurs, de Rome et de Naples.

Je ne croyais pas les avoir vraiment regardés, ni que leur image s'était imprimée en moi à ce point. Mêlés aux *Kalos Myscos* des musées du Sud, de la *Magna Graecia* tant admirée, ils éveillaient en moi quelque chose d'inconnu jusqu'alors, et qui m'effrayait : un désir impossible à nommer, dont j'ignorais la nature et les contours. Diffus, aux allures floues, mais lancinant.

Je n'aimais pas du tout la tournure que prenaient les choses. Un sentiment de danger, aussi incontrôlable que la sensualité elle-même, me prenait à la gorge : accompagné du refus de ces phantasmes, que je rejetais autant qu'ils m'assaillaient.

Je m'enfonçais dans l'étude, comme l'autruche dans son trou.

Nous venions de parcourir un long périple, au terme duquel le visage de Jésus, sa sensibilité de juif croyant, l'intimité même de ses pensées habitées par une liturgie omniprésente, commençaient d'apparaître.

Comme apparaissaient les premières taches vertes dans la plaine, qui sortait de l'hiver. J'étais prêt à aborder maintenant le moment clé du cours : la relecture de certains passages de l'Évangile, à cette lumière.

J'en avertis la communauté à la fin d'une conférence : ce qui suivrait était de la recherche, un domaine peu exploré. Si nous nous y engagions, cela demanderait de leur part une attitude active. La simple écoute ne suffirait plus : il faudrait qu'ils prennent part, eux aussi, à cette recherche. Il y aurait des échanges, pour discuter les hypothèses, évaluer le matériau que je leur livrais.

C'était pour moi aussi un test : dans quel état d'esprit étaient-ils là, chaque dimanche ? Faisaient-ils corps avec ma démarche, ou n'étaient-ils que spectateurs, meublant ainsi la vacuité d'un moment creux ?

Je proposai qu'ils donnent leur avis avant d'entamer ce parcours : ceux qui souhaitaient qu'il ait lieu n'avaient qu'à déposer un petit billet dans mon casier. Si tous étaient d'accord, on continuerait, et ce serait sûrement passionnant.

J'attendais. Dans la semaine il y eut un, puis deux billets au fond du casier.

La passion n'était pas au programme de l'abbaye.

C'était clair. J'annonçai, par un mot laconique épinglé

en salle commune, que le cours n'aurait pas lieu dimanche prochain. Ni les dimanches suivants.

J'étais donc totalement isolé dans la communauté. Sans action à entreprendre, ni concrète ni intellectuelle. La revue, l'accueil à faire tourner: pas de vagues, surtout! Se lever le matin, se coucher le soir. Être affable, souriant, incolore, inodore, sans saveur. Chercher un Dieu sans racines, que je ne savais plus comment atteindre.

Rejoindre finalement le Fleuve, dans son lent écoulement. L'eau venait d'on ne savait où, en amont, peut-être des montagnes, peut-être des forêts. Elle repartait là-bas, en aval, baigner d'autres plaines et déboucher sans doute sur le large océan, qui s'étendait jusqu'aux Antilles.

Mais nous, nous étions là, sur quelques centaines de mètres de berges ensablées où le Fleuve semblait immuable. Son lendemain serait identique à la veille, avec seulement la lumière qui changerait imperceptiblement. Fugitive, qui éclairait l'éternité.

10

– Frère Irénée, veuillez passer me voir en fin de matinée.

C'est un billet du père Gérard, de sa petite écriture fine. Que me veut-il ?

– Frère, vous savez qu'on prépare un congrès international des abbés à Rome, dans quelques mois. Plus personne ne sait parler latin couramment, et les organisateurs cherchent des traducteurs simultanés. Vous sentez-vous capable de remplir cette tâche, et acceptez-vous d'y aller ?

Si j'étais capable ? Bien sûr. Si j'acceptais ? Mais oui. Revoir ma ville, bouger. C'est d'accord, comptez sur moi.

« Cher Mark,

Merci de ta lettre. Te voilà nommé maître des novices : tu fais partie des gens à qui on fait confiance. Moi, pas. Mark, je ne sais pas ce qui se passe… Je ne veux pas t'en parler. Pas maintenant.

Je suis appelé comme traducteur au Congrès de Rome : je te raconterai.

À Dieu, Mark. *Ciao.*»

C'était septembre romain. La ville, assommée par le soleil d'été, retrouvait un peu de fraîcheur et de vie.

La colline n'avait pas changé : mais le vaste bâtiment était maintenant rempli de pères abbés, venus du monde entier.

Je pris ma place, dans une cabine étroite genre téléphonique. Casque aux oreilles, je commençai à traduire, traduire... Des discours sans intérêt, des exposés pesants : il ne se passe jamais rien à la tribune des congrès. C'est dans les couloirs, au cours de rencontres informelles ou savamment provoquées que les vrais échanges ont lieu, que les décisions s'élaborent.

Je traduisais, pendant que des rigoles de sueur, lentement, descendaient le long de mes mollets. La chaleur était pesante, aussi pesante que l'ennui.

Nous avions quartier libre de deux à quatre – moment sacré où Dieu même fait la sieste, puisque les églises de Rome ferment. J'enfilais un blue-jean et me replongeais dans la ville.

Jamais je ne l'avais trouvée aussi belle, langoureuse et sensuelle. À cette heure-là, il y avait peu de monde dans les rues : quelques touristes, et les *ragazzi* en vacances. Quand j'en voyais un, je m'écartais, passant au soleil – ce qui, ici, est tout à fait incongru.

Instinctivement, je prenais garde à moi : *Kalos Myscos...*

Ce jour-là, mon errance me conduisit au pied de la colline. La circulation était ralentie : Rome, écrasée de chaleur, reprenait souffle.

J'allai vers les temples – ils sont parmi les plus anciens de la ville – dressés au milieu d'un jardin de lauriers-roses, que longeait à sa gauche la rive du Tibre. Derrière le temple des vestales, circulaire et parfait, un édifice rectangulaire avait été appelé « temple de la fortune virile ». Chacune des colonnes de son péristyle, droite, musclée et couronnée d'un gland de feuilles corinthiennes, rappelait au visiteur averti quelle avait été sa dédicace.

Désœuvré, je fis le tour du temple. On y accédait par quelques marches, et j'aperçus en haut, assise à l'ombre des colonnes, une touriste de série : short, cuisses rougies, figure lasse. Puis j'entendis un rire aigu : un gamin sautillait autour d'elle en piaillant : « *moneta, moneta* ! »

Je fis un pas en avant et découvris le pourquoi : dans son abattement, la touriste prostrée laissait voir ses deux seins laiteux. L'enfant tournait autour d'elle : il avait mis la main à sa braguette, et l'agitait frénétiquement.

Au bas des marches, un garçon plus grand observe la scène. Je ne vois que ses cheveux dorés.

Il m'aperçoit, vient à moi avec un sourire :

– Elle est jolie, hein, m'sieur ! Elle te plaît ?

– Non, pas tellement. Et toi ?

Blond comme un slave, il a le nez un peu fort et les yeux en amande.

– Oh moi, je suis trop petit, j'ai quinze ans mais mes parents m'appellent *piccolo*. Tu vas voir le théâtre ?

Au bout de la rue, le *teatro di Marcello* offre l'ombre fraîche de ses arcades anciennes.

– Oui, pourquoi pas ?

– Je peux venir avec toi ? Tu me donneras une *moneta*, je te ferai visiter.

– Écoute, je n'ai pas d'argent, et puis je connais déjà...

Mais le gamin trotte à mes côtés.

– Comment tu t'appelles ?

– Kikko. Dis, m'sieur, tu veux voir mon *cazzo* ?

Je parle bien italien, mais ce mot ne figure pas à mon vocabulaire, je ne l'ai pas entendu sur la colline.

– Le *cazzo* ? Qu'est-ce que c'est ?

Il s'arrête, me fait face, frétillant de joie :

– C'est ça, m'sieur, c'est ça !

Et là, en pleine rue, il ouvre son pantalon.

Je cesse d'exister.

– Tu es fou ! Remets ça, allez !

Nous pénétrons sous les voûtes romaines du théâtre. À mes côtés, Kikko parle sans cesse, mais je l'écoute à peine. Le lieu est totalement désert. Partout dans les ruines, des chats faméliques vont, viennent, disparaissent.

Soudain, Kikko me touche le bras :

– Dis m'sieur, y'a personne, on se le fait voir ? Tu sais, je l'ai fait souvent avec des *signori*...

L'ombre est fraîche, je suis accoudé sur un fût de colonne.

Je n'existe plus, c'est un autre qui est là, sans doute.

Kalos Myscos...

– Non, Kikko, je ne veux pas. Viens, on s'en va.

Alors Kikko s'est approché de moi : son visage est à la hauteur du mien. Je ne bouge pas, pétrifié. Doucement, il a posé ses lèvres sur les miennes. Ses lèvres s'entrouvrent. Je lui rends son baiser.

Un instant, un siècle après, Kikko a disparu : je suis seul.

Je me suis enfui. Fuir, fuir ! Retrouver ma colline, mes écouteurs, les discours insipides, mon identité : frère Irénée, moine diplômé, au service de l'ordre. Au service de Dieu.

Ce qui m'affole, c'est ce que j'ai éprouvé : le plaisir, si longtemps étouffé, mon corps qui se réveille. Mais pour quoi, et pour aller jusqu'où ? « La mort commence là où le plaisir commence »... Tout est possible, et où me mènerait cette vague incontrôlée, puissante ?

J'étais bouleversé, en état de choc. Qu'avaient-ils fait de moi, ceux à qui j'avais confié ma vie ? Toutes ces luttes, ces combats pied à pied, cette aventure voulue au mépris de tous les miens, et de moi-même ? L'aboutissement, c'était donc cela ? « Tu parviendras »...

Una piccola avventura non fa male : oui, c'est ce qu'ils disent. Mais moi, la « petite » aventure ne m'intéresse pas. Elle ne vaut pas le poids d'une vie.

Première chose : j'ai pris la bicyclette, et suis allé le long du Tibre jusqu'à Saint-Pierre. L'église venait d'ouvrir, il y avait peu de monde dans l'immense nef. J'ai cherché un confessionnal. « Italiano » : un franciscain, dans l'ombre du box, lisait son bréviaire.

Je me suis jeté à ses pieds. Au Vatican, les confessionnaux n'ont pas de grille : son visage touchait presque le mien. Impure, mon père, ma face est impure, n'approchez pas !

Je lui ai tout raconté, le théâtre, son ombre, Kikko...

Il m'écoute, il sourit :

– Rien, mon frère, il ne s'est rien passé. Vous direz un *Pater* sur la tombe de l'Apôtre. Allez bien en paix.

Tout se terminait donc sur une tombe.

Non, je n'allais pas « bien en paix ». C'est vrai, il ne s'était pas passé grand-chose. Mais moi, j'étais en danger. Un baiser pouvait faire basculer une vie : je ne voulais pas, je ne pouvais pas assister à l'effritement de la mienne. Il fallait faire quelque chose.

J'avais donné ma vie, je l'avais abandonnée, confiée à ces hommes, mes frères, et à leur méthode : « Tu parviendras »...

J'aboutissais non seulement à une impasse, mais à un point d'extrême péril. Que j'étais le seul à pouvoir apprécier, et conjurer.

Puisqu'il le fallait, et pour qu'elle reste sauve, eh bien, je reprendrais ma vie.

Ce soir-là, de ma fenêtre sur la colline, j'apercevais les frises du théâtre de Marcello, émergeant à peine des toits ocres au soleil couchant. Rome entrait dans le silence de la nuit.

Michel, ta vie n'est qu'à toi : tu dois, à nouveau, prendre une décision.

Solitude, mon amie...

11

– Je sais peut-être ce qu'il te faut.

C'est un copain jésuite, on est assis dans un troquet près du Luxembourg. Lui, le « jés » il connaît un tas de monde, c'est une gazette à lui tout seul. Et il m'aime bien : il veut m'aider.

– Iré, est-ce que tu connais le père Denis ?

– Le type de Tioumliline ?

– Oui. Tu connais ?

Bien sûr, je connais. Tout le monde connaît. Enfin, je ne l'ai jamais vu, mais on en a beaucoup parlé. C'est un moine, français, qui a fondé après la guerre un monastère catholique au Maroc, en plein bled, dans l'Atlas. Il y avait eu des titres dans les journaux, des livres, un succès fou : « Un monastère chrétien en terre d'Islam », « La croix plantée : un défi pour les musulmans », « Les conférences d'été de Tioumliline : affluence record cette année. L'intelligentsia planche sur l'Islam », « Christianisme et Islam : le rapprochement »...

Et cætera. Tioumliline avait vécu sous les projecteurs.

Et puis soudain, avait disparu. On n'en parlait plus. Le fondateur-vedette, père Denis : qu'était-il devenu ?

C'était lui qu'avait rencontré mon copain jésuite.

– Tu devrais aller voir. Il est tout vieux, il vit maintenant dans la région parisienne, avec des handicapés mentaux.

Des handicapés ? Qu'est-ce que c'est ? Des fous ?

– Écoute, va voir. Je t'assure, c'est spécial mais ça tient debout. Vas-y.

Bon, j'irai. Père Denis est une référence. Mais des handicapés mentaux, tout de même…

J'étais revenu à l'abbaye, après le congrès. Avec les remerciements du père abbé primat :

– Mais si, vous êtes un excellent traducteur, vous avez fait du beau travail !

J'avais été mis *knock-down* par Kikko. Cette brève rencontre, fugitive, dans l'ombre du *teatro di Marcello*, me laissait groggy. Je me relevais, tout doucement, en tâtant mes côtes.

Una piccola avventura… Je ne voulais pas.

Voir grignotée peu à peu mon identité d'homme, devenir peut-être un jour féminoïde, un peu ci un peu ça, avec habillage de grégorien : non merci. Faire revivre des phantasmes aussitôt abhorrés, et y trouver plaisir quand même : non merci. N'étant plus rien, tricher avec une sensualité qui était, elle, et tromper la galerie : non, merci !

Je ne me tromperais pas moi-même : et Dieu non plus, du moins j'imagine.

Cyrano, reprends ton panache ! J'allais voir le père Gérard, toujours souriant, accueillant.

– Oui, je comprends, frère (il ne comprend pas, ne peut

pas comprendre) : allez rencontrer père Denis. Et si Dieu vous veut là-bas, il saura l'indiquer.

Ce que Dieu veut, je ne sais. Mais moi, je sais ce que je veux : vivre debout.

Une maison dans la rue principale du village. Au bord d'un bois. Un haut mur, une porte cochère ouverte, du gravier. Au fond, un jardin. À droite, adossé au mur, ce qui a dû être un garage.

La maison a cet air cossu des résidences d'Ile-de-France. Un étage, un grenier aux vasistas entrouverts.

– Alors c'est vous, frère Irénée ? Entrez, si vous acceptez notre pauvreté. Ici, ce n'est pas l'abbaye !

Un ton de voix léger, moqueur. Père Denis porte l'habit monastique avec élégance. Une crinière de cheveux blancs, des sourcils broussailleux, touffus, blancs eux aussi. Et par-dessous, un regard vif, alerte, perçant, profond.

Cet homme-là, c'est un monsieur.

– Venez. Par ici : c'est notre salle commune, notre living, notre chapitre, appelez ça comme vous voudrez.

La pièce est tapissée de livres. Faisant l'angle, des bancs de bois sombre, très bas situés, avec des coussins aux couleurs vives.

– Tout ça, c'est le mobilier de Tioumliline. Ces bancs en cèdre de l'Atlas ont été dessinés par maître..., le célèbre architecte. Leur volume est modulé sur le nombre d'or.

Père Denis, très à l'aise, s'est assis et croise les jambes – attitude mondaine que l'habit proscrit. Mais il semble que cet homme-là entretienne avec l'observance des relations fort distendues.

– Alors ?

Alors quoi ? J'ai peu à dire, je suis venu écouter. Un silence s'installe.

Et puis, la porte s'ouvre brusquement : un jeune homme entre en balançant les bras, d'une démarche saccadée mais rapide. Difficile de lui donner un âge. Il vient vers nous, mais ses yeux errent à droite, à gauche, ne fixent personne.

– Eh bien, Ricou, qu'est-ce qu'il y a ?

– Mon pèèère, ça va pas avec les assiettes, elles se caaassent, j'en ai aaassez !

– Allons, Ricou, va trouver Luisa et arrange ça avec elle. Tu vois bien que je suis occupé.

Éric, dit Ricou, est le fils d'une grande famille d'industriels français. Handicapé mental. Il repart, de son pas hésitant, en parlant tout seul.

– Voilà, vous voyez : ce sont mes frères maintenant. Tioumliline a été l'aventure de ma vie. Quand nous avons dû partir – la politique –, je n'ai pas voulu rentrer dans mon abbaye tout de suite, comme ça. J'ai encore quelques forces, des choses à faire. Vous comprenez ?

Je comprenais. Très bien, même. Tandis qu'il parle, je suis lentement subjugué par ce charme, cette aisance souveraine qui avait dû séduire les colons français, les paysans marocains, le roi du Maroc même. Père Denis est simple, mais royal. Et il le sait.

– Ce que nous avons vécu là-bas était trop fort, trop exaltant. Je retournerai bien sûr dans mon abbaye, un jour... Mais je voulais vivre encore une aventure, à la mesure de mes forces et de ce que je suis devenu : un vieil homme fatigué. Alors, j'ai trouvé cette maison, et ces handicapés qui rêvent depuis toujours d'être moines. Seulement, aucune de nos abbayes n'en veut. Vous comprenez ?

Je comprenais. Tout à fait. Je voyais assez mal Ricou sautillant à côté du père Du Bellay de Saint-Pons, avec son regard vague et ses bras ballants.

– Vous savez, les handicapés ne sont pas fous, au contraire ! Ils ont un sens des choses, de la réalité, qu'aucune culture ne vient entraver. Ils sont très proches de l'Évangile, très. Nous avons adapté ici la vie monastique à leur mesure. Moi, c'est ce que je leur apporte. Et eux, ils m'apportent tout le reste : une vérité de chaque instant, le refus de toute abstraction, la simplicité, la pauvreté. Rude école, mais j'apprends. Les plus handicapés ne sont pas ceux qu'on croit. Devant Dieu, je suis plus handicapé qu'eux.

Longtemps nous avons parlé, jusqu'au moment où l'ombre envahissait le jardin.

– Dites à votre père abbé que s'il veut vous laisser venir ici nous aider, vivre avec nous, vous serez bienvenu.

Je fais avancer la voiture sur le gravier. Soudain, on tambourine à la fenêtre : c'est Ricou.

– Alors frère, tu t'en vas ? Tu reviendras me voir, dis ?

Dans son visage ingrat, ses yeux cette fois me fixent. Il sourit de partout, se dandine sur ses jambes, agrippe mon bras.

– Oui, Ricou, je reviendrai te voir, c'est promis. Mais maintenant, écarte-toi, je dois sortir.

– Comment ? Parle plus fort, je n'entends pas bien.

Le visage, plissé de mille sourires, devient soudain sérieux :

– Je suis handicapé, mais tu sais ça ne fait rien : il y a des choses, on ne les entend pas bien avec les oreilles, on les entend là…

Et il se frappe la poitrine du poing.

Tu ne sais pas, Ricou, qu'un autre a dit cela avant toi,

un aviateur-poète. Tu n'as pas lu Saint-Ex, tu lis à peine. Mais tu n'as pas besoin de lire, apparemment.

Dans la voiture qui file vers l'abbaye, je me répète la phrase de Ricou : « On n'entend pas bien avec les oreilles ! »

Oui, il y a là, dans cette maison du village, quelque chose. Je ne sais pas si Dieu me veut là-bas. Mais moi, je m'y vois bien, peut-être.

Sûrement.

J'ai parlé avec père Gérard. Je lui ai dit ce que j'avais vu, ce qui m'attirait : une expérience extrême, à l'échelle peut-être de mes rêves.

Je ne lui dis pas que c'est d'un danger extrême, surtout que je veux me préserver, le danger d'une dissolution lente, mais inéluctable.

Il m'écoute avec sympathie, comme toujours :

– Oui. Vous pourriez aller prêter main forte au père Denis. Au moins pour quelque temps, un, deux ans. Vous serez détaché par l'abbaye, qui vous envoie. Parlez-en à la communauté ce soir. Au chapitre.

Je suis étonné d'un acquiescement si facile, sans objections ni résistance. Que cache le sourire du père Gérard ? De l'intérêt, ou bien – aussi – le soulagement de voir un problème résolu pour l'abbaye ?

Le chapitre écoute ma brève relation, mon projet. Aucune réaction. Personne, apparemment, ne me retient, ne semble s'opposer à mon départ, le regretter.

Je finis par me demander si je ne rends pas service à l'abbaye, autant qu'au père Denis, en passant au service des handicapés.

Mais ce n'est pas le temps des songeries mélancoliques : demain, père Nicolas me conduira avec la camionnette.

J'entasse dans des cartons mes papiers, mes notes : c'est ce que j'ai de plus précieux. Et puis quelques habits : la valise d'un moine est vite faite.

Il fait gris sur la route qui mène à la maison du village. Père Nicolas conduit en silence, la pipe au bec. Soudain, je réalise que je n'ai même pas été voir le Fleuve ! Qu'à cela ne tienne, l'abbaye n'est qu'à une heure de route du village : je reviendrai.

La pipe du père Nicolas s'est éteinte. Il est sérieux, grave, un pli amer que je ne lui connais pas aux lèvres.

Comme nous approchons du village, et qu'on aperçoit la maison minuscule au bord du bois, il ralentit et parle enfin :

– Qu'est-ce que vous allez foutre là-bas, frère Irénée ? Qu'est-ce qu'un type comme vous va y faire, pourquoi ?

Et puis, après une pause, pendant le dernier virage :

– Voulez-vous que je vous dise ce que je ressens ? Vous ne reviendrez plus à l'abbaye. Jamais plus. Ce n'est pas une mission, Irénée, c'est un départ. Et c'est moi qui conduis votre départ de l'abbaye. Ça me…

La phrase reste en l'air, nous arrivons. J'ai tourné la tête vers lui : il me semble qu'une larme, aussi, reste au bord de la paupière qui tremble. Père Nicolas fume trop : c'est la pipe.

Mais la pipe est éteinte.

Cinquième partie

LA TRAPPE

1

– Les chemins de l'Esprit sont in-dis-ci… in-dis-cer… in-dis…

– Indiscernables !

Nous sommes à table. Ils sont tous là, en rectangle : Ricou, Raymond, Jean-Pierre, Max, père André, Luisa… Une galerie de portraits à la Daumier.

Dans la maison du village, père Denis a décidé qu'on ferait un peu de lecture au début de chaque repas, puis qu'on parlerait, comme à une table familiale. C'est Marcel qui a reçu le livre, et déchiffre péniblement, tandis que sa soupe fume dans l'assiette.

– Indiscernables ! C'est un mot un peu compliqué, ça veut dire qu'on n'y voit rien. Un peu comme vous, hein, père André ?

Père Denis, toujours aussi royal, trône au centre de cette cour des miracles.

– Allez ! Marcel, ça suffit, laisse le livre, on reprendra demain. Eh ! père André, attention, vous salez la nappe !

Père André est un vieux moine de Tioumliline qui a suivi son prieur ici, plutôt que d'aller s'enterrer dans l'infirmerie de son abbaye au retour du Maroc. Ce n'est pas qu'il ne voie rien : il voit juste en face de lui, dans un rayon de dix degrés. Or, père André adore les mets épicés : il rajoute sel et poivre dans chaque plat, mais se trompe régulièrement et saupoudre de sa main tremblante la nappe, le pain ou l'assiette du voisin.

– Père André, ça porte maaalheur !

Père André ne répond pas à Ricou. Il ne répond jamais, parle très peu, et finit toujours par sourire d'un air de dire : « Eh oui, que voulez-vous, je suis comme ça, vous verrez quand vous y serez ! » Il a perdu une jambe à la guerre, en 1918, et le toc-toc de son pilon rythme ses rares allées et venues.

On sourit, on rit beaucoup dans la maison. Chez les handicapés, il paraît que c'est normal : comme leur développement s'est arrêté quelque part en cours de route, ils ont la joie facile et communicative des enfants. Père Denis, ironique et malicieux, entretient ce climat : il semble convenu qu'on ne prendra rien au sérieux, et surtout pas les travers des uns ou des autres.

– Père André, n'oubliez pas s'il vous plaît que c'est moi qui lave le linge !

Luisa, elle, arbore un sourire presque permanent. Lorsque, par moments, elle devient sérieuse ou grave, son visage rond prend une expression de douleur très douce, presque résignée.

Cette communauté était faite de bric et de broc, de paumés qui s'étaient tous retrouvés ici un peu par hasard, un peu par la grâce du père Denis.

Il y avait donc une femme, Luisa. D'origine portugaise,

elle vivait depuis toujours en France. Très jeune encore, elle avait « attrapé » un enfant, dont le père avait disparu dans la nature. Elle avait élevé seule son fils, qui avait maintenant vingt ans et travaillait. Luisa était la mère de la maison.

– Nous sommes une communauté religieuse de laïcs, mais nous sommes aussi un foyer pour handicapés : dans un foyer, il faut une mère, une maman. Luisa, je vous sacre maman de la maison. Voulez-vous s'il vous plaît aller chercher le plat suivant ? Marcel, bouge un peu, va aider Luisa. Allez !

Luisa assurait la cuisine, dirigeait le ménage, veillait à la propreté. Père Denis l'appelait « notre mère abbesse », et elle riait. Sa chambre était voisine de la mienne. Luisa était donc ma mère, à peine plus âgée que moi : je n'ai jamais imaginé qu'elle puisse être autre chose.

Elle avait vu mon arrivée avec soulagement : père Denis l'impressionnait un peu, et elle se retrouvait seule pour faire tourner cette maison pas comme les autres. Mais Luisa était solide, travaillait du matin au soir, et les lieux étaient bien tenus.

Chaque jour en début de matinée, père Denis avait instauré « la réunion ». Luisa apportait du café, un peu plus corsé que celui du petit déjeuner, et on discutait à trois en tournant la petite cuillère.

– Tenez frère Irénée, appelez ça notre chapitre restreint, si vous voulez. C'est ici que se construit l'esprit de la maison. Croyez-moi, c'est plus efficace que le chapitre de l'abbaye.

Toujours cette pointe de dérision, d'ironie. Père Denis a retenu les leçons de Mai 68 : ici, tout sera inventé à neuf, puisque rien n'est comme ailleurs. Et la réunion est aussi le moment où, longuement, il nous parle.

– N'oubliez pas qu'ici, nous sommes *tous* handicapés. Ce n'est qu'une question de degré, et encore. Il y a des handicaps plus apparents que d'autres. Ricou est visiblement handicapé, la société le met à part comme tel. Mais vous, frère Irénée, vous êtes aussi handicapé, quelque part. Seulement ça se voit moins, ou alors vos handicaps sont reconnus et partagés par la société. Nos frères vous aideront à les découvrir, et à les accepter. À vous accepter vous-même !

Luisa, qui est avec eux depuis plus longtemps, sourit : elle a accepté, déjà, d'être ce qu'elle est. Mais moi, vais-je pouvoir accepter ? Où donc ce nouveau parcours va-t-il me conduire ?

Descendre. Il faut descendre en soi, plus profond, plus bas encore. Ici, je ne suis plus rien. Les titres, la science, l'expérience, tout cela n'existe pas pour eux. Ils me prennent comme si je venais de naître à l'instant. L'Église ne les reconnaît pas : c'est une maison « expérimentale », tolérée par l'ordre parce qu'on ne peut rien refuser au père Denis. J'y suis prêté, officiellement, par l'abbaye. Même si je sais, au fond de moi-même, que l'abbaye a ainsi résolu de façon élégante le problème que je lui posais.

Prêté, ou relégué parmi les handicapés ? Ne pose pas de questions, mon garçon. Après tout, c'est toi qui l'as voulu. Avance. Avance aujourd'hui, demain tu verras.

– Là, c'est les salaaades, il faudrait les arroser, et puis enlever les mauvaises heeerbes !

Ricou, en tenue de travail, se promène au milieu des allées du potager en parlant tout haut. Ou plutôt, il parle aux légumes. Il est chargé de ce carré de terrain, et c'est sa façon à lui de jardiner. Si je n'interviens pas, il passera sa matinée à parler à ses plantes, pour leur expliquer ce qu'il faudrait qu'il fasse pour qu'elles veuillent bien pousser comme il convient. C'est son handicap à lui : il atteint la réalité à travers la parole. Mais si les choses n'obéissent pas à son verbe, il est totalement désemparé, et c'est la crise.

Père Denis m'a nommé responsable du travail :

– Si tu veux – il me tutoie maintenant – tu es cellérier. Comme nous sommes à peine trois, il y a un tas de titres à se répartir. Travaille avec eux : ce sera la meilleure façon de devenir l'un des nôtres.

J'ai donc repris la bêche, et passe de longues heures à retourner la terre molle d'Ile-de-France. Avec Ricou, qui sautille à mes côtés et parle à la bêche.

– Max, on va lire l'histoire du Samaritain. Tu connais le Samaritain ? Sa-ma-ri-tain !

– Foui, foui, S'm'rrri-t', Max connaît, connaît pien, pien ça !

Max est sourd-muet de naissance. Il lit sur les lèvres, et a appris quelques sons en posant sa main sur les cordes vocales d'un parlant. À cela s'ajoute un handicap mental, qui ne l'empêche pas de comprendre beaucoup de choses, avec finesse. Max sourit tout le temps, au milieu de mimiques incessantes. Il a un gros ventre, un gros derrière, fume du tabac blond. Sa famille de grands bourgeois du Nord lui a donné une éducation parfaite. Il renversera un vase en faisant un saut de côté pour ne pas franchir une porte devant Luisa :

– P'ssez, Ma'a'm', che fou prie, p'ssez !

Max aime la vie, goûte notre piquette de table comme s'il s'agissait d'un grand bordeaux, roule ses cigarettes avec gourmandise, éclate de rire dès que père Denis sourit.

Max est ma consolation, ma joie. Chaque matin, je lis avec lui un passage d'Évangile, et le lui explique.

Expliquer l'Évangile à un sourd, père Notker, vous ne m'aviez pas appris cela, à Rome !

Mais Max comprend, et à chaque fois ses bajoues tremblent de rire :

– Max comp'is, Max comp'is, f'é Iréné'chentil chentil !

Moi, je lui explique l'Évangile avec mes mots, en articulant bien pour qu'il lise sur mes lèvres. Mais lui ne comprend pas l'Évangile : il le vit. Il devient tour à tour chacun des personnages. Le Samaritain, c'est lui, et le blessé ramassé au bord du chemin, c'est lui aussi !

Max est depuis longtemps citoyen de l'Évangile, un pays où je ne suis entré qu'avec ma tête. En vérité, je me demande qui explique finalement le texte à qui. Père Denis a raison : je ne sais rien, ou plutôt ce que je sais n'est rien à côté de la science que possède Max.

2

Dans l'angle du jardin, un hangar a été transformé en chapelle. Tout y est beau : pierres apparentes, mobilier de Tioumliline, icônes.

Trois fois par jour, et une fois encore avant le coucher, on s'y retrouve pour la prière de l'office. Père Denis a tout simplement adopté le bréviaire des prêtres de paroisse : quelques psaumes, quelques lectures brèves.

Tel quel, c'est déjà une prouesse pour des handicapés mentaux. Mais oui, ils chantent, se lèvent et s'inclinent à peu près au bon moment, écoutent la lecture faite par un « valide ». Le contraste avec ce que j'ai vécu est total. Et nos discussions byzantines sur les détails de l'office semblent ici dérisoires devant ce fait étrange : des gens sans culture, sans références, des handicapés, pratiquent l'activité la plus ésotérique qui soit : la célébration régulière d'une liturgie catholique !

Dans ma tête, c'est un lessivage complet. Tout ce pour quoi j'ai lutté si longtemps, la source de tant d'affrontements, tout cela ici est devenu sans objet. Comment avons-nous pu, nous les « normaux », nous déchirer à ce point sur ce qui semble, ici, simple et naturel ?

Certes, ils chantent faux, ils ne comprennent pas tout. Mais quand je les vois chaque jour à la chapelle, Ricou-les mille-sourires, Max et ses mimiques, père André et sa jambe de bois, Luisa triste et gaie… je me demande si je n'ai pas, si longtemps, pris des moulins à vent pour de formidables guerriers.

S'adapter. Il faut s'adapter à cette vie un peu folle, hors du commun. Rentrer dans l'histoire de cette maison, la faire mienne. Je suis là, en principe, pour un an : mais peut-être y trouverai-je une raison de vivre, un combat à mener, quelque chose à construire ?

La réunion du matin a lieu dans le bureau du père Denis. C'est là qu'il passe le plus clair de la journée, assis à sa table, recevant les uns et les autres.

Devant lui, les rayonnages d'une bibliothèque sont couverts de photos, parfois jaunies. Père Denis arrivant au Maroc, construisant Tioumliline, baisant le pied et la main du roi, recevant les autorités… et puis le succès, l'intelligentsia française et musulmane à ses côtés, les conférences internationales… Père Denis, toujours au centre.

La fondation de Tioumliline avait été voulue et encouragée par le gouvernement français, qui y voyait une pièce maîtresse de son enracinement colonial au Maroc. Père Denis savait-il qu'il avait fait le jeu des puissances d'argent et de la politique française d'alors ? Jamais cette question n'a été abordée entre nous. Peut-être était-il sincèrement convaincu d'avoir agi pour Dieu seul. Tellement forte est la compromission de l'Église avec les pouvoirs conservateurs, qui la soutiennent en retour, que les hommes ne peuvent plus porter de jugement sain sur leur action.

Et puis, la politique avait tourné, l'indépendance était rentrée non seulement dans les faits, mais dans les esprits. Preuve que Tioumliline n'avait jamais été une aventure indépendante, que le goupillon suivait le sabre et accompagnait ses destinées : il avait fallu partir. Le beau domaine était devenu propriété royale, et le jeune Hassan II s'était engagé à l'entretenir. Mais les moines avaient reçu leur billet de retour.

De tout cela, il ne restait plus rien que ces photos au milieu desquelles père Denis veillait, comme la sentinelle d'un mémorial.

– C'est mon cimetière, ma chapelle ardente !

Rentré en France après quelques détours, il avait rencontré le mouvement charismatique, qui prenait naissance sur les débris des barricades de Mai 68.

Les communautés de base, que j'avais connues à Rome avec *Ora Sesta*, prenaient en France cette forme particulière : on l'appelait le Renouveau Charismatique. Le principe était simple : des croyants avaient découvert que l'Esprit saint existait, et qu'on pouvait se brancher directement sur lui. L'inspiration se recevait au cours de réunions de prières d'un style très particulier. Elle était contrôlée par des « bergers » qui rassemblaient autour d'eux un troupeau de charismatiques aux mains frémissantes, aux yeux agrandis par l'expérience de l'Esprit.

Regardées au début avec méfiance par les autorités qui voyaient une partie de leurs ouailles leur échapper, des communautés s'étaient créées, puis très vite étendues, organisées. Elles rassemblaient pêle-mêle les déçus du concile, des anarchistes de tous bords, des idéalistes, des névropathes, des âmes généreuses. Tous sincères dans leur démarche, tous sur la longueur d'onde de l'Esprit. Le mouvement, de fait, était orienté nettement à droite et se teintait souvent d'un intégrisme naïf, innocent.

Les évêques avaient compris qu'il ne fallait pas laisser passer cela : l'Église, lorsqu'elle ne peut pas diriger les choses, a toujours eu un remarquable talent pour s'y adapter, les pénétrer, les reprendre à son compte.

Le mouvement charismatique avait donc fini par être officiellement reconnu, comme les communautés de base en Italie. Il y avait des évêques charismatiques, des prêtres et des religieux charismatiques.

On jouait essentiellement sur la corde sensible, l'affectif, le débordement des expériences étalées en public, la consolation. Quelques théologiens avaient bâti à la hâte un discours théorique qui montrait que les charismatiques n'avaient rien inventé, étaient dans le droit fil de la tradition catholique. Le « baptême de l'Esprit », qu'on recevait au cours de réunions de prières exaltées, créait un groupe d'initiés.

Le génie de l'Église avait été de récupérer ce mouvement à temps, pour le contrôler. Les excès du cléricalisme des laïcs, qui fleurissait ici comme en Italie, étaient jugés un moindre mal : les prêtres étant une espèce en voie de disparition, des laïcs prenaient de fait leur place dirigeante et leur autorité. Qu'ils en adoptent les tics, l'appétit du pouvoir spirituel, cela ne changeait rien pour les ouailles, qui passaient d'une domination à l'autre.

C'est sur cet îlot en passe de devenir un continent que je prenais pied, sans trop le savoir. Père Denis avait reçu le baptême de l'Esprit. Nous étions en relations fréquentes avec les groupes charismatiques, qui nous considéraient comme des leurs. S'occuper d'handicapés était bien vu, de bon ton. À quelques dizaines de kilomètres de la maison, la communauté « La Route » – la route d'Emmaüs – se développait à grande allure. Ils venaient chez nous, nous allions facilement chez eux.

Après tout, pourquoi ne pas faire quelques pas, moi aussi, sur cette route ? Je n'ai rien à perdre. Mon chemin à l'abbaye aboutit à une impasse verrouillée de partout. Va pour la route : la vie est peut-être au bout ?

– Alléluia ! Frère Irénée bonjour, Alléluia !

Une cargaison de filles aux longues jupes, visages enfantins non maquillés, cheveux tirés en arrière ou nattés, débarque de la camionnette de « La Route ».

– Frère Irénée, comment ça va ?

– Bien, merci, ça va bien.

– Aaamen, Amen ! Et le vieux père André ?

– Oh ! vous savez, toujours ses rhumatismes, sa jambe de bois...

– Tristesse... Tiens Ricou, ça va ? Alléluia !

La secte a un vocabulaire particulier, qui exprime en trois mots les principaux sentiments humains : « Alléluia », ça va, ça baigne, c'est chouette. « Amen », ah bon, c'est bien, OK. « Tristesse », quel dommage, oh, désolé.

Avec ça on navigue, le tout c'est de le savoir. Les nuances complémentaires sont exprimées par les yeux, les mains, le visage. Bonne idée de communiquer en trois mots, ça évite les chipotages. Il y a le bon, le mauvais, et ce qui est au milieu. La vie s'en trouve de fait simplifiée.

3

Le soleil couchant vient de quitter ma chambre. C'est un grand moment de paix dans la maison, après les travaux de l'après-midi. J'ai passé presque tout ce temps avec Raymond, dans la remise derrière la chapelle. Raymond découpe des croix en bois dans des planches de sippo, et les passe à Marcel qui est censé les poncer à la main : elles seront vendues comme croix de première communion. Mais Marcel a un don étonnant, celui de ne rien faire. Et si je ne suis pas présent, ces deux-là s'étripent rapidement.

La vie s'est organisée, étrange et irréelle. Ricou, Max et les autres, père André, sa jambe de bois, Luisa, le roi Denis… La maison tranquille, le village endormi. Michel, vas-tu entrer toi aussi dans une douce somnolence ? Les mois passent, l'hiver est venu, qui est très doux cette année.

Est-ce pour toi le sommeil de l'hibernation ?

Un bruit de pneus qui crissent sur le gravier. Je

penche la tête : c'est la Citroën de l'abbaye. Un corps lourd et massif s'appuie sur le sol, une portière claque :

– Père Nicolas, quel plaisir !

– Irénée, je passais pas loin d'ici. Je me suis dit : « Je vais aller le voir. »

– Bonne idée, entrez, il fait froid !

Nicolas salue le père Denis, rencontre Luisa, quelques handicapés. J'ai l'impression qu'il évite de me regarder, et je trouve sa jovialité un peu forcée.

– Bon, je vous laisse : vous devez avoir des choses à vous raconter.

Père Denis, la tête haute, quitte la pièce.

Nicolas bourre sa pipe, puis l'allume soigneusement. Un silence s'est installé. Je ne saurais dire quoi, mais quelque chose... oui, quelque chose semble changé en lui. Peut-être a-t-il un peu maigri ? Le bison vaudois semble plus tassé, moins en action.

– Alors Irénée – il a relevé les yeux derrière le nuage de fumée – quoi de neuf, comment ça va ?

– Écoutez père Nicolas, ça va. Mais il y a quelque chose qui m'étonne : je n'ai pratiquement pas de nouvelles de l'abbaye. Vous êtes le premier à passer ici depuis six ou sept mois. Presque pas de lettres, rien. Silence total. Comment comprenez-vous cela ? Qu'est-ce que ça veut dire ?

– Oh... – geste de la main, il rallume sa pipe ; va-t-il répondre ? – vous savez... rien, simplement vous n'êtes plus là, on s'habitue d'abord à votre absence. Et puis on se rend compte qu'on peut se passer de vous, et puis on s'en passe très bien, et enfin on oublie même que vous étiez là... C'est un peu ça, sans doute.

– Mais, Nicolas, c'est ma communauté, j'y ai donné ma vie, je lui ai donné ma vie ! Nous avons vécu ensemble, elle m'a façonné, et je crois bien l'avoir un peu façonnée moi aussi. Non ? J'y ai tenu ma place, quand même !

– Justement, Iré, justement…

Père Nicolas me donne l'impression d'un animal qui se terre dans un trou, il n'a pas envie de répondre, cette conversation-là lui est infiniment douloureuse.

– Justement… écoutez…

Il lève enfin son visage et plante ses yeux dans les miens :

– Je peux me tromper. Mais j'ai l'impression que vous avez donné tout ce que vous pouviez, et que tout ce qui viendrait après serait de trop, serait inacceptable…

– Comment ça, inacceptable ! Mais père, je me suis donné à vie, j'ai été accepté pour la vie ! On ne coupe pas une vie en tranches, ceci est bon, cela je rejette !

– Mais c'est ça !

Il s'est projeté en avant, le visage tendu, la pipe levée. Il crie presque :

– C'est ça Iré, c'est ça ! Ils ont pris de vous le meilleur, tout ce que vous pouviez donner de bon, et c'était super, vous nous avez aidés à passer d'un monde à l'autre, vous avez fait un boulot magnifique, on en vit. Et puis maintenant…

Il s'est affalé à nouveau dans le fauteuil :

– Maintenant, on se passe de vous, et on en est bien contents. Ils ont pris le meilleur, et puis quand ça pouvait devenir gênant, bon débarras, ou presque.

Il rallume sa pipe. Décidément, elle s'éteint bien souvent. Je ne peux pas croire ce que dit Nicolas. Il est fatigué, ça se voit sur son visage, il a un coup de cafard. Mais il répète, caché derrière sa fumée :

– Ils ont pris le meilleur…

Il y a eu un long silence. Et puis Nicolas s'est ébroué, s'est levé.

– Allez, il faut que je m'en aille.

– Et le père Gérard ?

– Ça va. Il ne parle jamais de vous. Pourtant, c'est lui qui devrait donner des nouvelles au chapitre, s'il en a. Mais vous me dites qu'il n'écrit pas…

– Je vais lui écrire, c'est à moi de le faire, j'ai été négligent. Ici, vous savez, c'est vraiment spécial !

– En effet ! Attendez un peu, laissez-le faire.

Nous nous dirigeons vers la voiture. Alors, comme pour changer de sujet :

– Dites donc Irénée, de quoi est-ce que vous vivez, ici ?

– Ce qui reste des anciens amis de Tioumliline. Donc, aucun problème financier, le confort, quoi.

– Le confort…

Il regarde la maison, qui s'efface dans la nuit tombée, dans le village silencieux.

– Le confort… Allez Iré, salut, je reviendrai.

Je ne peux plus prier. Les longs moments réservés à Dieu, où je m'exposais à ses rayons, où je m'abandonnais à sa présence, ces moments je les passe toujours à la chapelle, mais ils sont vides. Devant moi les pierres nues, leur présence dense. C'est tout. Cet espèce de dialogue muet, intérieur, vivant, vital, est rompu. Cassé, comme un fil ténu qui aurait cédé.

Pourquoi cela, aussi ?

Mais alors… est-ce Dieu que je rencontrais ? Ou était-ce l'écho de la facilité ?

Pendant ces moments de prière, je me sens comme une des pierres du mur, en face de moi.

Le Fleuve, là-bas, doit couler ses eaux tranquilles. Sans

doute il est lent, semble parfois immobile, mais il avance, bouge tout de même au pied de l'abbaye.

Une espèce de lassitude m'envahit : j'ai trop lutté déjà. Reposer ici serait doux, peut-être.

4

– Alleluia, frère Irénée, bienvenu !

À l'arrêt du car, elles sont deux qui m'attendent : je viens passer le week-end chez les charismatiques. Ça me changera un peu des handicapés mentaux – du moins, il faut l'espérer.

Dans leur hameau d'Ile-de-France ils ont acheté quatre ou cinq maisons, les « foyers », et ce qu'on appelle ici le « château » : une gentilhommière du XVIIIe siècle au fond d'un parc, qui sert de quartier général, chapelle, ateliers. Les charismatiques ne semblent pas manquer d'argent…

– Vous êtes logé au château, c'est plus facile et c'est joli. D'accord ?

– Tout à fait, pas de problème.

– Amen ! Donnez votre sac, on vous accompagne.

Le hameau se mourait, et ne comptait plus que quelques retraités. L'arrivée de la communauté lui a redonné vie. Des filles, des garçons jeunes circulent dans l'unique rue, vont d'un foyer à l'autre. La mode vestimentaire est post-hippie, mélangée d'hindou. Longues juges en madras, chemises Nehru pour les garçons. De la couleur, de l'animation dans ce décor de conte de fées.

– Irénée, vous connaissez notre berger ?

Un petit homme rond, regard vif, barbe fournie. Il m'empoigne, m'attire à lui, m'entoure de ses bras, me colle sa barbe dans le cou : c'est l'accolade fraternelle, le baiser d'accueil. On s'embrasse beaucoup à la communauté, en frères et sœurs bien sûr. Je reprends un peu d'air.

– Frère, sois bienvenu. Excuse-moi, les sœurs de ce foyer m'attendent : on se verra à la messe, et au repas. Il loge au château ?

– Oui, on l'a mis dans l'aile neuve.

– Aaamen, à bientôt Irénée, alleluia !

Me voilà donc enveloppé dans l'Esprit saint comme un bonbon anglais dans sa cellophane. Je n'ai plus qu'à me laisser faire.

La messe. Ils sont tous là, hommes, femmes, enfants : plusieurs couples font partie de la communauté.

La chapelle occupe une belle pièce au rez-de-chaussée du château. Depuis les fenêtres on voit la pelouse, qui descend en pente molle vers la route.

Tout le monde est assis par terre, le sol est recouvert d'épais tapis. À l'extrémité, derrière une belle table parée en autel, le vieux dominicain en habits sacerdotaux. Lui, c'est l'aumônier de la communauté. Il habite ici, il y finira ses vieux jours.

Un type en gandoura blanche, cheveux longs noués par un élastique, fait la lecture. À ses pieds, et jusqu'à l'autel, des marmots batifolent : les enfants de la communauté, ils sont ici les rois. De temps en temps une maman se lève sur un genou, tend le bras, relève un gosse : tout se passe dans la paix.

– Aaamen !

La lecture vient de se terminer, l'assemblée ferme les yeux, les mains montent au visage : petit intermède de prière libre dans l'esprit.

Il faut être initié pour comprendre : chacun va peu à peu exprimer, par des paroles ou par de sons, ce qu'il ressent. Un bourdonnement s'élève doucement – des gémissements, des mots inarticulés – puis se fond dans une espèce d'harmonie assez agréable. Il n'y a eu aucune répétition préalable : nous sommes ici en direct avec l'Esprit saint.

Après la messe, j'ai rendez-vous avec le vieux dominicain. En fait, c'est surtout pour cela que je suis venu : le rencontrer.

Il a une particularité assez étonnante : depuis des années, il est complètement sourd. Mais ses réponses aux questions qu'on lui pose – et qu'il n'entend pas – sont toujours pleines de sens pour ceux qui vont le consulter.

Il est donc devenu l'oracle, la pythie de la communauté. Quand on va voir « le père », c'est l'Esprit saint qui parle directement par sa bouche.

Je le trouve assis sur son fauteuil, dans un habit de dominicain d'un blanc douteux. Le bureau est obscur, à peine éclairé. Qu'à cela ne tienne, je suis décidé à jouer le jeu, et à lui ouvrir mon cœur.

C'est vrai, il entend à peine, porte la main à son appareil. Mais je sens qu'il est totalement attentif à ma présence. Derrière ses gros verres ronds, ses yeux globuleux ne me lâchent pas.

J'explique le départ de l'abbaye, la maison du village. Je ne lui parle pas de l'exclusion de fait qui s'esquisse à mon égard. Mais ce diable d'homme respire ses interlocuteurs, plus qu'il ne les entend.

– Bien, frère, bien – la voix est faible, chevrotte un peu. Attendez la fin de l'année, et laissez donc votre supérieur prendre l'initiative du contact, vous indiquer la volonté de l'abbaye sur vous. Venez nous voir souvent. Je prie pour vous.

Terminé. L'oracle a parlé.

Il confirme le conseil du père Nicolas.

Le temps passe, doucement, goutte à goutte, comme une liqueur qu'on distille. Les saisons, ici, me semblent moins marquées qu'au bord du Fleuve. Ou bien, est-ce moi qui suis moins attentif à la nature ? Le printemps, pourtant, est déjà avancé. Bientôt ce sera l'été, et ma vie qui s'écoule, ou plutôt qui s'échappe, sans que je puisse la retenir.

Aucun de ces instants ne pourra être à nouveau vécu. Et qu'en aurai-je fait ?

Une chose au moins est appréciable : avec la paix revenue, ma sensualité s'est assoupie. *Myscos* semble avoir quitté la scène.

Comme rien ne vient, comme l'été est là, j'ai pris ma plume.

« Cher père Gérard,

Voici déjà un an que je suis ici. J'ai trouvé une place dans cette maison. Mais ma place, me semble-t-il, est à l'abbaye. Que dois-je faire maintenant ? Pouvez-vous me donner votre sentiment ? »

L'été se termine, et je m'en aperçois à peine : j'attends. Le jardin donne à plein, Luisa lance périodiquement des opérations confitures. L'odeur acide des prunes cuites flotte dans la maison.

Enfin, la réponse du père Gérard arrive. À l'abbaye, on ne se sert du téléphone qu'en cas d'extrême urgence : les choses sérieuses se traitent par lettres.

La sienne est brève, claire.

« Vous pouvez revenir à l'abbaye si vous le désirez. Mais à une condition : que vous vous conformiez à l'observance dans sa totalité. Que vous acceptiez notre vie telle qu'elle est désormais, sans penser à la faire évoluer. »

« Si vous le désirez » : autrement dit, je ne suis pas désiré. Rien ne peut m'empêcher de rentrer, rien d'autre qu'une faute grave constatée par Rome : la loi de l'Église est formelle.

Père Gérard le sait, bien sûr. Et il me connaît. Il présente donc les conditions de mon retour de façon telle qu'il se doute bien que je n'accepterai pas. Revenir à l'abbaye avec le Fleuve pour seul horizon, l'observance comme seule raison de vivre, au milieu – sans doute – de la méfiance de tous ? Non, cette mort-là, je ne suis plus capable de la choisir délibérément.

Et père Gérard sait tout cela.

Un jour, déjà lointain, j'ai placé mes mains entre les siennes : elles se referment maintenant et m'écrasent, comme une noisette.

Il n'y a pas le choix : à l'abbaye je suis en danger, ici je puis vivre et être utile.

J'ai été parler au père Denis : il m'écoute, gravement. Il acquiesce : « reste, tu es chez toi ici ».

Comme il l'a promis, père Nicolas est revenu. Novembre est humide, la nuit est tombée. Sa voiture est là, dans la cour, quand je descends pour le dîner.

– Père Nicolas ! Vous mangez avec nous ?

– Non, je dois être à l'abbaye ce soir. J'ai beaucoup été absent ces mois-ci, beaucoup roulé. Allons nous asseoir un instant.

Je le trouve un peu voûté, décidément maigri. Ses traits sont tirés.

– Alors, vous avez une réponse du père Gérard ? En fait, je ne l'ai pas vu depuis des semaines.

Sans un mot, je lui tends la lettre. Il la lit lentement, son visage s'assombrit :

– C'est clair, Irénée. Ils vous connaissent, et je vous connais. Vous n'êtes pas homme à vous suicider à petit feu. Présenter les choses ainsi, c'est vous exclure, sans en porter la responsabilité.

– Oui. C'est aussi comme ça que je l'ai compris. Je reste ici.

– Ici ?

Il me regarde, l'air surpris.

– Mais... pour vivre quoi ?

Je lui réponds, doucement :

– Vous savez, père Nicolas, il y a quelques années déjà que je ne me pose plus la question.

Un silence. Il murmure :

– Je vois...

Nous sommes partis dans le jardin. Sa main sur la portière de la voiture, Nicolas se tourne vers moi :

– Irénée, heureusement que vous n'êtes pas là. On sent venir de partout le retour en arrière : de Rome, du provincial, du père Gérard, qui suit le mouvement. Il y a eu un moment, juste après le concile, où tout a paru possible. Maintenant…

Il s'installe, lourdement :

– Maintenant, on revient vers le passé, en l'habillant autrement. Vous ne supporteriez pas cela.

Et lui, comment le supporte-t-il ? À travers mon échec, n'est-ce pas sa propre vie qu'il soupèse ?

– À bientôt, Irénée !

Je regarde les feux de la voiture s'éloigner sur la route. Un instant, je suis resté là, immobile, tandis que le père Nicolas s'enfonce dans la nuit.

5

L'hiver, cette année, s'étire en longueur. Depuis Noël, chaque matin, je fais dans la salle du grenier une initiation à la Bible pour ceux qui le peuvent, quelques handicapés, Luisa.

Quel chemin parcouru, depuis l'enseignement de haute volée donné à l'abbaye, il y a… des siècles ! Mais ces cours, que je prépare avec soin, m'importent autant que les autres. La transmission du savoir ne tire pas son prix du niveau des partenaires – professeur, élèves – mais de l'échange qui s'instaure, du courant qui passe.

Fût-il extrêmement modeste : la connaissance ne m'appartenait pas. Elle m'avait été donnée pour que je m'en dessaisisse, au profit d'autres. Handicapés ou non, quelle importance ! Transmettre…

Il fait bon dans le grenier, que baigne la lumière crue de mars. Ma tête rejoint presque les têtes sagement penchées de mes élèves : nous lisons un texte de la Genèse, et pour ces êtres que la société juge inaptes, j'emploie les méthodes de l'exégèse la plus moderne, adaptée.

Une porte qui s'ouvre: père Denis s'engage dans la cage étroite de l'escalier:

– Irénée ! Téléphone pour toi, de l'abbaye. Viens le prendre dans mon bureau.

Je dévale les marches. Que peut-il se passer? Le téléphone, seulement en cas d'urgence…

– Allô ?

– Frère Irénée ? C'est le père Du Bellay.

– Oui, père. Que se passe-t-il ?

– Frère, le père Nicolas a eu un accident avant-hier à l'aube. On l'a trouvé dans la crypte, mort. L'enterrement a lieu cet après-midi, on attend la famille. Père Gérard s'est aperçu qu'on avait failli oublier de vous prévenir.

– Cet après-midi ? Bon, je saute dans la voiture et j'arrive.

La voix du père Du Bellay de Saint-Pons était claire, nette, neutre. Cet homme-là, s'il éprouve quelque sentiment, le cache admirablement.

Père Nicolas ! Mon Dieu, je m'en doutais, j'aurais dû le savoir, le prévenir. L'impression étrange que j'avais eue lors de son dernier passage ici: que s'est-il passé, depuis, et il y a deux jours encore, dans l'aube glaciale au bord du Fleuve ? Et la crypte, pourquoi la crypte ? Qu'allait-il y faire ?

Je pousse au maximum la 2 CV du père Denis. Ces voitures sont molles, molles ! Allez, allez ma vieille ! Les petites routes défilent à grande allure devant moi, je ne les vois pas. Je suis tout entier dans la crypte médiévale, qu'effleure à peine la première heure laiteuse de cette aube-là, il y a deux jours déjà. Que s'est-il passé, à cet instant précis ?

Nicolas !

« On a failli vous oublier » : ils ne respectent donc rien, même pas la mort, même pas l'amitié ?

Mais qu'en connaissent-ils, d'ailleurs ? L'amitié qui nous liait, Nicolas et moi, était aussi une amitié d'hommes. Elle n'avait pas été restructurée par l'observance. Cette main qui vous tord les boyaux, cette bouche sèche, éprouvent-ils seulement ces sentiments humains à l'état brut ?

Nicolas, Nicolas ! Jamais plus votre pipe, jamais plus votre regard pétillant, ce cœur chaleureux qui demandait un détour, encore, après tant de route déjà faite, pour aller dire bonjour à l'ami... Nicolas, mais pourquoi ?

La voiture, soudain, débouche sur la berge du Fleuve. La large courbe familière et toujours neuve. Et là-bas, le clocher de l'abbaye qui domine la plaine. Y a-t-il un an, ou deux, ou plus, que je ne suis pas venu ici ?

Au fond de l'église, vers la crypte, des ombres noires passent à vive allure : je perçois tout de suite l'agitation inhabituelle des grands jours. Et soudain, je m'aperçois que j'ai oublié de passer un habit : je suis en civil, et mon pantalon semble incongru parmi ces froufrous de robes qui s'engouffrent dans l'escalier descendant.

J'ai poussé la porte. La crypte est faiblement éclairée. Au centre, devant l'autel, un cercueil ouvert. Nicolas, en grand habit noir, avec l'étole des prêtres, remplit l'étroite caisse. Son visage est paisible, comme toujours celui des morts. Mais le front est traversé par une balafre profonde, tuméfiée. Que s'est-il passé ?

Sur les bancs le long des murs, des ombres noires sont posées, immobiles. Je m'assieds, moi aussi : personne ne semble m'avoir vu. Mon accoutrement civil me rend étranger, en quelque sorte. Ce qui se passe ici ne concerne que les ombres. Les vrais moines.

Longtemps je suis resté là, sans bouger, devant la boîte dont émerge à peine le profil de Nicolas. Par moment, dans un silence absolu, des ombres bougent, vont, viennent. Quelques-uns sont venus me toucher l'épaule, sans un mot. On prépare la messe, ce n'est pas le moment. La famille doit être arrivée, de Suisse.

La crypte s'est soudain éclairée vivement, les prêtres rentrent en procession tandis que le glas commence son chant mélancolique sur la plaine. Je réalise que je suis au premier rang, obstacle anachronique à la liturgie. Je vais me ranger là-bas, dans l'obscurité, avec les rares fidèles.

Tandis que le rite se déroule, je me rends compte que je suis devenu étranger à ces hommes, à ce monde. J'y ai pourtant passé presque vingt ans, les années fortes d'une vie ! Michel, pas le moment de t'attendrir sur toi. La messe se termine. Le cercueil, fermé, est levé sur les épaules de quatre moines. On va l'enfouir dans notre cimetière, au chevet de l'église.

Nicolas, que s'est-il passé ?

Ce n'est que plus tard que j'ai su ce qu'on a voulu me dire, et deviné le reste.

Depuis des mois, Nicolas menait une existence déréglée, folle. Il courait de chantier en chantier, avalait des milliers de kilomètres, dormait dans la voiture, revenait peu. Le développement de l'atelier justifiait cette fuite sur les routes: le travail de l'abbaye n'en dépendait-il pas ?

Et puis, il y a quelques semaines, Nicolas s'était plaint d'une douleur vive qui lui traversait la poitrine. Comme souvent, il n'en tenait pas compte. Le père Gérard avait exigé qu'il consulte un médecin.

Lors d'un passage, toujours rapide, il lui avait demandé le résultat de cet examen médical.

– Ah, le médecin ! Oui, eh bien… Il a dit que c'est mon dos. Mon dos, vous savez, depuis des années…

On s'était contenté de cette affirmation.

La procession s'allonge en ordre dans l'église nue et froide, vers la sortie. Les ombres noires, les prêtres en violet, le cercueil, le père Gérard, les fidèles… «*Requiem aeternam dona eis…*» Je suis quelque part, derrière. Je n'ai pas pu me mettre dans les rangs des moines : mon pantalon, mes cheveux, matérialisent l'exclusion.

Nicolas…

Et ce matin-là, très tôt – vers 5 heures – un jeune frère qui ne dormait pas avait vu l'église s'illuminer tout à coup. Il n'avait quand même pas quitté son lit, faut pas exagérer, mais avait noté l'heure, incongrue.

En allant au premier office du matin, les frères avaient trouvé l'église éclairée, la crypte ouverte. Vêtu d'une cape noire sur son pyjama, Nicolas gisait en travers. Il avait eu un malaise, s'était effondré, la tête heurtant violemment un banc. Il était mort.

La procession s'engage à l'extérieur le long de l'église, dans l'allée du cimetière. Un vent glacial souffle les cierges, fait voler les robes et les chasubles, effeuille les gros livres. Je n'ai pas regardé le ciel depuis ce matin : il est gris, les nuages roulent à grande allure vers le Fleuve.

Là-bas, dans l'angle, un tas de terre marron vif, et puis

un trou béant, autour duquel la communauté se range. L'absoute va commencer.

J'ai pu reconstituer ensuite le fil des événements. Nicolas n'avait jamais été voir de médecin, une enquête dans toute la région le confirmait. Nicolas se savait atteint d'un mal qui ne pardonne pas, s'il est négligé : le cœur.

Cette douleur, cette barre qui allait d'une épaule à l'autre, il l'avait reconnue. C'était l'infarctus, la crise qui pouvait être mortelle. Il n'avait rien fait, rien dit. Cette crise, son cœur qui refusait d'irriguer un corps trop gros, à qui il demandait l'impossible depuis des mois, cette crise, il l'avait regardée venir, froidement, placidement, en bourrant une pipe de plus.

Et puis un matin, il avait compris que le moment était venu. Maladroitement car le temps pressait, il avait saisi une cape dans le foutoir de sa cellule dénudée. Descendu les escaliers en se tenant à la rampe. Sans bruit.

Il voulait revoir cette église qu'il aimait tant, aller jusqu'à la crypte où il avait prié toute sa vie. Allumer. En chancelant un peu, avancer vers le fond. Vite, la douleur est intolérable, les éblouissements... Descendre l'escalier.

La crypte. Là.

Dans un univers où la mort n'appartient pas aux individus, ne peut venir que de Dieu seul, au moment choisi par lui... père Nicolas, de fait, avait une dernière fois tourné la loi commune à son avantage : il s'était suicidé.

Le cercueil, doucement, descend dans la fosse. Ils s'affairent : cela donne une contenance. Ne pas se laisser gagner par le sentiment. Dans ses habits de pontife, debout devant la tombe, père Gérard semble faire corps avec la terre. Ses yeux plissés n'expriment rien. Simplement, il est très pâle, et sa main ramène machinalement les pages que le vent fait tourner.

Je suis reparti tout de suite, sans le voir. Il est avec la famille, ce n'est pas le moment.

Demain, peut-être ?

L'un des nôtres vient de mourir, d'une crise cardiaque absolument imprévisible. Oui, demain, si vous voulez. Pas maintenant.

Père Nicolas, je dirai qui vous étiez, et que vous étiez un vivant. Je dirai que vous avez succombé de n'avoir pas pu vivre, dans ce mystère solitaire où la mort, un jour, vient prendre chacun de nous. Seul face à soi-même, seul face à Dieu.

Je sais, moi, que vous avez en quelque sorte choisi de mourir vite, par excès de vie. Je dirai qu'ils vous ont tué sans le savoir, sans le vouloir, ceux qui parlent toujours de vie nouvelle, et ne la connaissent pas. Je dirai que vous avez pris le risque de vivre, et que vous en êtes mort dans cette crypte obscure, une aube d'hiver.

Le lendemain, l'abbaye recevait une lettre, que j'ai pu lire bien après :

« Monsieur le moine supérieur.

Moi c'est Ahmed, je suis Marocain, je ne sais pas écrire, c'est mon copain qui écrit pour moi.

Ici au chantier on a dit que le Père Nicolas il est mort. C'est comme Dieu veut.

Monsieur le supérieur, je veux te dire : Père Nicolas,

un jour, il a sauvé mon travail. Il a donné sa pelle parce que ma pelle à moi elle avait cassé.

Je veux te dire, la pelle du Père Nicolas elle est toujours là, chez moi. Maintenant j'ai les papiers en règle, j'habite une HLM. La pelle elle est dans ma chambre, contre le mur, à côté du tapis de prière. Père Nicolas, je peux pas l'oublier.

Sentiments distingués. »

6

Les mois passent, les saisons. Comme un boxeur qui reçoit plus de coups qu'il n'en peut donner, je suis debout, encore. De l'abbaye, quelques rares lettres. Le père Gérard – ne m'a-t-il pas toujours soutenu ? – laisse les choses en l'état. La vie s'écoule, là-bas au bord du Fleuve, sans moi. Peut-être est-ce mieux ainsi : je n'assiste pas à la « reprise en main » qui doit se faire par petites touches, insidieuse. Inexorable.

Il faut que l'horizon de la maison du village devienne le mien. Mais quel horizon ?

Les amis de Tioumliline qui nous subventionnent m'ont demandé de rédiger un projet de statut : transformer notre petit groupe en association, qui pourra recevoir des dons. Le père Denis se repose sur moi pour ce travail, comme, de plus en plus, pour la vie quotidienne.

Mais en même temps, je le sens parfois tendu, réticent. Cette maison est sa dernière œuvre, l'enfant de sa vieillesse. Après, il le sait, ce sera l'infirmerie de son abbaye, jusqu'à la fin.

La logique voudrait qu'il me forme, me fasse de plus en plus son collaborateur, puis son successeur : personne d'autre ne viendra nous rejoindre. Des êtres humains vivent ici un certain bonheur, ou du moins un équilibre. Lui, disparaîtra avant eux. Max, Ricou, Luisa et les autres, ne doivent-ils pas être assurés de leur avenir dans cette communauté faite pour eux, mais aussi faite par eux ?

Seulement, père Denis est-il prêt à passer la main ? Le monarque acceptera-t-il un dauphin ?

Et puis moi, suis-je prêt à endosser ce vêtement, taillé à son exacte mesure ?

– Frère Irénée, je connais bien le père Denis. Il n'acceptera pas, il ne peut pas accepter.

Luisa est assise sur le rebord de mon lit, dans ma chambre. De plus en plus j'apprécie le dévouement, lucide et total, de cette femme. Nous sommes amis, et parlons à cœur ouvert.

– Même s'il le voulait, il ne pourrait pas avoir un successeur. Il est bâti comme ça : c'est un créateur, mais il ne peut être que le maître absolu.

– Mais alors Luisa, dans quelques années, bientôt, quand il ne pourra plus ?

– Il fermera la maison. Moi, j'irai ailleurs, et les handicapés aussi. Il s'occupera de chacun de nous, ne nous laissera pas tomber. Mais qu'un autre prenne sa place, jamais. C'est exclu.

– Vous savez ce que ça veut dire pour moi ?

– Vous êtes jeune encore, Irénée. L'abbaye est derrière vous. Vous y retournerez. C'est votre lieu.

– Croyez-vous, vraiment ? Vous me voyez vivre pour l'observance, sans rien d'autre, en comptant le temps qui passe ?

Luisa marque un silence. Quelle femme de cœur…

– Non – elle me regarde en face. Non, je ne vous vois pas, et il ne le faut pas. Ce serait un suicide déguisé, pour vous. Je vous connais, maintenant.

J'ai appris depuis peu les circonstances de la mort du père Nicolas. Ce suicide qu'il a en quelque sorte accepté, je ne veux pas, je ne peux pas. Je lui dois, et je dois aux miens – à moi-même – de vivre.

– Allez en parler à l'aumônier de « La Route ». Il nous aime bien, c'est un vieux bourlingueur de l'Église. Écoutez-le.

Luisa a raison. De plus en plus souvent, je vais passer un ou deux jours chez les charismatiques.

– Et pourquoi ne rentrerais-tu pas ici, ne deviendrais-tu pas membre de notre communauté ?

Le vieux dominicain est tassé dans son fauteuil. Je lui ai tout raconté, en criant un peu. Qu'a-t-il entendu ? Je ne sais. Mais il a compris, il cherche à m'aider.

Rentrer là-dedans ? Les rejoindre, Alleluia ? Devenir des leurs, Amen ? Vraiment, je ne m'y vois pas, tristesse. Et puis l'abbaye ne l'accepterait pas. Il n'y a aucun lien juridique entre nous et ces communautés nouvelles. Il faudrait quitter l'ordre.

Or cela, je ne le ferai jamais de mon plein gré. Le contrat que j'ai signé l'a été avec Dieu. Peut-être me suis-je trompé, peut-être ai-je été trompé : qu'à cela ne tienne. Mes vœux sont le seul point de repère absolu qui me reste. Je serai fidèle. Quitte à mourir sur place.

– Mais Dieu, frère Irénée – la voix chevrotante est précise et claire – Dieu ne veut pas ta mort. Tu dois vivre. Trouver moyen de vivre.

Alors, sur le ton de la conversation, il me parle souvent de son ordre, les dominicains. Il me raconte son aventure, celle de ses frères. Ce ne sont pas des moines, ce sont des « frères mendiants », la liberté est leur bien le plus cher. Intellectuels, prêcheurs, ouvriers, artistes : toujours ils ont été en première ligne, là où les choses bougent. Il n'y a pas un type de dominicain standard : leur ordre est fait d'individualités, qui trouvent une place et un équilibre selon ce qu'ils sont. Des *prima donna*, de fortes têtes, qui tiennent ensemble parce qu'ils sont tous de la même race : pionniers, frondeurs, chercheurs.

J'écoute la petite voix dans cette semi-obscurité. J'écoute, sans rien dire.

Est-ce encore l'hiver, est-ce déjà le printemps dans notre village endormi ? Je ne sais plus. Le goulet se fait de plus en plus étroit, je ne vois plus que les murs, à droite, à gauche, devant.

Alors j'ai fait ce que tout moine doit faire. J'ai écrit une longue lettre au père Gérard, mon supérieur, celui qui a tenu mes mains entre les siennes, celui à qui j'ai remis toute ma confiance.

Jouer le jeu.

Assis dans ma chambre, sur la table, une feuille de papier à en-tête de l'abbaye. C'est la réponse du père Gérard. Je la lis et la relis jusqu'à la savoir par cœur, incrédule.

« Frère,

Votre lettre me parvient et je vous en remercie. Comme vous je vis sans passé et sans avenir, me contentant du présent. Vivez au jour le jour. Personne n'échappe, et moins les moines que les autres, à la solitude et à l'absurde d'une vie vécue sans amour. Cette pâque, je voudrais tant que vous ne soyez pas sans Christ pour la franchir !

Chaque jour, je vais au cimetière, là où sont les vrais vivants, et je vous confie à eux... »

Si l'on fait un jour une anthologie du langage creux, de la langue de bois ecclésiastique, j'enverrai cette lettre. Une seule phrase veut dire quelque chose : « Chaque jour, je vais au cimetière, là où sont les vrais vivants... »

Non. J'ai l'habitude de la dialectique de l'Église, mais là, non. Les vrais vivants ne sont pas au cimetière. Les vrais vivants vivent, essayent de vivre. Le père Gérard, sans le savoir, s'est dévoilé, et avec lui la philosophie de la secte. Ce n'est pas une école de vie, mais une école de mort. « Tu parviendras... » Est-ce cela que signifie la phrase de la Règle, sur laquelle j'ai misé mon existence, il y a longtemps ?

J'ai montré cette lettre au vieux dominicain. Il ne dit rien, il sourit : la langue de bois, il connaît, il n'est pas étonné. Et puis, doucement, il lève vers moi ses yeux de crapaud :

– Mais alors, si tu veux rester dans l'Église, si tu veux être fidèle à tes vœux... Je comprends, c'est vrai, c'est le pivot de ta vie... Alors, pourquoi ne demandes-tu pas à changer d'ordre ? Tu sais qu'un religieux peut toujours transférer ses vœux d'un ordre à un autre, avec l'accord de Rome. Pourquoi ne deviens-tu pas dominicain ? Je te verrais bien chez nous. Nous avons, nous aussi, une tradition, dans laquelle tu seras à l'aise. Réfléchis-y...

7

– Asseyez-vous, frère, je vous attendais.

Devant moi, dans un habit blanc impeccable, j'ai le provincial des dominicains de France. Nous sommes rue du Faubourg Saint-Honoré : en plein cœur de Paris, les dominicains y possèdent un vaste immeuble, avec église ouverte au public.

Les bureaux du provincial sont au sixième étage, d'où l'on domine les toits. Mobilier moderne, aisance discrète, toiles de petits maîtres : les frères mendiants, apparemment, ne manquent pas de moyens.

Le provincial a tout de suite accepté de me recevoir. Le vieux dominicain qui ne sort jamais, qui ne quitte pas son bureau obscur, a bien fait les choses : il est venu jusqu'ici parler de moi à son provincial, et plaider ma cause.

– Avez-vous rédigé un rapport ?

Oui. En quelques pages, comme il me l'a demandé au téléphone, j'ai résumé ma vie, l'abbaye, les murs qui montent, l'impasse, mon désir d'être fidèle, mais aussi de vivre.

– Merci. Installez-vous pendant que je lis.

Là, devant moi, il allume une cigarette puis feuillette rapidement ces pages. Curieux qu'une vie puisse tenir sur si peu de papier…

Le provincial est jeune, mince, séduisant. C'est un charmeur, qui le sait et en use avec modération. Tandis qu'il tourne les pages, et que sa cigarette se consume dans sa main nerveuse, il dégage une présence étonnante, forte.

– Tout cela n'a rien d'extraordinaire…

La voix, teintée d'un accent du Midi, est rauque, chaleureuse.

– Vraiment rien. Je suis prêt à t'accepter dans notre ordre, si tes supérieurs y consentent. Il faudra introduire une demande à Rome. Qui marchera. Et tu devras refaire, chez nous, une année de noviciat : c'est la règle. Crois-tu pouvoir t'y soumettre ?

Avec cet homme, tout semble possible, simple, évident. Oui, je ferai un second noviciat : j'en ai vu d'autres. J'accepte.

– Ton père abbé doit donner son accord écrit : je le lui demanderai. À partir de maintenant, je m'occupe de toi, personnellement. Le noviciat se déroule à Strasbourg, il commencera début septembre. Va y rencontrer le père maître, c'est lui qui te tiendra au courant.

Sous le soleil de juillet, la rue du Faubourg semble éclater de gaieté. J'ai envie de prendre les passants par la taille, de les faire danser. Vivre, revivre !

Ma mère n'habite pas très loin : vite, j'ai de bonnes nouvelles à lui annoncer. Son fils, son fils qu'elle voyait si sombre, si triste, le petit roi va reprendre goût à la vie.

Vivre !

J'ai fait le voyage à Strasbourg. Le père maître des dominicains s'appelle Rogatien, a-t-on idée ! Moustache à la Brassens, jovial, expansif, il joue du saxophone. Longuement, nous parlons.

– Écoute, si le provincial t'accepte, je t'accepte aussi. On demandera une lettre à ton père abbé – père Gérard, c'est ça ? À la fin de l'année de noviciat, la communauté locale ici votera pour les novices. Si elle t'accepte, tu seras dominicain. Nous attendons six ou sept jeunes, novices eux aussi. Allez ! viens, on va boire une bière.

Évidemment, ce n'est pas exactement le style de l'abbaye. Mais il fait chaud, et la bière m'accueille en Alsace.

Strasbourg. Un immeuble cossu centre-ville. Une douzaine de dominicains, la communauté qui abrite le noviciat. Sept jeunes types viennent de prendre la même décision qui a fait basculer ma vie, il y a vingt ans.

Tout s'organise autour du réfectoire, qui est le seul lieu où l'on se retrouve, et de l'église. Liturgie réduite au minimum, les dominicains ne sont pas des moines. Entièrement en français, chantante, les civils qui le veulent se mêlent à nous. Un autre monde, dans lequel je suis immédiatement à l'aise. Pourquoi, mais pourquoi avoir attendu si longtemps ?

Dans quelques jours, la prise d'habit. Père Rogatien m'arrête dans un couloir :

– On a reçu un courrier de ton père abbé. Ça va, le provincial fera le nécessaire à Rome.

Il a l'air soucieux, ne veut pas parler plus longuement : l'organisation de la prise d'habit, je suppose. Tout va bien, c'est l'essentiel.

Dans l'église bondée, le provincial vient de nous remettre l'habit blanc. Il passe devant les huit novices, alignés face à l'autel, et leur donne l'accolade. À chacun, il adresse la formule rituelle : « Désormais, tu t'appelleras frère... »

Le voici devant moi, et de sa voix grave, rauque :

– Frère Irénée, désormais tu t'appelleras de ton nom de baptême, frère Michel.

La boucle est bouclée. Mais pourquoi ce regard tendu, vite baissé ?

Le but de cette année est de tester la capacité des novices à vivre ensemble. Et de permettre à la communauté, qui votera pour eux, de mieux les connaître.

Chaque jour, une heure de cours du père maître sur la vie religieuse. Je suis dispensé de la plupart :

– On ne va quand même pas t'infliger ça à toi, un vieux briscard de l'abbaye !

Père Rogatien, toujours jovial, veut que ses novices soient heureux. En fait, il veut que tout le monde soit heureux : il ne supporte pas les tensions, et les résoud de façon expéditive :

– Chez nous, ça se règle par une bonne explication, et un petit coup de vin blanc des Vosges, hop !

Mais alors, pourquoi semble-t-il m'éviter, fuir tout entretien où j'essaye de faire le point avec lui ? Ça doit être la méthode dominicaine, hop ! et il se veut sans doute discret avec le vieux briscard des cloîtres. Sa chambre est en face de la mienne, s'il a quelque chose à me dire, il me le dira, hop !

Chaque novice reçoit une petite charge dans l'apostolat de la communauté, aux côtés d'un ancien qui le testera. Pour moi, un groupe de jeunes : j'ai l'habitude.

L'hiver est rude ici, la température polaire. Mais le réfectoire est chaleureux. On y mange par petites tables, repas animés, conversations sans fin autour du dernier petit verre de sylvaner. Le vin délie les langues, façon comme une autre de se faire connaître. La nourriture est robuste, abondante : tout est prétexte à faire la fête, déboucher une autre bouteille.

D'où vient cette abondance, je ne sais. La profession de « frère mendiant », en tout cas, nourrit bien son homme. Chauffage, voiture, argent de poche : pour mépriser les sous, il faut en avoir suffisamment.

La communauté semble m'avoir adopté. Ou plutôt, personne ne me dit rien : on plaisante, on a des propos de table, chaleureux mais superficiels. Père Rogatien ne franchit jamais la porte de ma chambre.

Au bout de six mois, grande retraite dans les Vosges. Le printemps, tardif cette année, semble prêt à exploser. Pendant ces huit jours, Rogatien sera bien obligé d'avoir un entretien avec moi : je saurai enfin où j'en suis.

– Eh bien ça va, Michel, non ? Tu te sens bien parmi nous ?

Rogatien lisse sa moustache en arpentant avec moi le jardin des sœurs qui nous hébergent. La retraite touche à sa fin.

– Moi, père, pas de problème. Mais vous, qu'en pensez-vous ? Croyez-vous que je pourrai être dominicain ?

À force de la triturer, il va finir par décrocher sa moustache. Cela lui permet un long silence. Serait-il gêné de me répondre ? Ma vie, pourtant, dépend désormais de cette question.

– Oui, oui, les frères t'acceptent volontiers, tu vois bien... Et puis le provincial suit personnellement ton évolution. Tu verras ça avec lui au début de l'été.

L'impression de malaise subsiste. Pourquoi ne me

regarde-t-il pas en face, n'est-il pas plus explicite, lui qui ne mâche jamais ses mots ?

Strasbourg vibre sous les premières chaleurs de l'été. Dans un mois le vote de la communauté. Ensuite, les frères partiront pour les vacances d'août, dans l'une des maisons de l'ordre en France.

Le provincial est chez nous depuis hier. Je le rencontre, brièvement.

– Continue ton chemin. La communauté va voter, après avoir entendu le rapport du père maître sur chacun de vous. Tu connais la loi de l'Église : ce vote est souverain, je ne puis rien y changer. Mais j'ai bon espoir, va !

J'ai reçu une lettre du père Gérard. Amicale, neutre. Lui aussi s'en remet au vote des dominicains, lui aussi a bon espoir.

Allons, ce malaise que je perçois ne vient que de mon anxiété. Puisqu'on te le dit, Michel, avance sans te poser de questions !

Demain, le vote. Chaque novice a déjà reçu son affectation pour le mois d'août : j'irai le passer au couvent des dominicains de Nice. Il faudra aider un peu la communauté là-bas, et prendre des vacances – chose dont j'ai perdu l'habitude.

Mon train part ce soir, il n'y avait plus de places après, père Rogatien a eu un mal fou à avoir un billet :

– Pars donc dès maintenant, ta présence n'est pas nécessaire ici pour le vote. Tu m'appelleras de Nice, je te donnerai le résultat par téléphone. Sois sans inquiétude, bonnes vacances !

Il m'embrasse, lisse sa moustache, s'éloigne sans me regarder. Drôle d'adieu... mais j'ai juste le temps d'aller manger un morceau avant le départ. Dans la cuisine, l'économe du couvent s'active : il fait partie de ceux qui, demain, voteront.

– Vous permettez père, je peux manger quelque chose ?

– Mais oui, vas-y, tu es ici chez toi !

« Tu es ici chez toi »... Allons, le vote se passera bien. Dans deux jours je serai dominicain, et ma vie prendra un autre cours.

8

Le couvent des dominicains est dans la vieille ville de Nice. Cinq ou six frères, la plupart âgés, assurent quelques ministères. Me mettre au service de la communauté, et en vacances. Mais surtout, avoir des nouvelles de Strasbourg. En ce moment même, la communauté vote. Téléphoner, dès ce soir. Je suis un peu nerveux, et vais faire une balade sur le front de mer.

Il y a vingt ans que je n'ai pas mis les pieds sur une plage française. La plupart des filles ont les seins à l'air, picotements dans la nuque du frère Michel, novice dominicain. Mais à vrai dire, je suis tout entier tendu vers un autre lieu, à huit cents kilomètres d'ici, où se joue ma vie. Bien sûr, ils vont m'accepter. C'est évident: ils ne m'auraient pas laissé poursuivre une année entière, venir jusqu'ici, s'il y avait eu de leur part une réserve, une hésitation. Certes, on ne m'a pas dit grand-chose pendant l'année, mais enfin c'est sans doute la coutume chez eux. Je leur arrive tout formé, prêt à l'usage, désireux de donner le meilleur de moi-même: ils le savent.

Encore deux heures...

Le dîner est vite expédié, la moitié des frères ne sont pas là. Mon père, puis-je téléphoner ? Bien sûr, venez dans mon bureau. Le supérieur est affable.

– Allô ? ici frère Michel, je téléphone de Nice. Puis-je parler au père Rogatien ?

– Ah, frère Michel... Oui, oui, bien sûr, attendez je vais le chercher.

– Michel ?

– Alors, père Rogatien, le vote a eu lieu ?

– Oui, oui – sa voix est nerveuse, saccadée. Écoute, je suis très pressé, je n'ai pas le temps de te parler. Mais tu vas recevoir une lettre du provincial.

– Une lettre ? Bon, mais quel a été le résultat du vote ?

– Tout va bien, ne te tracasse pas, tu vas recevoir une lettre. Allez, je te laisse, passe de bonnes vacances !

Il a raccroché. Je ne comprends pas. Pourquoi, une lettre du provincial ? Et pourquoi refuser de répondre à ma question, pourtant simple ?

Enfin, il me souhaite bonnes vacances. S'il y avait eu quelque chose, il me l'aurait dit, c'est évident.

J'attendrai donc la lettre. Avec confiance.

Au milieu de l'agitation de Nice, le couvent est un îlot de calme et de paix. Ma chambre donne sur une petite rue. Au bout du couloir, sombre et frais, une fenêtre d'où l'on aperçoit le boulevard et la mer.

Le supérieur m'a demandé de faire des conférences sur la Bible à un groupe d'amis du couvent, et d'assurer la permanence le matin. Le reste du temps, j'ai quartier libre. Chaque après-midi je découvre l'arrière-pays, plein d'odeurs, et deviens un habitué du musée Chagall. Renouer avec la beauté pure, sans équivoque.

Cette année, je l'ai vécue d'un seul trait, tendu vers un but unique : ancrer ma vie, à nouveau, dans l'Église. Préserver ce contrat, passé devant Dieu il y a si longtemps. Être fidèle.

Sans me demander pourquoi, ni ce que vaut une fidélité à tous prix. Sans me poser de questions. La fidélité ne se discute pas.

Plus tard, je me rendrai compte que je m'étais bouché les yeux, que la fidélité n'a de sens que par la vie qu'elle rend possible, et qui la justifie.

Dieu, finalement, était-il même en cause ? Lui seul pouvait donner sens à cet entêtement. Mais la prière, à Strasbourg, continuait de me fuir. Longs moments d'attente, vides, auxquels j'étais fidèle comme au reste.

Heureusement ma sensualité, anesthésiée, me laissait en paix. Maigre consolation.

Maintenant j'attends le feu vert pour une vie qui reprendrait, me donnant à nouveau peut-être le goût de Dieu.

Oui, tout va repartir, les choses auront un sens, une orientation, un poids. Je serai à nouveau situé quelque part, avec un but. Même les miens, cette famille que j'ai abandonnée, ont besoin de me savoir en paix avec moi-même. Ils supportent mal mes errances.

J'attends la lettre.

Déjà une semaine. Dimanche, le supérieur m'a demandé de prêcher à la messe. Il est satisfait :

– Vous ferez un bon dominicain. Peut-être serez-vous envoyé ici, à Nice ? Vous y seriez le bienvenu.

Oui, peut-être. Mais j'attends une lettre, d'abord.

Presque quinze jours que le vote a eu lieu. Rien, pas de lettre, pas de téléphone. Je ne supporte plus ce silence : je vais téléphoner à Paris, directement au provincial. Cela ne se fait pas, mais je ne peux pas rester comme ça, suspendu en l'air. Bien sûr, frère, allez dans mon bureau.

La pièce est dans l'ombre, il fait très chaud. Je reste debout, et compose le numéro du Faubourg-Saint-Honoré.

– Bonjour, ici frère Michel, novice de la province de France. Puis-je parler au provincial ?

– Ah, mais… le provincial n'est pas là, il rentre dans huit jours. Ici, c'est son secrétaire.

Je connais ce père, courtois et discret. Nous avons plusieurs fois parlé ensemble, amicalement. Je suis content de tomber sur lui.

– Bonjour, père. Figurez-vous que je suis sans nouvelles du vote de fin de noviciat, qui a eu lieu il y a plus de quinze jours. On m'a dit d'attendre une lettre du provincial, et rien ne vient. Êtes-vous au courant de quelque chose ?

– C'est que… oui, frère, le provincial vous a écrit, la lettre s'est peut-être égarée, ce sont les vacances. Mais… vous ne savez pas ?

– Non. Quoi donc ?

– Le vote a été positif pour tous, sauf pour vous. Ce n'est pas à moi de vous le dire, mais je ne peux pas vous laisser dans l'ignorance, ce serait cruel. À l'unanimité, la communauté a voté contre votre admission dans l'ordre.

Je me suis assis. Le bureau, soudain, me semble glacé. J'ai froid.

– Comment… mais alors… je ne suis plus rien ?

– Non, vous n'êtes plus novice. Pour nous, vous n'êtes plus rien. La seule solution, c'est de retourner dans votre abbaye. Ils ne peuvent pas vous refuser... Allô ? Allô, vous m'entendez ?

Je reste muet, stupide. A l'unanimité ? Comment cela est-il possible ?

– Oui, père... Dites-moi, je ne peux pas rester ici, à Nice. Que dois-je faire ?

Il a perçu ma détresse, qui est totale. Un instant de silence, la ligne grésille.

– Écoutez frère, je prends ça sur moi : revenez à Paris, vous logerez au Faubourg. Là, vous aviserez. Et le provincial sera ici en fin de semaine. Mais vous savez qu'il n'y peut rien : le vote de la communauté est souverain, il est unanime et clair. Personne n'y peut rien.

– Merci. Je serai là demain. Merci, père.

Personne n'y peut rien... Je suis ressorti dans le couloir, désert. Là-bas, une tache de lumière : la fenêtre. Je suis allé m'y appuyer. Le boulevard, qu'on aperçoit écrasé de soleil, me paraît sombre et vide.

Plus rien, il n'y a plus rien. Je ne comprends pas. Comment est-ce possible ? C'est donc pour cela que Rogatien ne voulait rien dire ? Si oui, quelle duplicité, quel horrible, abominable double langage !

– « Tu es ici chez toi »... « Passe de bonnes vacances »...

Quel jeu ont-ils joué ? Et depuis quand ? Mais alors... c'est avec la connivence, l'accord tacite de tous !

En un éclair, la machination m'apparaît, à laquelle je ne puis croire, mais qui s'impose à moi. Oui, tout cela a été manié, préparé, bien organisé. Et moi je n'ai été qu'un jouet entre leurs mains.

– Eh bien frère... ?

Le supérieur, souriant, me touche le bras. Il y a plus

d'une heure que je suis là, dans ce coin de fenêtre ouvert sur le ciel et sur la mer.

Mais je crois que je suis maintenant un autre homme. La seule chose, le seul événement qui pouvait rompre ce lien par lequel je m'étais lié moi-même, au nom de Dieu, pour la vie et pour la mort, cet événement vient peut-être de se produire.

Il faut que j'aille à Paris. Que je vérifie mon intuition. Si elle est vraie – elle ne peut qu'être vraie – la nausée me monte aux lèvres.

– Eh bien, frère ? Le déjeuner a sonné ! Vous venez ?

– Merci, père, je n'ai pas faim. Il faut que je retourne à Paris, d'urgence. Si vous le permettez, je prendrai ce soir le train de nuit.

– Ah… quel dommage ! Je comptais sur vous encore. Que Dieu vous garde.

Oui, mais Dieu n'a rien à voir là-dedans. C'est des hommes qu'il s'agit, et de leurs turpitudes.

À Paris. Là, je saurai.

Un train, encore. Dans l'angle, la tête appuyée sur la vitre, je ne dors pas. Demain, après-demain, je saurai. Les lumières filent devant moi, dans l'obscurité. Filent les lumières, file ma vie… Il n'y a plus rien qu'une tranche d'existence perdue.

Je dois savoir, faire la clarté.

9

En cette fin d'août, Paris flâne au bord de ses rues. Le couvent du Faubourg-Saint-Honoré est à moitié vide, beaucoup de gens de passage. Le secrétaire du provincial m'a réservé une chambre tranquille, sur la cour.

– Vous pouvez rester ici autant qu'il le faut. Le provincial sera là dans six jours. Vous êtes son hôte, l'hôte de l'ordre.

L'hôte de l'ordre… alors que je devrais, à cette heure, en être membre actif, reconnu. J'ai posé ma valise, légère, au pied de l'armoire. Dans la maison, tout est calme et silencieux : ma présence passe inaperçue. À vrai dire, c'est moi qui suis transparent ici : je dispose de quelques jours de répit. Et après ? Après…

Sur la table, un téléphone blanc. Je me suis assis devant lui, et j'ai posé mon visage dans mes paumes ouvertes. Presque tous les éléments m'apparaissent désormais clairement : il faut les relier entre eux, et faire quelques vérifications. Commence une longue veille, seul avec mes pensées.

L'abbaye n'avait rien à me reprocher. Simplement, après le temps de l'ouverture, de l'adaptation des mérovingiens au monde moderne, une évolution s'était amorcée dans l'autre sens. Le pendule suivait son mouvement : l'Église était coutumière de ces allées et venues, qui lui permettaient de rester elle-même, inchangée, au cours du temps.

On avait vu ainsi des théologiens de renom être condamnés, exilés, réduits à néant juste avant le concile. Puis se retrouver experts et vedettes de ce même concile, auquel ils avaient donné son ossature, ses bases théoriques. Et, un peu plus tard encore, rentrer dans le silence et la suspicion, leur travail digéré par l'Église qui les remettait au placard.

L'Église voguait tandis que ces hommes n'avaient plus pour horizon que la sainteté ou la dépression.

Mon histoire était bien plus modeste. « Ils ont pris le meilleur », avait dit le père Nicolas. Oui. Et puis, cette tête qui dépassait, il fallait la couper pour qu'elle rentre dans le rang.

Mais on ne coupe pas facilement la tête d'un vivant. Alors le père Gérard, homme d'Église, avait fait en sorte que je m'exclue de moi-même, bercé par mes illusions. Je ne pouvais pas lui en vouloir : il défendait son institution, il en avait le devoir, et le pouvoir.

Terribles effets du pouvoir, qui transforme un homme à ce point !

Lorsque j'avais proposé, enfin, de changer d'ordre religieux, il avait accepté, avec soulagement sans doute. Et il avait envoyé la lettre officielle, qu'on appelle une « testimoniale » dans le jargon de l'Église, et qui autorisait mon passage aux dominicains. Le rendait possible.

Mais là, quelque chose s'était produit, que je ne comprenais pas encore. Pourquoi les dominicains, après m'avoir accueilli sans hésiter, avaient-ils montré très vite ces réticences que j'avais perçues tout au long de l'année, jusqu'à leur refus final ?

Là, quelque chose m'échappait.

La nuit s'est écoulée, un sommeil pâteux, traversé de soubresauts. Je ne suis pas allé à l'office du matin, « leur » office. Mais au petit déjeuner le secrétaire du provincial m'apporte une lettre qu'il pose sur la table, sans rien dire. « Au frère Michel, à Paris ». C'est l'écriture du père Rogatien.

Je suis remonté dans ma chambre, la lettre à la main. Peut-être est-ce la réponse à mes questions, le chaînon manquant ? J'ai ouvert la lettre, sur la table nue.

« Tu dois penser que je suis un beau salaud, et tu n'as pas tort... »

Allons bon ! père Rogatien vide son sac, enfin, dans le genre autocritique larmoyante. Pauvre homme, ça n'a pas été drôle pour lui.

Quelques jours avant la prise d'habit, il avait bien reçu de l'abbaye la lettre « testimoniale » officielle, neutre.

Mais le lendemain, père Gérard avait envoyé une autre lettre, personnelle. Cette lettre, je n'ai jamais pu la voir. Mais son contenu était tel que Rogatien avait immédiatement compris : un document accablant, qui me fermait à tout jamais la porte de l'Église.

Il l'avait montrée au provincial. Et tous deux n'avaient plus trouvé que cette solution : me laisser continuer, comme si de rien n'était. Et s'en remettre à la communauté.

Père Rogatien, qui connaissait l'issue, n'avait pas eu le courage de m'avertir. Et pendant une longue année, il avait joué ce double jeu, terrible pour lui, imposé à sa conscience : laisser marcher un homme vers le couperet qui, certainement, l'éliminera en fin de parcours.

C'est pour cela qu'il m'avait fait partir la veille du vote ! Pour cela qu'il avait refusé tout contact, ne sachant pas – ne sachant plus – que dire. Lui aussi, finalement, était victime des jeux occultes du pouvoir.

Lors du vote, il avait simplement lu la lettre du père Gérard. Et la communauté (certains, l'économe par exemple, savaient déjà), comme un seul homme, avait voté contre moi.

Écœuré sans doute d'avoir dû lui-même se prêter à ce jeu, il avait refusé jusqu'au dernier moment de me parler, et s'était retranché derrière son provincial : « Tu vas recevoir une lettre... »

Tout est clair, ou presque. Mais alors c'est le père Gérard, à qui j'avais remis toute ma confiance, c'est lui qui a fait en sorte que ma tête saute ?

Devant moi, le téléphone blanc. Il est presque midi : je peux encore l'appeler, il y a bien urgence. Je veux lui parler, entendre de sa bouche la vérité. Pourquoi, pourquoi une telle duplicité ?

J'ai composé le numéro de l'abbaye.

– Bonjour, ici le frère Irénée. Puis-je parler au père abbé ?

– Ah... un instant frère, je vais voir s'il est dans son bureau.

Un silence. Et puis la voix du père Gérard, sourde :

– Frère Irénée ? Où êtes-vous ?

– À Paris, père. Les dominicains viennent de voter contre mon admission dans l'ordre : je me retrouve à la case zéro.

– Ah… c'est désolant, désolant… comment cela ?

– Au moment du vote, on a lu une lettre que vous avez écrite au père Rogatien, me concernant. Cela a suffi à faire basculer les choses.

– Une lettre ? Je ne comprends pas. Je n'ai envoyé que la lettre testimoniale officielle.

– Comment ! Vous n'avez pas envoyé une autre lettre, personnelle ?

– Non, jamais de la vie. Moi, non. Mais peut-être, de Rome, notre provincial ou le père abbé primat ?

Sa voix est neutre, distante, impersonnelle. L'affaire ne le concerne plus, elle est classée. J'ai compris : inutile de poursuivre.

J'ai raccroché.

L'Église, semblable à elle-même, connaît sa musique. À ma petite échelle, je venais d'en avoir un bel exemple.

Il s'agissait d'écarter quelqu'un, quelles qu'en soient les raisons. La décision s'était imposée, confirmée peut-être d'une phrase en haut lieu.

Mais l'Église est gardienne de la morale et une sale décision, un peu délicate, ne doit pas être imputée à un seul qui en porterait la responsabilité claire, indiscutable.

Non, l'exclusion viendrait de partout, et de nulle part : chacun des acteurs pourrait en rejeter la responsabilité sur un autre, et continuer ainsi de vivre avec une conscience nette, fraîche.

Les chefs dominicains n'avaient-ils pas fait tout leur possible ? De son côté la communauté avait entendu une lettre, et prononcé l'exclusion en conséquence.

Mais une communauté, c'est impersonnel, et puis la lettre était là.

Cette lettre, son auteur en niait l'existence : peut-être venait-elle de Rome ? Allez leur demander, là-bas...

Non, je n'irai pas. J'ai fini par comprendre, enfin. On n'a rien vraiment à me reprocher, mais il faut que je parte. Et puis, que vaut une vie en face de décisions politiques, prises on ne sait où ?

Dehors !

La nuit tombe sur Paris. Demain, il fera jour.

Une nuit sans sommeil, encore. Comment dormir ?

Solitude, mon amie...

Adieu donc Mark, Luisa, et tant d'autres. Adieu Anselm, adieu mes illusions, ma vie écoulée au bord du Fleuve et ce rêve insensé qui m'a tenu, dormeur éveillé, pendant tant d'années...

Le matin, j'ai téléphoné au secrétaire :

– Mon père, je vous remercie de votre hospitalité. Je quitte le couvent dès maintenant, ce matin.

– Comment ? Vous n'attendez pas l'arrivée du provincial ?

– Non. À quoi bon ? Nous n'aurions pas grand-chose à nous dire. Vous lui transmettrez mon amitié.

– Bon, je comprends. Tenez-nous au courant, n'est-ce pas ?

– Oui, bien sûr. Au revoir, père.

J'ai saisi ma valise et suis descendu sans prendre l'ascenseur. À mon passage, le portier du couvent n'a pas levé la tête. Le couloir d'entrée est obscur, m'a-t-il vu seulement ?

La porte ouverte, je me retrouve sur le trottoir inondé de soleil. Un pas en avant... où aller? «Tu parviendras... !» Je pose ma valise, là. Elle est légère, aussi légère que cette autre valise, il y a vingt et un ans...

Je possède quatre chemises, deux pantalons. En poche, quelques pièces de monnaie : de quoi prendre le métro, tout juste.

De quoi recommencer à vivre.

Les passants, sur le trottoir, ont l'air insouciant et futile des Parisiens du mois d'août. Je suis toujours là, planté au milieu : ils s'écartent un peu, me frôlent au passage. Attention, vous ne voyez pas ? Vous marchez, là, autour de moi, sur les débris d'une vie détruite !

Sur le trottoir d'en face, une groupe de jeunes filles s'avance en riant. Elles sortent de l'école de secrétariat à côté, sans doute. Leurs voix fraîches, leurs rires, me sortent de mon rêve. Elles tournent l'angle de la rue et se dirigent vers le métro, là-bas. Jupes légères, allures dansantes.

Le métro, c'est ça. À l'autre bout il y a ma mère, ma famille : eux n'ont jamais cessé d'être des miens. Où aller, sinon vers eux ? Les miens...

En face, derrière le groupe, deux filles se tiennent par la main, une blonde, une brune. Elles sourient au soleil. Machinalement, j'ai saisi ma valise et j'ai traversé la rue.

ÉPILOGUE

Première lettre à Mark

Cher Mark,

Ta lettre m'atteint dans ce coin perdu d'Afrique, comme le rappel d'un passé révolu. Deux ans déjà, depuis ce jour d'août où je me suis retrouvé à la rue, dépouillé de tout...

Que te dire ? Je vis. Je travaille beaucoup, dans des conditions difficiles. L'argent gagné, ici, est chèrement payé.

Si, cependant, à toi qui es un ami, je dirai quelque chose : j'ai retrouvé un équilibre dans ce domaine dont nous avons si souvent parlé, et qui me paraît l'une des déviations les plus pernicieuses que j'aie rencontrées à l'abbaye.

L'Afrique n'est pas chaleureuse que par son soleil : elle l'est d'abord par ses hommes, et ses femmes.

J'ai été accueilli par les femmes d'Afrique. Tu me diras : c'est facile, le Blanc est riche, il paie. Non, Mark, ces femmes si disposées à une rencontre avec le Blanc ne sont pas des prostituées. En Afrique, l'amour est toujours un échange de services. La femme, qui n'existe pas, qui n'a rien, reçoit toujours de son partenaire un cadeau, même symbolique.

Mais elle peut donner en échange, si on le veut bien, infiniment plus.

Avec gentillesse, avec finesse, avec délicatesse presque, elles m'ont réappris mon corps. Sans doute parce qu'elles sentaient que je n'étais pas seulement le *toubab* qui cherche à tirer un coup, comme il y en a tant ici. Peut-être aussi parce que j'ai su choisir mes partenaires.

Comme elles aiment le langage de l'amour physique, Mark, et comme elles savent le parler ! Bien sûr, elles n'ont que cela qui leur appartienne. Mais cette grammaire, dont je ne connaissais plus rien, elles la déclinent comme une langue maternelle.

Je sais que pour votre morale tout cela est péché. Au théologien je pose une question : n'est-ce pas la mort qui est le grand péché, le seul ? Et ton Dieu n'est-il pas le Dieu de la vie ?

À plus tard, Mark. *Ciao*.

Deuxième lettre à Mark

Mon cher Mark,

Ton amitié m'étonne toujours : tu es le seul à m'écrire, le seul semble-t-il pour qui j'existe encore de ce monde où j'ai pourtant passé la moitié de mes années.

Il y a quatre ans maintenant que j'ai été viré de l'Église, dans les circonstances que tu sais. J'ai un métier, une femme, autour desquels j'ai recommencé à vivre. Enfin, il me semble…

J'apprends à oublier. Le plus dur n'a pas été le départ, l'évidence d'un échec, la comptabilité des illusions perdues. Te souviens-tu ? Nous allions être les chevaliers d'un monde nouveau, où les mots de paix, d'harmonie, de fraternité, de pureté, d'esprit… pourraient devenir réalité. « Vous êtes l'espoir de l'ordre, vous êtes sa vie ! » Oui, nous devions, nous pouvions donner un sang neuf à ce vieil arbre encore debout, et les oiseaux des champs viendraient y faire leur nid.

Non, le plus dur c'est ce qui a suivi. Je me suis retrouvé, un matin d'août, sur le trottoir. Sans rien, ni passé, ni avenir, ni argent. Le désert.

Dans les semaines qui venaient il a fallu dormir, manger, chercher un travail. Je débarquais d'une autre planète, je ne savais plus marcher.

J'attendais de l'abbaye, de ceux qui m'avaient appelé « frère », à qui j'avais abandonné ma vie, dont j'avais partagé le destin… J'attendais un geste, un mot : « Ça va ? Où vas-tu te loger ? Est-ce qu'on peut t'aider ? »

Rien. Aucune de ces paroles simples, banales, par lesquelles un ami s'inquiète des jours et des nuits de son ami, un frère du lendemain de son frère.

Rien. Pas une main tendue, rien. J'avais quitté la secte : je n'existais plus. Ils accordent plus d'égards à leurs morts, dont ils fleurissent et entretiennent la tombe.

« Frère »... Non, je n'étais pas leur frère, ni leur ami. Je ne l'avais jamais été. Ces mots-là, trompeurs, ne recouvraient rien. Ce n'étaient que des conventions, un vocabulaire d'apparat. Un miroir aux alouettes. Frère...

Tu me demandes où j'en suis de ma relation avec Dieu, si je prie. Incorrigible prêcheur ! Mais tu es le seul dont je puisse accepter cette question : ton amitié te donne le droit de me la poser.

Je ne sais pas, Mark, je ne sais plus. Dieu a été la seule passion de ma vie, et peut-être mon seul amour. Serai-je capable, maintenant, d'aimer ? De connaître cette émotion qui commande à toutes les autres ? Cet amour-là déçu, trahi, un autre amour – quel qu'il soit – peut-il prendre place ?

Je ne sais pas. Oui, il ne faut pas mélanger, confondre Dieu et les hommes de Dieu. Moi qui ai su tant de choses sur Dieu, moi qui l'ai enseigné à d'autres (et ils apprenaient de moi), je ne sais plus rien de lui. Sauf qu'il est. Mais *qui* il est, et *comment* l'atteindre... le professeur, le spécialiste ne sait plus.

Dieu est. Et j'imagine qu'à mon dernier souffle, au moment de cette deuxième mort qui tarde à venir – la première a eu lieu, il y a longtemps déjà, au bord du Fleuve – je sais bien qu'à ce moment-là, ma dernière pensée sera pour lui. Cet élan qui te propulse au-delà de la mort, et qui résume une vie.

Dieu, seul amour. Amour absent.

Alors… je ne suis pas Zola. Ma vie ne représente pas grand-chose. Mais devant toi, qui es un ami, à qui je puis tout dire, devant toi j'accuse.

J'accuse l'Église d'utiliser les hommes comme des instruments, au service de son pouvoir. Je n'en veux à aucun de ces hommes-là, pris un à un. Ils sont captifs d'un système, de l'idéologie la plus meurtrière que l'humanité ait sécrétée. Quelles que soient les Églises, elles se valent toutes : catholique, musulmane, bouddhiste… Machines à broyer.

J'accuse l'Église de puiser à la pelle dans ce qu'il y a de plus beau, de plus fragile en nous, et de plus dérisoire : l'idéalisme, notre besoin de noblesse, de droiture, de pureté. Ce qui fait l'homme différent de l'animal.

J'accuse l'Église, surtout, de nous avoir privés de ce bien essentiel, indispensable à nos vies et à nos sociétés : Dieu. Pour établir par-dessus lui les murailles de sa domination.

Oui, finalement l'Église nous a volé Dieu, à son profit exclusif. Et qui donc, désormais, nous le rendra accessible ? Où le trouverons-nous, dans sa fraîcheur et sa nouveauté ?

Allons Mark, tu as gagné : tu as réussi, moi qui ne voulais plus jamais parler de tout cela, toucher à cette vieille blessure, tu as réussi à faire sortir le loup du bois.

Je ne t'en veux pas. Prends garde à toi, ami : la marge est étroite, entre Dieu et le néant…

Allez, suffit. À plus tard. *Ciao.*

Table

Dans Le Livre de Poche

Biographies, études...
(*Extrait du catalogue*)

Badinter Elisabeth
Emilie, Emilie. L'ambition féminine au XVIIIe siècle (*vies de Mme du Châtelet, compagne de Voltaire, et de Mme d'Epinay, amie de Grimm*).

Badinter Elisabeth et Robert
Condorcet.

Borer Alain
Un sieur Rimbaud.

Bourin Jeanne
La Dame de Beauté (*vie d'Agnès Sorel*).
Très sage Héloïse.

Bramly Serge
Léonard de Vinci.

Bredin Jean-Denis
Sieyès, la clé de la Révolution française.

Castans Raymond
Marcel Pagnol

Chalon Jean
Chère George Sand.

Champion Jeanne
Suzanne Valadon ou la recherche de la vérité.
La Hurlevent (*vie d'Emily Brontë*).

Charles-Roux Edmonde
L'Irrégulière (*vie de Coco Chanel*).
Un désir d'Orient (*jeunesse d'Isabelle Eberhardt, 1877-1899*).

Chase-Riboud Barbara
La Virginienne (*vie de la maîtresse de Jefferson*).

Chauvel Geneviève
Saladin, rassembleur de l'Islam.

Clément Catherine
Vies et légendes de Jacques Lacan.
Claude Lévi-Strauss ou la structure et le malheur.

Contrucci Jean
Emma Calvé, la diva du siècle.

Delbée Anne
Une femme (*vie de Camille Claudel*).

Desanti Dominique
Sacha Guitry, cinquante ans de spectacle.

Dormann Geneviève
Amoureuse Colette.

Eribon Didier
Michel Foucault.

Frank Anne
Journal.

Girard René
Shakespeare – Les feux de l'envie.

Giroud Françoise
Une femme honorable (*vie de Marie Curie*).

Kafka Franz
Journal.

Kremer-Marietti Angèle
Michel Foucault. Archéologie et généalogie.

Lacouture Jean
Champollion. Une vie de lumières.

Lange Monique
Cocteau, prince sans royaume.

Lever Maurice
Isadora (*vie d'Isadora Duncan*).

Loriot Nicole
Irène Joliot-Curie.

Mallet Francine
George Sand.

Michelet Jules
Portraits de la Révolution française.

Monnet Jean
Mémoires.

Pernoud Régine
Héloïse et Abélard.
Aliénor d'Aquitaine.

Perruchot Henri
La Vie de Toulouse-Lautrec.

Renan Ernest
Marc Aurèle ou la fin du monde antique.
Souvenirs d'enfance et de jeunesse.

Rey Frédéric
L'Homme Michel-Ange.

Roger Philippe
Roland Barthes, roman.

Séguin Philippe
Louis Napoléon le Grand.

Sipriot Pierre
Montherlant sans masque.

Stassinopoulos Huffington Arianna
Picasso, créateur et destructeur.

Sweetman David
Une vie de Vincent Van Gogh.

Thurman Judith
Karen Blixen.

Troyat Henri
Ivan le Terrible.
Maupassant.
Flaubert.

Zweig Stefan
Trois Poètes de leur vie (*Stendhal, Casanova, Tolstoï*).

Dans la collection « Lettres gothiques » :

Journal d'un bourgeois de Paris (*écrit entre 1405 et 1449 par un Parisien anonyme*).

La Pochothèque

Une série du Livre de Poche
au format 12,5 × 19

Le Petit Littré
1946 pages - 120 F

Cet « abrégé », connu sous le titre de « Petit Littré » et de « Littré-Beaujean », offre l'essentiel de ce que les étudiants et un grand public cultivé peuvent rechercher dans la version complète et développée.

Encyclopédie géographique
1200 pages - 155 F

L'inventaire actuel complet des unités nationales du monde contemporain, de leurs institutions, de leur histoire, de leurs ressources naturelles, de leurs structures économiques, des courants d'échanges.

Encyclopédie de l'art
1400 pages - 195 F

Un inventaire des grandes créations artistiques *de la Préhistoire à nos jours.* Toutes les époques, toutes les régions du monde, toutes les disciplines.

Encyclopédie de la musique
1144 pages - 175 F

Le point des connaissances sur toutes les cultures musicales – européennes ou extra-européennes – *de l'Antiquité à nos jours.*

La Bibliothèque idéale
Présentation de Bernard Pivot
1000 pages - 120 F

Réalisé par l'équipe de *Lire,* ce « guide de lecture » unique en son genre, comporte la sélection commentée de 2 500 livres.

Dictionnaire des lettres françaises
Le Moyen Age
1568 pages - 175 F

Un dictionnaire encyclopédique de la production littéraire du Vᵉ au XVᵉ siècle.

Composition réalisée par INFOPRINT

IMPRIMÉ EN FRANCE PAR BRODARD ET TAUPIN
Usine de La Flèche (Sarthe).
LIBRAIRIE GÉNÉRALE FRANÇAISE - 6, rue Pierre-Sarrazin - 75006 Paris.

ISBN : 2 - 253 - 06375 - 4 30/9659/1